THÉORIE DE LA LITTÉRATURE
sous la direction d'Andrea Del Lungo
28

Histoire des faits littéraires

Henri Béhar

Histoire des faits littéraires

PARIS
CLASSIQUES GARNIER
2023

Henri Béhar, professeur émérite à l'université Sorbonne Nouvelle, a publié un essai, *Les Cultures de Jarry* (Paris, 1988), ouvrant la voie de l'analyse culturelle. Il a publié les œuvres complètes de Roger Vitrac, de Tristan Tzara, d'Alfred Jarry et consacré des travaux à André Breton. Il a dirigé la revue internationale *Mélusine* (Lausanne, 1980-2003), portant sur Dada et le surréalisme.

ISBN 978-2-406-14209-6 (livre broché)
ISBN 978-2-406-14210-2 (livre relié)
ISSN 2112-8790

INTRODUCTION

De la nature du fait littéraire

> Notre admiration doit être historique
> E. Renan

L'histoire de la littérature française, comme discipline autonome, est bien établie depuis deux siècles. Ses principes et méthodes ont été formulés par les partisans de la Nouvelle Sorbonne, dont l'ambition était de s'adapter au projet politique de la IIIe République, et de s'ouvrir aux classes populaires qu'ils entrevoyaient à l'horizon de leurs réflexions.

Contestée à diverses reprises, elle a su s'intégrer aux diverses théories qui ont traversé les siècles, tant le marxisme que la psychanalyse et leurs variantes diverses.

En règle générale, les historiens de la littérature se chargent de déterminer les différentes périodes qui, à leurs yeux, marquent le parcours orienté de la littérature, qu'ils ramènent à la vie des auteurs et à la mention commentée des principales œuvres.

Qu'ils éprouvent une certaine empathie pour les auteurs et les œuvres dont ils traitent, cela va de soi. Cependant, ils doivent se différencier explicitement des critiques littéraires, qui, pour leur part, jugent des ouvrages et des hommes en fonction de leurs idées. En qualité d'historiens, ils doivent se pourvoir de tous les moyens objectifs pour approcher de la vérité.

Ceci montre combien, dans l'opinion commune, le fait littéraire se résume à la publication d'un ouvrage ou encore, à l'extrême rigueur, à un incident marquant la vie d'un auteur favori. Jamais il ne sera question d'aventures collectives ni d'événements conditionnant le destin de la communauté intellectuelle. À preuve les sources de documentation les plus répandues, histoires de la littérature, dictionnaires, encyclopédies, où l'on trouve difficilement mention des organisations d'écrivains, de leurs réunions, de leurs décisions. Outre une certaine tendance à la facilité, cela tient à la conception que généralement on se fait de l'œuvre littéraire, conçue dans l'intimité et dont la seule manifestation au grand jour se réalise par l'intermédiaire de cet élément matériel qu'est le livre : objet lui-même aisément repérable, identifiable, analysable sous son format restreint. Au demeurant, les différents courants qui, actuellement, tentent de définir le champ et les méthodes de l'histoire littéraire aussi bien que de la sociologie de la littérature sont unanimes sur ce point, leur objet essentiel est le livre, dans sa conception, sa réalisation ou sa réception ; à la limite, ils envisagent la condition sociale de l'écrivain comme un épiphénomène en quelque sorte, renvoyant implicitement ce sujet à d'autres disciplines telles que l'histoire des mentalités ou la sociologie. Plus ou moins consciemment, on en reste à l'ancien dualisme concernant l'homme et l'œuvre, quand bien même on affirme vouloir dépasser une telle conception.

***

Au tout début de ma carrière universitaire, j'ai participé à l'élaboration de *L'Histoire littéraire de la France*, voulue par Pierre Abraham (1892-1974), le directeur de la revue *Europe*. Ce titre avait déjà été utilisé par les Bénédictins pour une monumentale édition en douze volumes, publiée de 1733 à 1763, et couvrant toute l'histoire de la littérature française, des débuts jusqu'au XVIIIe siècle. De fait, le directeur de la future publication voulait rivaliser avec les religieux, et même faire mieux, en réunissant une large équipe d'universitaires laïcs et progressistes qu'il invita à définir les méthodes et les contenus de ce projet. Il faut dire que la révolution de Mai 1968 était dans tous les esprits, et qu'elle agitait encore les enseignants-chercheurs occupés à refonder leurs universités. Nous eûmes donc un bon nombre de réunions fort démocratiques au début des années 70, présidées avec bonhomie par Pierre Abraham, la bouffarde au bec.

Nous étions tous d'accord pour faire la part belle à l'histoire politique et sociale de notre pays, considérée comme une toile de fond sur laquelle se détacherait la littérature, avec ses principales orientations et ses grands courants. À la différence des précédents ouvrages dans la même discipline, il était nécessaire d'indiquer les conditions de production des œuvres littéraires aux diverses époques, et de leur associer les arts, l'architecture en premier lieu. Les discussions furent très vives au sujet du découpage chronologique, qui, finalement, reprit à peu de choses près celui de l'histoire nationale. Toutes les méthodes, toutes les théories en vogue à l'époque étaient tolérées avec plus ou moins de bonheur. On considéra qu'il fallait consacrer une large place aux femmes. Mais là où les débats furent les plus vifs, ce fut sur le nom des écrivains pris en considération, et sur la place, en nombre de pages, qu'on leur accorderait. En somme, cette histoire de la littérature française, alimentée par les disciplines nouvelles, consacrant une large place à la francophonie, était structurée par les grandes dates de l'histoire du pays tout en s'articulant sur les grands mouvements littéraires.

À n'en pas douter, cette entreprise faisait œuvre nouvelle par rapport aux autres histoires littéraires et surtout aux manuels scolaires contemporains. Le tome VI, auquel je contribuai, traitant des années 1913-1976, parut en 1982. En dépit de son volume et de son amplitude, de l'extrême qualification de ses nombreux collaborateurs, de leur liberté d'expression, je remarquai qu'il y manquait quelque chose. Il me fallut bien des années pour arriver à déterminer cette lacune, qu'ici je nomme le « fait littéraire ».

Une quinzaine d'années après, notre ami Clément Moisan, qui devait produire un ouvrage déterminant dans la collection « Que sais-je ? », tout bonnement intitulé *L'Histoire littéraire* (1990), fit observer que Roger Fayolle et moi-même, nous utilisions constamment ce syntagme, le fait littéraire, sans l'avoir défini, et d'une manière très variée. Il visait l'ouvrage collectif que nous avions publié avec le concours des spécialistes des différentes approches méthodologiques, sous le titre *L'Histoire littéraire aujourd'hui*, A. Colin, (1990). Il n'avait pas tort, et c'est bien la raison pour laquelle je vais m'efforcer ici de développer ce que j'entends par ce concept, il est vrai trop labile.

Ceci tient au fait que l'historien de la littérature, lorsqu'il envisage globalement le corpus littéraire, se trouve devant une grande variété de faits, d'importance et de valeur inégales, dont il lui faut bien rendre compte. En outre, il lui faut analyser la manière dont les écrivains eux-mêmes ont traité de ces faits les concernant. Enfin, il devra envisager comment ces divers faits littéraires se transmettent au cours du temps, afin d'en relater l'historique.

On trouvera donc dans ce recueil plusieurs exemples de faits littéraires, différents les uns des autres.

Tout d'abord, la production de revues et parfois même de recueils par les groupes scolaires constitués au cours de la IIIe République, parfois à l'instigation de leurs maîtres, le plus souvent contre leur enseignement. Ainsi le groupe de Nantes, d'où sortirent plusieurs écrivains, et surtout le jeune Jacques Vaché, celui qui refusa toute littérature. Le même phénomène se poursuivit plus tard à Paris, au Lycée Louis Le Grand par exemple, ce qui me donne l'occasion d'aborder un fait généralement peu traité : la manière et les raisons pour lesquelles un lycéen s'est décidé, tout seul et sans aucune pression, à rejoindre un groupe littéraire et artistique solidement constitué. L'élève en question ne s'est pas contenté d'observer et d'apprendre l'action de ses aînés, il leur a apporté, parfois naïvement, non sans vanité, sa détermination politique, sa volonté de conjoindre les deux univers séparés que sont, aujourd'hui encore, la production poétique et l'action sociale.

À côté de la périodisation, qui constitue, on l'a vu, le travail primordial de l'historien aussi bien que de l'historien de la littérature, on s'est plu à considérer certaines années, plus représentatives que d'autres sur le plan littéraire, tant par la consécration de certains ouvrages que par la détermination des auteurs, qu'on n'allait pas tarder à nommer des « travailleurs intellectuels », sur le modèle des « travailleurs manuels ». Ainsi de l'année 1936, que j'ai choisi d'examiner en raison d'un bouleversement politique déterminant pour tous, et dont nous percevons les échos aujourd'hui même.

Dans la foulée, on lira une analyse très personnelle d'un fait singulier : le 2e Congrès des Écrivains, en 1937. C'est l'exemple caractéristique du fait littéraire international, la rencontre des écrivains de plusieurs pays pour déterminer les lignes directrices de leur action, de leur rôle dans la société, et des genres littéraires qu'ils doivent faire prévaloir alors. Si de telles rencontres, à l'époque organisées par des organismes politiques, ne sont plus concevables de nos jours, on pourrait cependant s'intéresser à la situation des écrivains et à leurs organes représentatifs, tels les Pen Clubs.

Il est certain que les historiens de la littérature tiennent compte des travaux spécialisés concernant les phases antérieures à la mise sur le marché des livres dont ils traitent. Ainsi, nous savons tout des diverses mises en ordre du manuscrit des *Pensées* de Pascal, et les paperoles de Marcel Proust n'ont plus aucun secret pour le lecteur. Il est désormais acquis que le manuscrit est, en lui-même, un fait littéraire, et qu'il convient de lui accorder un traitement spécifique, dans la mesure où il double le texte, lui donnant sa profondeur par ce qu'il contient en lui-même. Il est désormais conservé comme un objet précieux, et fait même l'objet d'enchères invraisemblables dans les salles de ventes publiques. Le manuscrit entre dans un circuit commercial visant à satisfaire les amateurs et les collectionneurs. À priori il pourrait disparaître, mais au cours des temps il s'est érigé, dans certains cas, comme un fait littéraire majeur, pour diverses raisons énumérées ici à partir de l'œuvre d'Alfred Jarry.

Il faut dire que l'approche du texte manuscrit se complique singulièrement au XXe siècle, avec les écritures automatiques, parfois à quatre mains, si l'on peut dire. L'esprit s'égare, justifiant les deux expressions « courir les champs, battre la campagne », qui ne sont pas synonymes mais relatent bien les mouvements internes qui ont présidé à la naissance du fait littéraire. Elles valent aussi bien pour l'œuvre commune d'Éluard-Breton que pour celle de Picasso, poète méconnu, aussi inspiré devant la page blanche, à certaines époques de sa vie, que devant ses toiles. J'avoue ne pas comprendre les réserves des conservateurs successifs du Musée Picasso devant le manuscrit autographe qu'ils gardent dans une réserve au lieu de l'exposer en bonne place, au même niveau que les tableaux.

***

Naguère, bien des lecteurs ont souri lorsqu'ils ont vu que les chapitres consacrés à la « fortune » des œuvres étaient remplacés par le concept de « réception critique ». Si les matériaux de base restaient identiques, ce n'était tout de même pas la même chose. Bien qu'impliqué moi-même dans ce débat, je le laisse ici de côté pour porter l'attention sur un fait littéraire très particulier. Il consiste à examiner la manière dont les intéressés ont envisagé, a posteriori, leur action dans l'Histoire.

Ayant longtemps étudié les deux mouvements littéraires et artistiques les plus déterminants du XXe siècle, je me suis interrogé sur l'histoire que leurs animateurs nous donnaient à lire de leur propre activité. On verra comment Tristan Tzara, une vingtaine d'années après avoir lui-même mis fin au Mouvement Dada, rectifie la chronologie et fournit un point de vue qu'il défend contre les allégations d'André Breton. Plaidoyer pro domo, dira-t-on. Il était pourtant nécessaire, dans la mesure où ses détracteurs arrêtaient une périodisation valorisant leur propre activité, dans une revue internationale telle que *This Quarter*.

De son côté, Breton a consacré ses *Entretiens* à établir l'histoire du surréalisme, en 1952. Mais il ne s'en est pas tenu là : il note que ses récits sont imprégnés par divers épisodes de l'histoire sociale, et, tout en poursuivant son propos narratif, il se situe par rapport aux mises en demeure de l'Histoire. Ainsi le fait qu'il n'est pas allé rejoindre les militants Espagnols pour la défense de leur République et, plus généralement, de la démocratie, comme avait fait Péret. La vérité, qu'il laisse entrevoir, est qu'il devait s'occuper de sa fille Aube, tandis que Jacqueline Lamba, l'Amour fou, s'était éloignée. Davantage, son projet est de retrouver les mythes fondamentaux susceptibles de reconstruire l'homme dans le monde, de lui redonner les forces d'espoir. C'est ainsi qu'il réhabilite l'œuvre de Charles Fourier, contestable sur bien des points, mais capable de réinventer les forces humaines.

La thèse de Breton est parfaitement cohérente et justifiée dans la plupart des cas. Toutefois, on s'étonne de ne pas y retrouver (ou si peu !) son complice, aux origines de la fondation du surréalisme. Philippe Soupault, que j'ai connu si passionné, si emporté dans la soixantaine, aurait-il été si effacé que cela ? Lui qui, inquiété par le Régime de Vichy, réussit à passer en Afrique du Nord et à y monter une radio favorable à la France Libre, lui qui écrivit dans des revues engagées et défendit les auteurs les plus indépendants de sa génération, se serait-il éteint après le coup d'éclat fondateur, je veux dire la rédaction des *Champs magnétiques* ? C'est pourquoi j'ai tenu à reconstituer l'itinéraire du co-fondateur du surréalisme.

Revenant aux manuscrits, on s'arrêtera sur un fait littéraire généralement occulté : celui par lequel un auteur écrit une œuvre si révélatrice de son aventure intime qu'il décide de la mettre de côté et d'en interdire la publication. Les exemples ne manquent pourtant pas. Je me suis arrêté sur *Eleuthéria*, une pièce de Samuel Beckett jamais jouée mais imprimée, une sorte d'« objet trouvé » pour ceux qui se donneront la peine de l'approcher. Texte initial, drame totalement constitué, l'œuvre se rapproche trop des œuvres parues ensuite. Mais c'est bien la première fois qu'on voit un auteur interdire de publication une pièce qui amorçait la totalité des thèmes futurs ! L'objet est d'autant plus intéressant qu'il contient tout ce que Beckett a appris des autres et tout ce qu'il veut faire entrer dans le théâtre contemporain. Pour paradoxal qu'il soit, c'est là un fait littéraire de la plus haute importance, un révélateur pour l'ensemble de la production théâtrale de l'auteur.

Les études génétiques, portant l'attention sur les documents préparatoires de l'œuvre, constituent à elles seules un domaine spécifique du champ littéraire. Une revue et bien des ouvrages théoriques lui sont consacrés. En règle générale, ces études disposent à la fois du (ou des) manuscrit et du livre achevé pour développer leurs observations. Il se trouve qu'un de mes étudiants a eu, sur mon initiative, le bonheur de prendre contact avec l'auteur d'un ouvrage devenu classique en terre africaine. Peu de temps avant sa disparition, Ahmadou Kourouma, puisque c'est de lui qu'il s'agit, avait pris la précaution de laisser des indications formelles sur l'usage futur de son manuscrit. Alors que l'édition savante présente le texte établi, accompagné de ses variantes manuscrites sous forme de notes, on a pris ici le parti d'éditer le manuscrit en son entier, pour donner à lire, d'une seule traite, le projet initial de l'auteur, avant sa transformation par l'éditeur. Ainsi, la critique prend le parti de faire du manuscrit une *édition première*, porteuse d'autres devenirs.

***

Une troisième catégorie de faits et d'événements constitue, à son tour, un ensemble de faits littéraires. Ce sont tous les moyens qui contribuent à la transmission des précédents faits littéraires jusqu'à nous et nous en autorisent l'examen.

Ainsi, c'est par la décision des poètes eux-mêmes que nous sont parvenues leurs archives notamment les différents états manuscrits de leurs œuvres, ce qui est fort précieux pour la compréhension de leur création. J'ai donc traité de l'acquisition du fonds Tzara par la Bibliothèque Littéraire Jacques Doucet. Les étapes ne manquent pas d'intérêt, mais le plus précieux est le résultat, cette vaste collection de correspondances, documents incomparables pour établir la constitution réelle du Mouvement Dada et de ce qui s'ensuivit. Quant aux manuscrits du poète, ils ont été les éléments indispensables pour l'établissement de ses *Œuvres complètes*. Il est dommage que, pour des raisons secondaires, tous les ouvrages et toutes les revues qu'il avait accumulées au cours de son existence, aient été dispersées au cours d'une vente publique ainsi que ses tableaux et ses objets africains et océaniens !

Il en fut de même pour la collection d'André Breton, outil incomparable pour la connaissance intime du surréalisme, qui fut dispersée au cours d'une vente publique. Les protestations de l'opinion publique ne purent affecter la décision de ses héritières. Quant à l'État, il ne pouvait se saisir d'un ensemble occupant un appartement en location ! Heureusement, le poète avait décidé, par la voie testamentaire, que toute sa correspondance, intégralement et miraculeusement conservée depuis 1915 jusqu'à sa mort, irait à la BLJD. En outre, tout ce qui devait passer par les mains du commissaire-priseur fut numérisé et fit l'objet d'un site informatique, outil désormais indispensable pour tout chercheur, je dirais même tout lecteur du meneur du surréalisme.

Ayant évoqué les hauts fonds d'une bibliothèque spécialisé, il m'a paru nécessaire de faire le point sur l'usage des outils informatiques dans l'histoire des faits littéraires et dans l'analyse des textes. On verra qu'ils sont parfaitement nécessaires à l'histoire littéraire ou encore à l'histoire des genres ou même celle des thèmes. Parfaitement intégrés à la documentation et à la bibliographie, l'informatique est désormais présente dans nos pratiques. On percevra un certain désenchantement au terme de ce bilan. Il tient au fait qui, si les enseignants-chercheurs sont désormais familiarisés avec l'outil numérique, dans tous ses emplois, ils ne sont guère mobilisés pour développer eux-mêmes les recherches au moyen de ces outils, conçus à leur intention.

DÉPARTS[1]

L'histoire littéraire, telle qu'on la pratique encore aujourd'hui, fait la part trop belle à l'individu. Je veux dire qu'elle oublie par trop les velléités, les débats, les vocations qui se sont dessinées au cours des années de formation, produit obligé de l'histoire sociale. Certes, on sait maintenant reconnaître la part des salons, des académies, des jurys comme instances de reconnaissance et de légitimation des écrivains. Mais avant ce stade relativement élaboré de la vie littéraire, dans quels groupes, dans quelle micro-société l'écrivain se forme-t-il ? Où acquiert-il la patience nécessaire à son labeur, les encouragements qui lui mettront la plume à la main et lui permettront de ne pas abandonner devant l'indifférence de la multitude ?

En dehors de quelques œuvres fulgurantes d'individualistes forcenés saisis par le démon de l'écriture, il est clair désormais que la carrière littéraire est le fruit d'une stratégie de longue haleine, plus ou moins concertée et systématique. Au départ, il y a le cercle d'amitiés constitué dans la classe ou entre plusieurs élèves du même lycée, la rivalité, l'émulation interne, la complicité de ceux qui se savent partager le même destin. Certains groupes sont relativement célèbres, tel celui que formèrent en 1921 René Daumal et Roger Gilbert-Lecomte à Reims, baptisé « Patronage des Simplistes ». D'autres sont moins cernés, comme celui du Lycée de Rennes à la fin des années 1880, d'où est issu cet éponyme de la geste potachique qu'est *Ubu Roi* porté à la scène par Alfred Jarry. Et ce n'est pas le moindre mérite de Michel Carassou que de faire la lumière sur ce groupe du Lycée de Nantes d'où allait émerger la personnalité de Jacques Vaché et, à travers André Breton, naître le surréalisme.

Depuis les lois scolaires de Jules Ferry (1881-1882) et jusqu'en 1940, le phénomène est à peu près identique dans un système relativement

1 Préface au recueil de Michel Carassou, *Jacques Vaché et le groupe de Nantes*, Paris, éd. Jean-Michel Place, 1986, 256 p. ill.

homogène. C'est au Lycée que se constitue le groupe de jeunes artistes sûrs de porter en eux l'avenir des lettres et des arts parce que les élèves de même condition sociale partagent le même héritage culturel et vouent le même sentiment d'admiration (ou d'hostilité) à un même maître.

Situons, pour mémoire. Les collaborateurs plus ou moins directs d'*Ubu Roi* sont issus de la petite bourgeoisie bretonne : les fondateurs du *Grand Jeu* de la même classe sociale champenoise. À Nantes, le père d'Eugène Hublet est marchand de parapluies, celui de Pierre Bissérié pharmacien militaire, de Jean Sarment représentant, de Jacques Vaché capitaine d'artillerie de marine. À quelque exception près, tous sont externes, ce qui implique une certaine aisance et une non moins certaine liberté dans le régime contraignant des études.

Chaque groupe d'élèves partage la même culture classique, celle que définissent les programmes scolaires, mais se permet les mêmes ouvertures vers la culture populaire : à Rennes, romans-feuilletons, bandes dessinées, etc., non sans une pointe hardie vers Schopenhauer, Nietzsche et, plus tard, les Symbolistes. À Nantes, Shakespeare et Musset rallient les goûts classiques, mais Baudelaire, Barrès, Henri de Régnier représentent la modernité, compte tenu des programmes du temps, tandis qu'Oscar Wilde et André Gide ont une forte odeur de poudre. À Reims, le groupe « Simpliste », fondé par des élèves de seconde en 1923, se tourne, de la même façon, vers les mouvements novateurs que sont Dada puis le surréalisme, tout en s'assurant une solide culture traditionnelle.

De fait, ce qui rassemble ces jeunes gens, c'est leur haine commune envers le Bourgeois, le Philistin, le Mufle, cible de tous leurs sarcasmes. Haine naturelle du père, dira-t-on. Manière de s'affirmer. Certains ne se contenteront pas des farces de rapins…

Encore que la personnalité de chacun soit nettement plus affirmée au même âge que celle des adolescents contemporains, il ne faut pas négliger le rôle d'initiateur qu'ont pu jouer certains maîtres, tel René Maublanc (1891-1960) à Reims. Professeur de philosophie chargé de l'enseignement du français en classe de troisième, il saura choisir quelques poèmes de Roger Vailland et de Roger Gilbert-Lecomte pour les faire paraître, honneur suprême, dans *Le Pampre*, revue rémoise où il a ses entrées. Apparemment, Félix Hébert (1832-1918), le professeur de physique du lycée de Rennes, a servi de contre-modèle et de souffre-douleur aux camarades de Jarry. Rien n'est moins sûr pourtant, dans la mesure où la pièce qui prétend le mettre en scène fut représentée en sa présence avec la collaboration de ses propres enfants ! Peut-être est-ce le rayonnement immédiat d'Eugène Hublet, élève de rhétorique, qui a occulté l'influence du corps enseignant. Dans l'ensemble, on note une certaine complicité, plus ou moins avouée, entres les potaches et leurs maîtres.

Ces groupements fortuits, qui semblent s'ignorer l'un l'autre, sont fortement unis par des rites et des codes identiques, démarquant leur attitude de celle des classes moutonnières, les auréolant du prestige du scandale.

En septembre 1923, Roger Vailland et Gilbert-Lecomte, qui ont assuré la publication *d'Apollo*, revue presque régulière (quatre livraisons en 4e, deux en 3e), rejoints par Robert Meyrat et René Daumal, se trouvèrent unis entre eux pour lors, plus ferme que n'étreint le diable par un commun désir de libération et de connaissance. Ils fondèrent la Confrérie des Phrères Simplistes, qui tenta, selon Daumal, d'établir

> une vie sur un plan supérieur où l'on se rencontre tous quatre (vague d'angoisse passant sur nous en même temps, cri poussé par quatre bouches tout à coup, etc.). Harmonie et contact des âmes veulent aussi lien rythmique de la matière : les rites – Rites, Rythmes – comme de saluer religieusement tel ou tel objet, inscrire tel signe sur les lettres que nous nous écrivons, et tant d'autres. (Lettre à Maurice Henry, 8 juin 1926)

Connivence d'esprits frères, parcours initiatique commun, expérience des limites, tels sont les traits unissant ces groupes. Les Simplistes font serment de se suicider le jour de leurs dix-huit ans ; ils se grisent aux vapeurs de tétrachlorure de carbone (utilisé pour naturaliser les papillons) ; tâtent de la pâte d'opium et jouent à la roulette russe dans le jardin public. Les Nantais adoptent des « Attitudes » face aux bourgeois qu'ils scandalisent par leur humour sacrilège, puis certains s'adonnent à la cocaïne. Connaissance de la mort : il s'agit de percer le mystère de l'épouvantable destinée, d'en tirer une révélation. À l'aune de ces inquiétudes métaphysiques, les jeunes rennais font figure de joyeux plaisantins, qui se contentent d'étoffer la geste hébertique. Cependant les écrits contemporains de Jarry montrent, à côté de l'ironie s'exerçant sur les maîtres du lycée, une très réelle angoisse de la mort (*cf.* : *Ontogénie*).

Ce qui unit les membres de chaque groupe, c'est aussi une commune aspiration vers les arts, un même refus du devenir industrieux. Deux

Nantais seront comédiens, deux autres voudront être peintres. On sait quelle recherche le groupe du *Grand Jeu* mènera aux confins de la littérature.

Pour se différencier de la bonne troupe des élèves studieux, eux qui ne le sont pas moins adoptent un langage particulier. C'est le fameux parler d'Ubu, la chandelle verte, la pataphysique, les côtes de rastrons et la phynance, etc. À Reims, les Phrères Simplistes créent, à l'instar de leurs aînés rennais, le personnage mythique de Bubu :

> une tête pleine de lune, deux yeux ronds sans prunelles, une fente en guise de bouche et deux embryons d'ailes à la place des oreilles. À longueur de journées, nous dessinions des Bubus sur les murs, sur le sable, sur le papier. C'était Bubu qui présidait à nos orgies de tétrachlorure de carbone, à toutes nos tentatives pour atteindre à la torpeur des bêtes larvaires. (R. Vailland, *Le Surréalisme contre la révolution*, p. 28).

Avaient-ils eu connaissance de la reconstitution du P.H., fournie en 1921 par Charles Chassé interrogeant Charles Morin ? L'imaginaire des deux groupes est étrangement semblable :

> Caractéristique du P. H. – Il naquit avec son chapeau forme simili-cronstadt, sa robe de laine et son pantalon à carreaux. Il porte sur le haut de la tête une seule oreille extensible qui, en temps normal, est ramassée sous son chapeau ; il a les deux bras du même côté (comme ont les yeux, les soles) et, au lieu d'avoir les pieds, un de chaque bord, comme les humains, les a dans le prolongement l'un de l'autre, de sorte que quand il vient à tomber, il ne put pas se ramasser tout seul et reste à gueuler sur place jusqu'à ce qu'on vienne le ramasser…

Les Nantais adoptent divers pseudonymes ; ils établissent une hiérarchie humaine. Au sommet, les Mimes, « la mystique grandeur du silence qui s'exprime », puis les Sârs, en hommage à Péladan et ses Rose-Croix ; au-dessous, les hommes *(homo-vulgaris)*, puis les « sous-hommes » et plus bas les « sur-hommes », les « sous-offs » et, au plancher, les « générals ». Les femmes seront classées de la même façon, mais le plus souvent indifférenciées dans la catégorie « mes sœurs les respectées putains ».

On ne s'étonnera pas qu'à Reims, Daumal constitue la Légion savonneuse des Colonels-Joufflus, des Généraux-Lapins et des Maréchaux-schistes, s'en prenant au clair génie français et au non moins patriotique goût du panache. Et chacun d'adopter un surnom, tel Daumal le très gidien Nathanael. Bien entendu, chaque confrérie a ses signes de reconnaissance et ses moyens d'exclusion. Il ne saurait être question de se laisser pénétrer par des âmes faibles, des esprits veules, des adorateurs de Mamon. Tout au plus tolère-t-on les phrères lais, pour porter des messages et s'acquitter des taches serviles. Il y a là incontestablement un sentiment élitiste, fondé sur la hiérarchie des valeurs intellectuelles, en ce sens opposé aux valeurs traditionnellement bourgeoises.

D'où le plaisir pris au scandale, même s'il n'est pas volontaire. Il n'est pas mauvais d'épater le bourgeois, de susciter la bagarre au lycée de Nantes entre « philosophes » et « cornichons » et d'en admirer l'écho dans la presse réactionnaire. Le sens rassis, Roger Vailland tentera une explication marxiste de ce genre de clan :

> Nous nous trouvions, du fait de notre vocation et de nos goûts, en marge des activités normales des adultes de notre temps, sans métier reconnu comme tel, condamnés à vivre d'expédients, pas majeurs économiquement ni socialement, dans une condition analogue somme toute à celle des enfants ou des adolescents qui ne gagnent pas leur vie. Aussi bien, et pour les mêmes raisons qui nous obligeaient à considérer toute carrière comme dérisoire, faisions-nous de cette minorité économique le garant de notre pureté (*Le Surréalisme contre la révolution*, p. 32).

Quoique l'analyse porte sur le groupe du Grand Jeu, c'est-à-dire après le lycée, elle vaut pour tous ces potaches en situation d'apprentissage et de dépendance, qui se sentent différents de leur milieu d'origine auquel ils s'opposent au nom de leur Absolu.

La seule chose qui fonde et légitime, en quelque sorte, une telle opposition, c'est leur production précoce (il serait prématuré de parler de vocation, s'agissant d'essais, de tentatives). Le dessin, le spectacle, la revue, servent de support à une thématique de la différence qui justifie une philosophie idéaliste constatant la faillite des principes bourgeois.

Signe des temps, le groupe rennais fait circuler dans la classe des cahiers d'écoliers sur lesquels s'accumulent les caricatures du corps professoral, des pièces de vers variés et des saynètes montrant le milieu scolaire s'activant dans ses pompes et dans ses œuvres. À un stade plus élaboré, ce seront les marionnettes et le théâtre d'ombre. En 1913 à Nantes, l'unique numéro de la revue manuscrite, *En route mauvaise troupe*, est reproduit à 25 exemplaires sur une machine à alcool avant la dactylographie et le tirage à cinquante exemplaires, que le scandale interdit. Vinrent ensuite les quatre numéros, en principe, bimensuels, du *Canard Sauvage*, magnifiquement ornés de coquilles dactylographiques, diffusés hors du lycée. De 1921 à 1923 paraîtront six livraisons de la revue *Apollo*, multigraphiée au lycée de Reims par Roger Vailland, secrétaire-rédacteur, et Roger Gilbert-Lecomte, directeur-rédacteur, avec la collaboration de quatre autres condisciples. Cinq ans après débutera, à Paris, la publication de la revue *Le Grand Jeu* qui n'a rien à voir avec le milieu potachique, mais qui n'en est pas moins le prolongement de l'expérience rémoise et la confirmation d'une volonté littéraire.

Mieux que tout écrit individuel, les deux publications nantaises retrouvées par Michel Carassou illustrent les thèmes abordés par cette jeunesse nettement influencée par la génération précédente (celle qui n'a justement pas droit de cité dans les lycées) des Symbolistes.

L'anarchie intellectuelle s'y déploie joliment, sous la plume de Jean Sarment, d'Eugène Hublet et de Rigaud : « Être anarchiste, c'est avoir pris conscience de sa valeur propre, c'est être élevé au-dessus de la foule bête et lâche et se sentir capable de vivre sans les lois mesquines établies par elle. »

Les en-dehors, au-dessus des lois, n'ont qu'une seule religion, la Beauté, dont ils seront les prêtres fervents, ne tarissant pas d'éloges pour les artistes, vitupérant le cabotin et le bourgeois.

Le troisième cahier de l'ibsénien *Canard sauvage* est entièrement voué à la poésie. Si les notations originales n'y manquent pas, on perçoit cependant la voix des maîtres : Baudelaire, Verlaine, Laforgue, et des sous-maîtres : Samain, Verhaeren, Régnier. Rien d'étonnant à cela : c'est en travaillant les grands modèles que se forge l'expression nouvelle.

L'ultime livraison parait marquer l'apogée d'une phase mystique que les rémois n'auraient pas désavouée. On peut s'interroger sur les raisons immédiates qui conduisirent Paul Serre « Vers la foi », Jacques Vaché vers Tagore, Claudel et le *Saint Augustin* de Louis Bertrand. Serait-ce, comme le pressentait Huysmans, qu'après une telle aventure il ne reste plus que le revolver ou la croix ? Au vrai, le volume inédit *Ce que les sârs ont dit*, composé par Sarment, Hublet, Bissérié entre 1913 et 1915, dégagera une autre issue, par la littérature, sous la forme d'une synthèse eurythmique, alliance des contradictoires, préfigurant certains objectifs de Dada.

Reste que l'angoisse métaphysique est bien la caractéristique commune de ces jeunes gens au seuil de la vie active. Ils prendront le parti de la vie non sans une dernière rébellion. « Simplistes. Nul sens à chercher sous ce mot, déclare Daumal. Pourtant, il y a peut-être quelque analogie avec cet état d'enfance que nous recherchons – un état ou tout est simple, facile, évident » *(Lettres à ses amis, p.* 139).

À cet égard, la guerre de 1914-1918 ne marque nullement un tournant. Avant comme après, à Nantes comme à Reims, les jeunes révoltés, conscients des tourments de l'époque, refusent tout compromis au nom d'une vision, sans doute idéalisée, de leur enfance et de leur communauté affective.

Dans le contexte du groupe de Nantes, la figure de Jacques Vaché n'est pas des plus saillantes, au point que je me demande si Jean Sarment n'était pas dans le vrai lorsqu'il me soutenait, non sans agacement, que son « excellent ami » était le plus anodin d'entre eux. Pour aigus et parodiques qu'ils soient, ses écrits d'*En route* et du *Canard sauvage* ne sauraient en faire le maître à penser du groupe, à la place d'Hublet. Rien n'y apparaît de son sens pataphysique de l'égalité des contraires, de son suprême détachement de toutes choses. Le portrait que nous en a laissé André Breton serait-il transformé par le souvenir ?

> Son comportement et ses propos nous étaient un objet de continuelle référence. Ses lettres faisaient oracle et le propre de cet oracle était d'être inépuisable. Je pense aujourd'hui qu'il disposait du grand secret qui consiste à dévoiler et voiler. Toujours est-il qu'il incarnait pour nous la plus haute puissance de « dégagement » (dégagement à son comble à l'égard de tout ce qui venait hypocritement de se professer, dégagement à l'égard de l'art : « L'art est une sottise », dégagement surtout à l'égard de la « loi morale » en cours qui venait de donner toute sa mesure. (*Entretiens, p. 45)*

C'est que *l'attitude* de Vaché, qui se dégage de ce témoignage, est au-delà de toute littérature, même si elle n'est pas sans rapport avec les conclusions auxquelles avait abouti le groupe nantais.

Peut-être faut-il y voir la découverte, entre-temps, de l'œuvre de Jarry. Certes, le groupe nantais connaissait Ubu, mais on ne trouve aucune trace de son inventeur dans les notes de lecture de Monsieur Cocose, si ce n'est un compte rendu du *Voyage au pays de la quatrième dimension* de G. Pawlowski, compagnon de Jarry qui en a fait l'un des personnages de *Les Jours et les Nuits*, ce que Vaché semble ignorer. En revanche, ses *Lettres de guerre*, publiées par Breton, en sont tout imprégnées, par l'orthographe, la désignation ou la citation explicite. Au point que je me demande si ce n'est pas « le peuple polonais », Théodore Fraenkel, compagnon de Breton à l'hôpital auxiliaire de la rue du Boccage à Nantes, en 1916, qui lui aurait fait connaître – je veux dire comprendre fondamentalement – *Ubu roi* et les *Gestes et Opinions dg docteur Faustroll, pataphysicien !*

Sans doute Vaché était-il préparé à recevoir le message pataphysique, par son propre comportement, au point que la relation devint aussitôt identification. Et lorsque Breton, en quête de classifications, lui demande ce qu'il pense de Rimbaud, d'Apollinaire, il « ne voit guère que Jarry (« Tout de même, que voulez-vous, tout de même… UBU »).

L'esprit de Jarry s'est incarné en lui parce qu'il était adéquat, non sans raison, au groupe de Nantes qui avait poussé le symbolisme jusqu'à ses extrêmes limites. Ainsi le « Manifeste plébiscitaire de l'école euphoniste » est l'écho du linteau des *Minutes de sable mémorial :* « Qu'est l'Art d'autre que les éjaculations des sentiments et sensations des hommes ?… L'Art, en effet, ne consiste pas à imiter servilement la nature, mais à l'évoquer par des moyens appropriés… » De même une des deux voies artistiques qu'à la rigueur Vaché tolère est issue de la poétique jarryque : « former la sensation personnelle à l'aide d'une collision flamboyante de mots rares… ».

L'une après l'autre, ses lettres à Breton et Fraenkel cernent sa conception de ce qu'il nomme « umore », équivalent actualisé de la pataphysique de Jarry, à laquelle il emprunte, de mémoire, certains énoncés. « IL EST DANS L'ESSENCE DES SYMBOLES D'ÊTRE SYMBOLIQUES » note-t-il comme une vérité d'évidence, avant de donner « l'horrible vie du réveil-matin » comme exemple d'humour et de poursuivre « je crois que c'est une sensation – j'allais presque dire un SENS – aussi – de l'inutilité théâtrale (et sans joie) de tout. QUAND ON SAIT ».

Il y a là une mise à distance, une théâtralisation de la vie quotidienne qui n'est pas sans évoquer le comportement de Jarry lui-même, auquel il se réfère implicitement par la dernière affirmation.

N'est-ce pas le principe pataphysique de l'équivalence des contraires qui le fait s'imaginer dans l'armée allemande ou encore le conduit à préférer la prison au champ de bataille, parce qu'il y fait plus frais en été ? Et ce sentiment d'indifférence absolue que lui procure la « touffiane », n'est-il pas semblable à celui de Sengle, dans le « roman d'un déserteur » qu'est *Les Jours et les Nuits.*

Pourtant, Jacques Vaché ne déserte pas absolument ; c'est-à-dire qu'il ne se retire de la réalité qu'en certaines occasions. S'il refuse la guerre, il ne la déréalise pas au point de l'ignorer totalement : « je serai ennuyé de mourir si jeune », dit-il. On comprend, dès lors, ce qui a conduit Breton à transformer ces missives privées en littérature, par le biais de l'édition : elles formulaient sans apprêt (apparent) et sur le mode personnel une version de la pataphysique active avec laquelle Jarry construisait ses récits. En outre, elles semblaient dénier toute littérature.

À les lire de très près, on verra qu'il s'y fomentait autre chose de bien plus complexe, d'où émanerait le surréalisme. Tout en niant l'art et les artistes, Vaché proposait un article sur Apollinaire pour *Nord-Sud*, la revue de Pierre Reverdy, et il insérait dans sa correspondance un poème et une « nouvelle » dont les allusions sont aisément décryptables quand on sait que le héros n'était autre que Théodore Fraenkel. Mais surtout, l'échange épistolaire visait à préparer une pièce en commun qui aurait frappé un grand coup pour le public ou mieux, à poser publiquement un geste, une manifestation scandaleuse, ourdie dans le plus grand secret, qui eût déchaîné l'ESPRIT NOUVEAU.

Le transfert de Vaché à Tzara, opéré par Breton dès janvier 1919, s'explique parfaitement dans ces conditions : le complot préparé avec le premier allait pouvoir s'organiser avec le second dont la revue *Dada* laissait pressentir les facultés provocatrices :

> Je me préparais à vous écrire quand un chagrin m'en dissuada. Ce que j'aimais le plus au monde vient de disparaître : mon ami Jacques Vaché est mort. Ce m'était une joie dernièrement de penser combien vous vous seriez plu ; il aurait reconnu votre esprit frère du sien et d'un commun accord nous aurions pu faire de grandes choses… (Breton à Tzara, 22 janvier 1919 *Correspondance*, Gallimard, 2017, p. 36-37).

Et peu après : « Quantités de choses futures me sembleraient impossibles sans vous. Mais nous ne pourrions bien nous entendre et concerter notre action que de vive voix » *(id, ibid., p.* 44). Ou encore : « Tuer l'art est ce qui me paraît le plus urgent, mais nous ne pouvons guère opérer en plein jour » *(id, ibid.*, p. 47).

Une semaine après, il précise : « J'écris peu en ce moment, mûrissant un projet qui doit bouleverser plusieurs mondes. Ne croyez pas à un enfantillage ou à une idée délirante. Mais la préparation du coup d'État peut demander des années » *(id, ibid.*, p. 50).

À ce moment, Breton craint d'en avoir trop dit. N'est-il pas trop confiant en s'adressant ainsi à un inconnu ? Somme toute, il n'a encore jamais vu Tzara. Mais il se justifie aussitôt, imprudemment : « Si j'ai en vous une confiance folle, c'est que vous me rappelez un ami, mon meilleur ami, Jacques Vaché, mort il y a quelques mois. Il ne faut peut-être pas que je me fie trop à cette ressemblance » *(id, ibid.*, p. 50).

La substitution de l'interlocuteur privilégié s'est faite si naturellement que Breton se demande si les silhouettes sont bien superposables : Vaché avait renoncé à la littérature alors que Tzara, tout en proclamant son mépris de l'art, y consacre toute son activité. C'est alors qu'il cite une lettre (à l'époque inédite) de Vaché, commettant une étrange correction, lui pourtant si scrupuleux d'habitude. Il lui fait dire « L'art n'est pas une sottise » *(ibid.*, p. 54) alors que Vaché, en bon pataphysicien, écrivait d'une seule traite : « L'ART EST UNE SOTTISE. Presque rien n'est une sottise. »

Il faut absolument lire cet émouvant échange de correspondance entre Breton et Tzara pour comprendre la charge affective dont cette entreprise était investie. Il ne s'agissait de rien moins que de changer le monde après la guerre, de remettre la pensée sur de nouveaux rails.

Là encore, le changement d'individus n'avait pu s'opérer aussi aisément que parce qu'ils étaient tous deux porteurs des mêmes virtualités. Au demeurant, par son attitude et ses rares écrits, Vaché avait préparé le siège de Dada et du surréalisme, du moins dans la pensée de Breton.

Même s'il n'est pas l'un des signataires de *Ce que les Sârs ont dit*, Vaché participe de l'esprit qui a présidé à son élaboration, en particulier pour les passages d'écriture collective. Au demeurant, n'est-ce pas le ton des « Propos des Assassins », dans le roman de Jarry *(Les Jours et les Nuits)* que reproduit cet essai à plusieurs voix annonçant les poèmes dada simultanés et les proses magnétiques du surréalisme ? Sans forcer la ressemblance, on peut dire que, dans chaque cas, il y a la même recherche d'une littérature nouvelle, totalement libérée des canons traditionnels, ou la contribution collective dégage une indicible euphorie.

Michel Carassou le souligne à juste titre : Vaché « ne peut être isolé de ce groupe dont il partage les préoccupations et les aspirations. » Condamnation sans appel du vieux monde, critique radicale de l'art, les Sârs ont effectivement les mêmes sentiments que les dadaïstes, mais ils ne les expriment pas de la même façon. Au fond, ne s'agit-il pas, à Nantes et à Zurich, d'une révolte commune à toute jeunesse de l'époque, à quelque nation qu'elle appartienne, confrontée à la faillite de la civilisation ? L'attitude variera selon le contexte et l'époque, selon la personnalité de chaque individu composant le groupe, et surtout en fonction des réactions suscitées.

Il est certain que cette jeunesse inquiète et turbulente n'a pas une démarche assurée. Tantôt elle s'élève contre les religions, tantôt elle se tourne vers la foi. Elle rejette toute hiérarchie sociale, mais se montre attentive à l'organisation prolétarienne. Elle se veut indifférente aux événements, mais elle aspire par tous ses pores à la vie la plus active. Sous ses dehors de dandy, Vaché ne témoigne de rien d'autre que d'un violent attachement à l'existence, s'imaginant même une vie d'aventurier, de héros de cinéma.

C'est parce qu'elle est par nature *ambivalente* qu'une telle attitude ne peut susciter que des controverses. La critique ne peut se mettre d'accord puisque chaque exemple, chaque citation implique son contraire. On ne peut se contenter d'alléguer le textuel, il faut y joindre le gestuel, le comportemental. Et même dans cette perspective il convient d'être prudent, de ne rien avancer qui ne soit doublé de son contraire. C'est pourquoi la thèse du suicide de Vaché me paraît peu recevable. D'abord parce qu'un tel geste marquerait le renoncement délibéré au groupe de Nantes, dont nous n'avons aucun témoignage. Ensuite parce que le refus de la vie, dans de telles circonstances, implique une affirmation que rien ne le prédisposait à déclarer. Au stade d'indifférence qu'il avait atteint, lorsque les deux plateaux de la balance sont strictement au même niveau, on laisse faire le hasard, *on ne truque pas.*

Le fait est qu'on ne s'interrogerait pas sur de tels groupes si l'on ne connaissait leur devenir. Celui de Nantes n'a pas laissé de traces notables puisque le seul écrivain qui en est issu, Jean Sarment, s'est illustré solitairement dans le genre mineur de la comédie romantique. C'est donc bien au surréalisme, et particulièrement à André Breton, que l'on doit ce surcroît d'intérêt. Il s'impose d'autant plus que les œuvres exhumées marquent un état d'esprit, suggèrent des possibles qui n'ont pas tous été réalisés.

Mais l'histoire des faits littéraires pour laquelle je plaide se doit d'aller au-delà des chefs-d'œuvre classés et reconnus. Souvent une personnalité décevante et brisante comme celle de Théodore Fraenkel ou de Jacques Vaché a plus fait pour l'émergence d'idées neuves que tel conformiste tranquillement situé. Car le phénomène est incontournable : le refus de la littérature revient à la littérature, quoi qu'on fasse. L'arrivée est inscrite dans le départ.

ADHÉRER AU SURRÉALISME[1]

Tous les jeunes gens sont poètes à quinze ans. Bien peu le demeurent. Encore moins nombreux sont ceux qui parviennent à publier et à se faire un nom dans le monde des lettres. Il y faut une conviction profonde, et des encouragements dont la famille ou la société se montrent très avares. Si, au vingtième siècle, la fonction poétique est toujours prisée sur le plan des valeurs symboliques, elle ne peut être que la marque d'un malheur au niveau social. Être poète, c'est la misère assurée, la vie hors normes ! Comment une vocation devient-elle un engagement concret, définitif ? Pour cela, de nombreux relais sont nécessaires. Le premier, à mes yeux, est le rôle prépondérant assuré par les journaux de classe élaborés dans les lycées de la Troisième République (1870-1940), avec l'accord de l'administration ou contre son gré, avant que le processus ne soit institutionnalisé, et donc vidé de tout effet, par la méthode de Célestin Freinet. Le second sera la rencontre d'un groupe suffisamment organisé pour satisfaire les aspirations de l'adolescent, avant que la maturité et la réflexion ne lui fassent prendre son essor individuel.

***

Les biographes de Proust ont déjà signalé le rôle germinatif de la *Revue verte* puis de la *Revue lilas*, fondées par le futur auteur d'*À la recherche du temps perdu* au lycée Condorcet, avec ses condisciples Daniel Halévy et Robert Dreyfus, prolongées par la suite en une revue symboliste éphémère, *Le Banquet* (1892-1893). J'ai montré précédemment ce qui unissait les groupes de potaches des lycées de Rennes (d'où allait émerger Alfred Jarry), de Reims (avec René Daumal, Roger Gilbert-Lecomte, etc.) et de Nantes (dont on ne retient plus, maintenant, que le nom de Jacques Vaché), avec leurs publications aussi prometteuses que scandaleuses. Il

1 Texte publié dans : *Le Sens à venir*, Hommage à Léon Somville, Berne, Peter Lang, 1995, p. 83-92.

faudrait s'attarder, de la même façon, sur la revue *Vers l'Idéal*, animée au Collège Chaptal par René Hilsum, futur éditeur Au Sans Pareil, à laquelle collabora un certain René Dobrant, anagramme exacte d'André Breton, avec deux poèmes fort… idéalistes, « Eden » et « Le rêve[2] ». Ne serait-ce pas là que, tout jeune, Breton prit conscience de l'importance d'une publication collective comme ciment d'un groupe, et comme lieu d'expression nécessaire à son autonomie ?

Le hasard et l'amitié[3] m'ont fait entrer en possession d'une de ces petites revues, circulant au Lycée Louis-Le-Grand, à Paris, en 1924, quelques mois avant la publication de *La Révolution surréaliste*. Peu après, son principal animateur, Pierre Unik, à peine âgé de seize ans, allait rejoindre le groupe surréaliste. Dénommée *Hypo-Rhéto*, elle avait son siège social dans la classe de seconde A (ce qui explique son titre, puisque cette classe de section littéraire précédait l'ancienne classe de Rhétorique). Elle eut cinq numéros, du mois de janvier à la fin avril 1924, formant un total de vingt pages, si l'on y inclut le supplément vraisemblablement diffusé en février, pour en faire la publicité et annoncer le règlement d'un grand concours de poésie ouvert à tous les condisciples. Vendue 25 centimes, elle fut d'abord écrite à la main et tirée sur une machine à alcool. Le succès aidant, et le concours de poésie approchant, les trois derniers numéros furent dactylographiés et ronéotés. Ne portant aucune indication de directeur ni de rédacteur en chef, on sait qu'elle fut essentiellement conduite par Pierre Unik (avec René Braunschvig) qui signa de son nom ou du pseudonyme « Ping-Pong » les éditoriaux et notes de la rédaction. Par ailleurs, chaque contribution était signée. Principalement vouée à la littérature, avec des contes satiriques, des nouvelles et de nombreux poèmes, elle comporta une chronique sportive et une annonce pour un « Club des jeunes compagnons », offrant des activités touristiques et sportives, dont Unik était le correspondant. La pièce maîtresse était la publication de poèmes, de genres variés, soumis au suffrage d'un jury élu démocratiquement par la classe.

---

2 Voir ces pièces dans les *Œuvres complètes* d'André Breton, Paris, Gallimard, Pléiade, t. I, 1988, p. 29-30, et le témoignage de René Hilsum que je rapporte dans *André Breton, le grand indésirable*, Paris, Calmann-Lévy, 1990, p. 25-26 ; désormais accessible sur le site André Breton.

3 Je remercie M. Roland Gambier, condisciple de Pierre Unik, de m'avoir confié la photocopie de la collection complète, accompagnée de la photographie de la classe entière. Il m'a témoigné une extrême bienveillance en répondant à mes nombreuses et importunes questions.

L'administration du lycée, sans doute plus libérale qu'ailleurs, n'eut pas son mot dans l'affaire, qu'elle ne pouvait ignorer. Les professeurs non plus. Cependant, le professeur de Lettres, M. Debilhère-Saint-Martin, normalien agrégé, daigna prodiguer ses encouragements aux jeunes poètes, en lisant à haute voix dans la classe « Les six-jours », un sonnet vélocipédique très régulier d'André Flament, le futur directeur de nombreuses revues, dont *La Courte Paille* (1929-1933) où allait s'illustrer Roger Vitrac. L'histoire ne dit pas qui remporta la palme.

L'animateur de la revue, Pierre Unik, était né le 5 janvier 1909 à Paris, d'une famille juive récemment immigrée[4]. Brun, les cheveux crantés, la bouille ronde, il faisait figure, aux yeux de ses camarades, de garçon très dessalé, tant par son langage et ses idées socialisantes que par ses mœurs. Ne se targuait-il pas, tout comme Alfred Jarry au même âge, de fréquenter les bordels et de priser de la drogue, en compagnie de l'ami Félix (très fixé, celui-là), avec qui il introduisait dans l'établissement des revues « pornographiques », du genre *Frou-Frou* ? Bon élève malgré son indépendance d'esprit, on lui prédisait un bel avenir dans la littérature, où il excellait mieux que dans les disciplines scientifiques.

Bien entendu, *Hypo-Rhéto* n'avait rien de sulfureux. L'éditorial du premier numéro ne prétendait qu'à procurer de la gaieté, en luttant contre tout pessimisme, et un avertissement final attribuait à l'enthousiasme des néophytes les coquilles typographiques déparant l'exemplaire. Dès la seconde livraison, le même animateur se devait de répondre aux détracteurs de la publication, considérant que les railleries des uns, les calomnies des autres, prouvaient la force de la revue. Il les invitait d'ailleurs à se mesurer aux rédacteurs « sur le vaste champ littéraire ». Quant au supplément, déjà mentionné, il marquait le cap : « Nous voulons donner aux lycéens une tribune, où ils pourront exprimer leurs idées. N'hésitez pas à nous apporter vos premiers essais critiques, vos premières nouvelles, vos premières poésies, vos premiers romans. Plus tard, lorsque vous serez devenu, sait-on jamais, un journaliste influent ou un auteur renommé, vous relirez avec émotion vos premiers balbutiements, vous donnerez un souvenir reconnaissant et attendri à

---

4 Pour de plus amples renseignements biographiques, voir le texte de Georges Sadoul en préface au *Chant d'exil* de Pierre Unik, Paris, Éditeurs Français Réunis, 1972, coll. Petite Sirène, et la notice de Nicole Racine dans le Maitron, *Dictionnaire biographique du mouvement ouvrier français*, 1914-1939, Paris, Les éditions Ouvrières, t. 42, p. 370-371.

cet *Hypo-Rhéto* qui vous a permis votre premier vol. » Et d'ajouter, en dernière page : « Collaborer, c'est s'entraîner à la carrière littéraire ». On ne saurait marquer plus explicitement l'ambition artistique, voire pré-professionnelle, du projet, culminant dans le concours de poésie.

En l'occurrence, ses appels et son retrait discret sous le pseudonyme n'empêchent pas Pierre Unik d'occuper la majeure partie des colonnes de la revue. Sa première contribution, une nouvelle, « Le rêve », ne manque pas d'humour. Ce sont les notes personnelles d'un médecin ayant de la suite dans les idées. Reprenant la thèse de Schopenhauer, selon lequel « le monde est ma représentation », il la complète par la théorie freudienne des rêves, de sorte qu'il place le subconscient au-dessus du conscient. « Le monde du rêve est le seul qui existe », conclut-il, en déduisant que le réel n'est qu'une illusion. Or, voici qu'il rêve qu'il est mort. Appliquant sa théorie à la lettre, il n'a plus qu'à fermer son cabinet pour cause de décès. Mais il n'en va plus de même lorsqu'on vient lui annoncer qu'il hérite d'un oncle d'Amérique. Homme de principes, il corrige son cahier : « On peut déroger aux principes précédemment énoncés, lorsque l'on reconnaît que [leur] application dans la vie courante pourrait entraîner des conséquences fâcheuses. » La livraison suivante contient un poème, « Pierrot lunaire », démarqué de Laforgue. Vient ensuite, s'étalant en feuilleton jusqu'au numéro cinq, une nouvelle, inachevée, intitulée « Les hommes, les éléphants et Dieu », tout empreinte d'ironie voltairienne. Les éléphants ont définitivement triomphé de la race humaine, tandis que Dieu, faisant alliance avec Satan, parcourt les espaces inter-stellaires…

Mis à part le « Pierrot lunaire », tout ceci témoigne d'une personnalité originale pour un adolescent de quinze ans, sceptique souriant, dilettante et entraîneur d'hommes, sachant allier les activités collectives (natation, camping, sports d'hiver) aux spéculations intellectuelles. Il ne faudrait pas en déduire que d'assumer à cet âge la publication régulière, durant une année scolaire, d'un journal de classe, entraîne *ipso facto* une destinée littéraire. D'autant que ce journal de bonne tenue ne présage aucune révolte. Mais il n'est pas moins notable que, parmi tous ses signataires, seul Pierre Unik se soit orienté délibérément vers la pratique littéraire, telle qu'on l'entendait dans les milieux les plus avancés du Quartier Latin, sous la bannière du surréalisme.

***

Longtemps après sa disparition dans la chaîne des Carpates, en 1945, on a publié un récit qu'il avait laissé inachevé, *Le Héros du vide*[5]. Le manuscrit comprend trois cahiers, dont le dernier est lui-même inachevé, rédigés entre 1928 et 1931, c'est-à-dire durant sa période surréaliste. Un quatrième cahier, visiblement de premier jet, et des notes de travail complètent cette publication posthume. Le propos du livre, vraisemblablement rédigé en 1936, alors que Pierre Unik avait quitté le groupe surréaliste pour collaborer à *L'Humanité* et ensuite animer *Regards*, l'hebdomadaire illustré du Parti Communiste, dénote une intention politique et didactique. Le héros du vide, représentant des classes moyennes, doit choisir entre le suicide, l'accession à la bourgeoisie, l'adhésion à l'idéologie fasciste ou la rencontre du prolétariat. C'est donc un roman emblématique. Mais les trois premiers cahiers, plus proches des préoccupations surréalistes de l'auteur, contiennent de longs passages autobiographiques, même s'ils sont attribués à un narrateur, André Varlin, censé tenir son journal au cours d'une hospitalisation, durant son service militaire.

Il se souvient qu'à sept ans il écrivait une pièce de théâtre, « Haine vaincue », et qu'à quinze ans il apposait sur la première page de ses cahiers de classe ce qui s'avère être la formule du Théâtre Art et Action (animé par les Autant-Lara) : « Mieux vaut faire un faux pas en avant et se relever avec courage que bien faire et rester stationnaire[6]. »

Je passe sur les réminiscences de l'enfance pour en venir à l'adolescence, à l'époque correspondant à la réalisation d'*Hypo-Rhéto*. « J'avais toujours eu, au lycée, un rôle en marge. Les professeurs s'effrayaient de mon indiscipline, de mes mouvements de colère, et me haïssaient malgré mes succès en raison du mépris que j'avais pour leur caste. Les bons élèves ne pouvaient me considérer comme un des leurs, je les secouais, je les raillais, je brutalisais leur pauvre petite conscience de cons honnêtes. [Il rejoint la bande des mauvais sujets, mais ne trouve aucune cohérence dans leur inconduite]. Pas de révolte, pas d'appel vers le bouleversement du monde. Une nullité fantaisiste et distraite. Quant à ceux qui s'intéressaient aux questions littéraires ou philosophiques, leur suffisance et leur platitude m'exaspéraient. » (p. 186-187). Il évoque l'attrait du « nouveau », à travers Baudelaire, les attentes imprécises, et le rêve considéré comme « vraie

---

5 Pierre Unik : *Le Héros du vide*, Paris, Les Éditeurs français réunis, 1972, 280 p.

6 *Id.*, *ibid.* p. 188. Sur le Laboratoire Art et Action, voir Michel Corvin : *Le Théâtre de recherche entre les deux guerres*, Lausanne, L'Age d'Homme, s.d. 536 p. ill.

réalité », on l'a vu ci-dessus. Mais le scepticisme souriant a fait place à l'enthousiasme du néophyte pour la révolution, seule capable de « libérer les forces du rêve, de l'amour, de la poésie » (p. 190) également incarnée par Freud et Rimbaud. C'est alors l'esquisse d'un programme, rédigé à l'intention de son meilleur ami : « Nous devions en imposer aux bourgeois par notre cynisme ricanant. Pour substituer le règne du cœur et des sens au règne de la raison, il fallait éviter tous les pièges sentimentaux que la raison tend au cœur. Et enfin, attention à l'action politique ! Elle pouvait être un moyen, jamais un but. » (p. 197).

Vient ensuite la découverte du surréalisme, à travers sa condamnation de la guerre du Rif puis du scandale provoqué à la Closerie des Lilas, lors du Banquet en l'honneur de Saint-Pol-Roux, aux cris de « Vive Abd-el-Krim ! À bas la France[7] ! » Avec une grande honnêteté, malgré le temps passé et la confusion des débuts, il résume fort clairement les intentions du mouvement : « Il s'agissait de restituer l'homme à lui-même, de libérer son esprit des entraves de la raison ; de rendre sa place au rêve et aux activités désintéressées, de délivrer l'amour et l'instinct sexuel de toute chaîne, de faire prédominer l'Orient sur l'Occident, la contemplation sur le matérialisme, d'anéantir la morale, de chasser à jamais l'affreux positivisme et le règne de la bourgeoisie. Il s'agissait d'aller plus loin. De transformer l'esprit humain, ou plutôt de lui rendre sa fonction véritable, sa richesse et sa pureté d'enfance, de briser les cadres de la logique, de rendre le monde aux miracles de l'imagination et de l'aventure. » (p. 198-199)

***

De fait, Pierre Unik a rejoint le groupe surréaliste peu de temps après ces incidents glorieux et la publication du tract « La révolution d'abord et toujours » dans *La Révolution surréaliste* (n° 5, octobre 1925), alors qu'il venait d'entrer en classe de Philosophie. On imagine l'accueil que firent ses aînés à l'enfant prodige et prodigue[8] ! Avec eux il signa des appels

7 Voir l'Appel aux travailleurs intellectuels, publié dans *Clarté* le 15 juillet 1925 (texte désormais accessible en ligne sur le site Mélusine surréalisme), et la déclaration des surréalistes à propos de ce banquet dans *Tracts surréalistes et déclarations collectives* présentation et commentaire de José Pierre, Le Terrain vague, t. I, 1980, p. 51-54.

8 Pensons à la formule d'André Breton dans le *Second Manifeste du surréalisme* : « Il y a encore à cette heure par le monde, dans les lycées, dans les ateliers même, dans la rue, dans les

collectifs, collabora à *La Révolution surréaliste* puis au *Surréalisme au service de la révolution*, prit part aux discussions sur l'opportunité d'adhérer collectivement au Parti communiste et aux recherches sur la sexualité. Membre de ce parti dès 1927, il assista, déchiré, à la rupture des amitiés, tentant, dans un ultime appel du 5 avril 1932, co-signé avec Maxime Alexandre, de concilier les positions de Breton et celles d'Aragon, en faisant la part des responsabilités de chacun, et particulièrement de la récente Association des Écrivains et Artistes Révolutionnaires[9]. De fait, il se trouva lui-même rejeté du côté du Parti communiste, ce qui le fait sortir du cadre de la présente étude[10]. Résultat d'un échange constant avec le groupe, sa contribution au surréalisme n'est pas négligeable, tant sur le plan individuel que collectif.

Sur le plan poétique, Pierre Unik publie d'abord un poème-scénario, humoristique et fantaisiste à la manière des contes de Benjamin Péret (dans le droit fil aussi du feuilleton « Les hommes, les éléphants et Dieu »), confirmant, une fois de plus, que les surréalistes ont l'âge du cinéma, que leur vision du monde est inséparable de la vitesse, du montage et du découpage qu'introduisit dans la pensée le septième art naissant[11]. Puis ce fut, toujours en prose, un « texte surréaliste », autrement dit un produit de l'écriture automatique, où la plume est supposée transcrire, sans aucune entrave, le flux de la pensée[12]. L'expression en est aisée. Si elle n'est pas dépourvue des tics et de la rhétorique inhérents à cette pratique, l'esprit s'y meut avec agilité et prend un essor que rien ne pourra arrêter. Un autre texte du même ordre, « La queue de poisson », adressé sous ses seules initiales au *Surréalisme au service de la révolution* (n° 1, juillet 1930) alors qu'il était militaire, adopte la capacité de métamorphose du cinéma. On passe indifféremment d'un règne à l'autre, et la femme, obsession naturelle de ce genre de récit, surgit de la plante.

---

séminaires et dans les casernes, des êtres jeunes, purs, qui refusent le *pli*. C'est à eux seuls que je m'adresse, c'est pour eux seuls que j'entreprends de justifier le surréalisme de l'accusation de n'être, après tout, qu'un passe-temps intellectuel comme un autre. » (Paris, Gallimard/Idées, p. 87).

9 Voir : « Autour d'un poème », *Tracts*, *op. cit.* p. 230-234.

10 Outre les ouvrages de Pierre Unik cités en référence, on pourra, si l'on s'intéresse à l'ensemble de son œuvre, traitée par thèmes, consulter la thèse (en anglais) d'Helen Schwalow : *Prisons and visions*, Pierre Unik's journey from surrealism into marxism, New York, Peter Lang, 1989, 210 p.

11 Pierre Unik, « Vive la mariée », *La Révolution surréaliste*, n° 6, 1er mars 1926, p. 25-26.

12 *Id. ibid.* n° 8, 1er décembre 1926, p. 3.

Cinq poèmes surréalistes, publiés dans les revues du mouvement, ou auxquelles il avait accès, ont été rassemblés dans *Chant d'exil.* Il convient d'y joindre deux pièces, « La société sans hommes » et « L'oubli », parues dans le *SASDLR* (nº 5, 15 mai 1933), qui constituent le noyau central de son imaginaire, puisqu'on y perçoit l'écho, d'une part du feuilleton inachevé d'*Hypo-Rhéto,* d'autre part des préoccupations du *Héros du vide.* En vérité, et c'est là une marque du romantisme éternel de la jeunesse, il ne songe qu'à l'amour, espérant rencontrer l'être complémentaire promis par Platon en son *Banquet.* C'est du moins ce qu'il laisse entendre dans sa réponse à l'enquête sur l'amour, réalisée par *La Révolution surréaliste* dans son ultime livraison. « Les heures où l'on aime sont bien plus longues que tout le reste de la vie », assure-t-il ingénument[13].

Le Théâtre des nuits blanches[14], la plaquette de poésie qu'il publie en 1931 aux Éditions surréalistes (c'est-à-dire à compte d'auteur), témoigne de l'affranchissement que la pratique collective de la poésie a provoqué chez ce tout jeune homme. On y voit l'effet sur le plan de l'image, de la structure du poème tout autant que pour la thématique profonde. Si la femme y occupe une place obsédante, s'il est toujours question d'amour, la tendance élégiaque y est sublimée par les visions du demi-sommeil, où domine une lumière d'aube. En revanche, le poète est plus à l'aise dans la dénonciation, la condamnation d'un monde jugé révolu. Ainsi dans « Les Égaux », où il évoque la tristesse des hommes devant l'École, l'Armée, la Prison, le Tribunal :

> « … La nuit vient quelques enfants solitaires
> sortent des murs sans être vus
> sur des terrains vagues ils rampent
> loin des globes phosphorescents
> ils jouent dans des cabanes de charbonniers
> avec des bouts d'allumettes et des os noircis
> ils jouent ce qu'ils seront dans une autre vie
> où la lumière sera réelle
> avant l'aube ils reviennent en frôlant les maisons
> très vite ils s'engouffrent dans un bâtiment informe
> à l'entrée duquel on peut lire
> MANUFACTURE CORDIALE

---

13 Pierre Unik, réponse à l'enquête, *La Révolution surréaliste,* nº 12, 15 décembre 1929, p. 76.

14 Pierre Unik, *Le Théâtre des nuits blanches,* Paris, Éditions surréalistes, chez José Corti, 1931, 32 p.

on entend déjà défiler dans les rues
les régiments d'épaves diurnes[15] »

Point n'est besoin de rechercher un écho intime : le poème reflète la position générale du groupe surréaliste à l'égard des institutions de la bourgeoisie, son espoir de révolte, indépendamment de toute réalité personnelle.

Dans le même temps, Pierre Unik occupe le terrain polémique. Avant de partir à l'armée, il a publié, sous l'anonyme, « La prière au soldat », où il dénonce le système de défense de la bourgeoisie, l'ennui engendré par la caserne. Faisant appel à l'idée de l'amour, il répudie « l'idée du vide », l'angoisse de la jeunesse. À ce mal social, il concède qu'il peut se transformer en bien puisque, si l'armée réprime de nombreuses aspirations, elle active « chez certains une flamme révolutionnaire que rien n'étouffera plus[16]. » En effet, à son retour, il s'en prit violemment à « La France des cinq parties du monde », accusant la bourgeoisie française de faire du pays une forteresse de l'oppression dans le monde, au nom de ses seuls intérêts économiques. Il en appelle aux intellectuels révolutionnaires, dont le rôle est d'affaiblir un tel pays, mais qui n'y parviendront que si les peuples opprimés prennent en main leur destin[17]. La livraison suivante, parue simultanément, contient le compte rendu d'une réunion tenue, à l'initiative de la revue *Monde*, sur la littérature prolétarienne[18]. Pierre Unik y traite ironiquement les écrivains de gauche, Jean Guéhenno, André Chamson, Henri Poulaille, Léon Lemonnier et Henri Barbusse, qui se présentent comme des professionnels de la littérature, auxquels il oppose les intellectuels révolutionnaires, dont la fonction est de détruire la culture bourgeoise pour qu'émerge la véritable culture populaire.

On l'aura compris, depuis qu'il a rejoint le groupe surréaliste, Pierre Unik est un partisan de la révolution politique. Il a participé à la réunion du 23 novembre 1926 qui, posant la question de l'adhésion collective au Parti communiste, aboutit à l'exclusion d'Artaud et de Soupault. Interrogé sur sa propre position, il s'est déclaré en faveur de l'adhésion, même à titre individuel. Pierre Naville ayant fait état de son appartenance antérieure aux étudiants communistes, il a répondu qu'il était à l'époque

15 *Id. ibid.* « Les Égaux », août 1929, p. 18-19.
16 *Id., La Révolution surréaliste*, n° 12, 15 décembre 1929, p. 22.
17 *Id., Le Surréalisme au service de la révolution*, n° 3, décembre 1931, p. 28.
18 *Id., ibid.*, n° 4, p. 29, « Un panier de crabes ».

un simple sympathisant, tandis qu'il était désormais un surréaliste à part entière, ce qui lui valut l'approbation du groupe entier[19]. Au cours de la séance suivante, qui traitait du même ordre du jour, il demanda si tous les surréalistes devaient renoncer à « collaborer à des revues bourgeoises », ce qui lui valut d'être rabroué par Marcel Fourrier, animateur de *Clarté*, lui reprochant de revenir sur une question déjà tranchée. Sans doute parce qu'il est le benjamin du groupe, il se fait une spécialité des questions naïves, les plus percutantes comme on sait. « Pensez-vous pouvoir mener de pair activités surréaliste et communiste ? », interroge-t-il[20]. Convaincu d'être en mesure de le faire, il est disposé à l'adhésion. Sa démarche, commune avec celle d'Aragon, Breton, Éluard et Péret, sera rendue publique dans la brochure « Au grand jour » (mai 1927), signée des cinq. Celle-ci faisait état des difficultés opposées par le Parti à leur collaboration intellectuelle.

Non moins intéressante pour sa formation est sa participation aux « Recherches sur la sexualité » menées par le groupe au cours de séances collectives à partir de janvier 1928[21]. Interrogé par Breton sur le fait de savoir si, lorsqu'ils font l'amour, l'homme se rend compte de la jouissance de la femme, il répond : « Je pense que non dans un certain nombre de cas. Je pense que la femme peut se rendre compte. » (p. 37) À quoi l'interrogateur rétorque que sa réponse est purement subjective et sans valeur. Mais Pierre Unik ne se tiendra pas pour battu, puisque, dira-t-il à la séance suivante, la femme peut s'y tromper « sans même que l'homme simule. » Au terme de la discussion, il triomphe : « Il semble donc en conclusion qu'il n'y ait que des signes subjectifs en dehors de l'examen local auquel la femme peut se livrer. » (p. 64) La même discussion reprendra en novembre 1930. Breton posant la même question, Unik y répondra avec le même pragmatisme.

Pour ce qui concerne ses goûts en la matière, on constate son hostilité à l'égard de l'homosexualité masculine : « au point de vue physique, la pédérastie me dégoûte à l'égal des excréments et, au point de vue moral, je la condamne. » (p. 39) Comme Breton, il accepte l'onanisme, s'il est

19 *Adhérer au Parti communiste ?*, Paris, Gallimard, 1992, p. 64-65.

20 *Ibid.* assemblée du 24 décembre 1926, p. 111.

21 Le compte rendu de la première séance a été publié dans *La Révolution surréaliste*, n° 11, 15 mars 1928. L'intégralité du dossier est reprise dans *Recherches sur la sexualité*, présenté et annoté par José Pierre, Paris, Gallimard, 1990.

accompagné de représentations féminines. Il pense aussi que l'homme est susceptible de défaillances physiques, dans tous les cas, et s'insurge lorsque Breton trouve « colossal » de demander l'avis de la femme sur ses préférences en matière de positions amoureuses. Il est hostile, en revanche, à l'exhibitionnisme chez l'homme, ainsi qu'au bordel, refusant l'idée de payer une femme. À ce propos, il est intéressant de confronter l'épisode que relate le narrateur du *Héros du vide*, conduit au bordel par un de ses camarades de classe. Il finit par monter avec une fille, s'assoit sur la cheminée et, ne sachant que faire, lui débite des tirades philosophiques. Sur quoi la fille l'abandonne, et il quitte dignement la maison, sans consommer, mais en abandonnant son pardessus qu'il n'a jamais repris. Si cet épisode est autobiographique, on comprend son attitude au cours de l'enquête, et l'on en déduit que ses propos de lycéen n'étaient que fanfaronnade. On y est d'autant plus enclin que l'évocation de son premier souvenir sexuel étant jugée particulièrement faible par ses camarades surréalistes, il évoque alors la lecture d'un conte traduit du russe, intitulé « La Chair » (p. 77), incident qui se trouve incorporé dans *Le Héros du vide* (p. 121).

En règle générale, on doit tenir pour sincères les réponses des participants à ces enquêtes, et particulièrement celles de Pierre Unik, même si elles nous paraissent risibles ou infantiles. Il faut se reporter à la morale ambiante à l'époque pour comprendre ce qu'elles avaient d'expérimental, au sens scientifique du mot. Certaines de ses interrogations, comme ses premiers émois, rapportés à la fois au cours de l'enquête et dans le roman, nous émeuvent. Des silences aussi, comme lorsqu'il prétend ne pas se souvenir de son dépucelage, au point qu'il se voit mis à l'écart par Breton. En fait, et c'est peut-être dû à son origine sociale et religieuse, Unik se montre assez conformiste, sinon puritain, jugeant qu'on ne peut faire l'amour avec une femme qu'on n'aime pas. Son éducation sexuelle s'est faite au lycée, par ses camarades de classe. L'un d'eux lui a appris à se masturber, à l'âge de treize ans. Un autre l'a vraisemblablement entraîné dans une maison close, un peu plus tard.

***

Revenant sur ses pas, Pierre Unik condamne les enthousiasmes de sa jeunesse. Son dernier cahier retrouvé, publié dans *Le Héros du vide*, contient un pastiche ironique du tract « La Révolution d'abord et toujours », l'exemple même du « saut dans le vide », qui l'avait conduit au surréalisme. Peut-être aurait-il dû remonter plus avant dans sa mémoire, comme il l'avait fait dans ce roman pour ses sentiments, et revisiter, comme il y invitait jadis ses lecteurs, ce premier journal qu'il avait animé, en classe de seconde. Il aurait sans doute constaté combien cette production anodine, à laquelle il attachait tant de prix à quatorze ans, était une formidable machine à triple fonction : à inciter, à produire, à intégrer. Par ce moyen, ce fils d'un petit tailleur polonais se trouvait placé au premier rang d'un des grands lycées de la capitale. Certes, sa différence était gommée, mais il y gagnait de devenir comme les autres en partageant leur culture, et de s'initier, avec eux, au monde des adultes. Cela ne l'empêchait pas de garder son quant-à soi, comme le montre son récit rétrospectif. Plus, il allait se porter à l'avant-garde, découvrir les idées nouvelles qui allaient informer la pensée de ce siècle. En somme, cette activité librement assumée devait le mener vers le groupe le plus apte à satisfaire ses aspirations littéraires et politiques. Qu'ensuite il se soit fourvoyé, par excès d'optimisme, est une autre histoire, qui rejoint l'Histoire, sur laquelle il faudra bien que l'esprit humain s'explique, un jour.

1936, LE TOURNANT DES RÊVES[1]

On peut se gausser, à bon droit, de la très française manie des centenaires ou des cinquantenaires. Célébration du 350e anniversaire de la fondation de l'Académie française et quatrième centenaire de la naissance du cardinal de Richelieu, commémoration du tricentenaire de la révocation de l'édit de Nantes (il n'y a pas lieu de s'en réjouir, et on ne sait quel terme employer pour ne choquer personne). Certes, tout cela est justifié et demande à être organisé, planifié. Il y a même une « Délégation aux célébrations nationales », présidée par une historienne de renom, pour ce faire. Si l'on estime nécessaire de rafraîchir la mémoire collective en lui parlant, tout au long d'une année, d'un homme et d'une œuvre ; si l'on entend s'incliner à nouveau devant la dépouille de nos grandes gloires nationales, pourquoi choisir Victor Hugo et non Ronsard ou Alphonse Allais ? Pourquoi s'arrêter à l'anniversaire du décès plutôt qu'à celui de la naissance, et pourquoi ne pas en profiter pour donner à relire tout François Mauriac, tout Jules Romains, tout André Maurois ? Pourquoi ces remémorations séculaires, sanctionnées par les sujets du baccalauréat ou de l'agrégation, comme si nos amnésiques concitoyens voulaient se donner bonne conscience en portant une fois l'an une branche de myrte au tombeau de l'écrivain inconnu d'eux ?

Je sais bien ce que peuvent avoir d'impertinent mes propos. Ils ne font que répondre à l'absence de pertinence des cérémonies auxquelles on vient de faire allusion. Je ne conteste pas leur nécessité. Il arrive même à *Europe* d'y prêter son concours. Mais je voudrais que tout acte collectif d'une certaine envergure soit justifié par le souci de revaloriser telle œuvre injustement méconnue de ses contemporains, que la postérité, bénéficiant du recul des ans, va pouvoir reclasser ; ou bien que la

1 Texte initialement paru dans la revue *Europe*, n° 683, mars 1986, pour le cinquantenaire de l'année 1936, en présentation des contributions rassemblées par mes soins.

commémoration serve à souligner quelque convergence entre l'œuvre passée et notre présente lecture, extrayant quelques gouttes d'éternité d'une littérature contingente et mortelle.

Davantage, la célébration nationale serait d'autant plus nécessaire qu'elle ne porterait pas sur un individu dont, à tout prendre, on peut à chaque instant goûter la production, mais un ensemble, une période dont tout nous démontre qu'il faut aller y voir de plus près. Ainsi en est-il de l'année 1936, ses arts, sa littérature, si loin de nous par les événements et si proche, si immédiate par les problèmes culturels qui y furent débattus, dont l'écho nous semble si actuel.

En effet, pourquoi l'année 1936 et non la précédente ou la suivante ? Le temps s'est-il figé en gemme cette année-là, pour que nous lui réservions un sort particulier ? On trouverait, bien évidemment, de multiples raisons de contester notre choix : l'histoire culturelle, l'histoire littéraire, comme l'Histoire (avec H majuscule) s'accommodent mal d'une périodisation étroite et se complaisent désormais dans la longue durée. Il n'en demeure pas moins que certaines dates jaillissent spontanément de notre mémoire passive, comme telle ritournelle à l'heure des ablutions matinales.

Aucun d'entre nous n'a les mêmes raisons de retourner sur ses pas, cinquante ans en arrière, avant même sa naissance. Et pourtant nous avons conscience, spontanément, qu'il s'est joué quelque chose sur la scène culturelle, en 1936, dont nous sommes encore les bénéficiaires. Anamnèse à laquelle nous convions le lecteur, pour qu'il retrouve ses propres sources et ressources.

Naguère, Roland Barthes plaisantait les présentateurs de France-Musique ou de je ne sais quelle radio nationale qui mettaient sur le même plan, sans transition aucune, tel événement historique et telle composition musicale, comme si la seconde était le produit du premier. De sorte que ce genre de parallèle est irrémédiablement condamné. Pourtant il a son utilité, non pour établir un lien de cause à effet mais tout simplement pour fixer les idées, montrer (et non démontrer) sur quelle toile de fond historique se joue la scène culturelle.

Ainsi, pour nos regards distants, l'année 1936 se résume à quelques images choc : l'invasion des plages par les premiers « congés-payés », les grèves avec occupation d'usines transformées en guinguettes, en juin… Autant de spectacles gravés dans la mémoire collective par les photographies en noir et blanc de Cartier-Bresson, au point que nul ne saurait dire, aujourd'hui, ce qui l'a le plus impressionné du spectacle vu directement ou à travers l'objectif de l'artiste.

Sur le plan intérieur, l'année 1936 est riche en événements de première importance, à commencer par la réunification, au Congrès de Toulouse, de la CGT, et par la victoire du Front populaire au deuxième tour des élections législatives, le 3 mai, amenant la constitution du gouvernement Blum, qui, par les accords de Matignon, prendra des mesures sociales irréversibles. Sur le plan extérieur, l'année débute par la ratification du pacte franco-soviétique, l'occupation militaire de la Rhénanie par les troupes d'Hitler, la chute d'Addis Abeba et la mainmise de Mussolini sur l'Éthiopie (5 mai) tandis que Manuel Azaña est élu président de la République espagnole et que le gouvernement du Frente Popular qu'il dirige se trouve aux prises avec le coup d'État du général Franco (17 juillet). On ne sait que trop combien la guerre d'Espagne fut le prélude de la Seconde Guerre mondiale. Les fascismes s'affirment conquérants au mépris du droit des gens. Mais de l'autre côté, les procès de Moscou s'achèvent par l'exécution de Kamenev et Zinoviev, ce qui ne témoigne pas de la bonne santé d'un pays socialiste !

Quels rapports entre cette toile de fond rougeoyante et les faits d'ordre culturel de l'année ? Il y en a d'évidents : quand Malraux parle à New York pour réunir des fonds en faveur des républicains espagnols ; quand Gide porté par la ferveur unioniste se rend en Union soviétique et en rapporte un témoignage désillusionné. *Retour de l'URSS*, publié en décembre 1936 ; quand Federico Garcia Lorca est fusillé à Grenade (19 août) par les troupes de la rébellion franquiste.

D'autres sont, à priori, fortuits : une œuvre publiée en 1936 peut avoir été écrite six ans plus tôt (c'est le cas pour les *Jeunes Filles* de Montherlant) et conçue des années-lumière auparavant, comme *les Hommes de bonne volonté* de Jules Romains, dont paraissent les tomes XI et XII. Pourtant, ce n'est pas le moins étonnant que les ouvrages remarqués cette année-là, en quelque sorte consacrés par les journaux et les revues qui font l'opinion, de la *nrf* à *Europe* en passant par les *Cahiers du Sud* – à l'exception du prix Goncourt décerné à *l'Empreinte du dieu* de Maxence Van der Meersch –, soient ceux que nous considérons encore aujourd'hui comme des plus importants pour notre patrimoine : le *Journal d'un curé de campagne* de Bernanos (Grand Prix du roman de l'Académie française). *Mort à crédit* de Céline, *Le Sang noir* de

Louis Guilloux, *Les Beaux Quartiers* d'Aragon (prix Renaudot), *Les Vraies Richesses* de Giono, *La Conscience malheureuse*, essai de Benjamin Fondane, *Le Voyage en Grande Garabagne* de Michaux, etc. Est-ce à dire qu'il y eut sur ce plan coïncidence entre l'attente du public et la production romanesque et poétique ? Identité remarquable sanctionnée par la postérité, frappée du phénomène et soucieuse de ne pas y retoucher ?

Sur le plan des idées, on relève la publication de *l'Imagination* de Sartre, popularisant la phénoménologie ; l'intervention de Lacan au Congrès psychanalytique de Marienbad sur « Le stade du miroir comme formateur de la fonction du je »..., et la publication posthume de l'*Histoire de la littérature française de 1789 à nos jours* d'Albert Thibaudet, bâtie sur la notion de génération littéraire. C'est justement la génération de 1914, c'est-à-dire de ceux qui ont eu vingt ans en 1914, qui arrive à l'âge mûr en 1936, fournissant les œuvres incontestées que l'on vient d'énumérer.

Cette génération est aussi celle qui a l'âge du cinéma parlant. Elle a grandi avec lui et si elle ne l'alimente pas directement en scénarios, elle dialogue en permanence avec lui, empruntant ses techniques, approchant sa vision du monde, comme le montre l'article de S. Ravis. La même année voit se succéder sur les écrans : *L'Équipage* d'après le roman de Kessel, *La Bandera* de Julien Duvivier, *La Kermesse héroïque* de Jacques Feyder, *La Vie est à nous* de Jean Renoir, *Les Temps modernes* de Charlie Chaplin et *Une nuit à l'Opéra* des frères Marx !

À côté de ce palmarès éblouissant et toujours aussi apprécié, la création théâtrale paraît bien faible, encore qu'elle ne soit pas dénuée de signification. De la saison 1935-1936, se détache *La Guerre de Troie n'aura pas lieu* de Giraudoux, montée au Théâtre de l'Athénée par Louis Jouvet, accueillie avec enthousiasme par tout un public désireux d'éloigner de la France le spectre du combat.

Sur le plan artistique, l'événement majeur se tient à Londres, avec l'Exposition internationale du surréalisme, aux New Burlington Galleries. Les membres du groupe sont partagés entre leur adhésion de cœur au Front populaire et leur mise en cause du Parti communiste, qu'ils considèrent toujours comme le seul parti de la classe ouvrière. La signature du pacte franco-soviétique les plonge dans le désarroi : ils ne peuvent accepter l'alliance du pays de la Révolution avec la bourgeoisie française, pas plus qu'ils n'ont supporté d'être éliminés du Congrès international pour la défense de la culture (juin 1935) où se sont exprimés tant d'écrivains conservateurs sinon réactionnaires à leurs yeux. Dans un pamphlet d'août 1935, intitulé « Du temps que les surréalistes avaient raison », Breton rappelait les objectifs de son mouvement à l'endroit d'une culture ne les intéressant

> que dans son devenir, et ce devenir même nécessite avant tout la transformation de la société par la révolution prolétarienne. Ils demandaient notamment, que fussent mises à l'ordre du jour du congrès les questions suivantes : droit de poursuivre, en littérature comme en art, la recherche de nouveaux moyens d'expression, droit pour l'écrivain et l'artiste de continuer à approfondir le problème humain sous toutes ses formes…

En dépit du rôle actif de René Crevel (dont le suicide allait les ébranler davantage) tout avait été mis en œuvre pour réduire la portée de leurs déclarations. D'où la formule définitive de Breton à l'égard de la Russie soviétique et de Staline : « Ce régime, ce chef, nous ne pouvons que leur signifier formellement notre défiance. »

Pourtant, devant la montée des fascismes, ils se devaient d'exprimer leur position d'intellectuels et d'artistes révolutionnaires ailleurs que dans les luxueuses revues artistiques qui s'offraient à eux, comme *Minotaure* et les *Cahiers d'Art*. De là l'éphémère, ambiguë et contradictoire tentative du groupe Contre-Attaque, animé par Bataille et Breton, de l'automne 1935 au printemps 1936, c'est-à-dire jusqu'à sa condamnation par les surréalistes pour ses tendances « surfascistes ».

Par ailleurs, ceux qui avaient quitté le mouvement pour rejoindre explicitement le Parti communiste, ou plus précisément l'Association des écrivains et artistes révolutionnaires (AEAR fondée par Vaillant-Couturier en mars 1932), se retrouvèrent tout naturellement au sein de la maison de la Culture, dirigée par Aragon, dont *Commune* était l'organe essentiel. Cette nouvelle institution, résultat de la transformation de l'AEAR, multiplia ses adhérents et son activité par dix avec l'accession au pouvoir du Front populaire. À l'inverse, elle perdit son caractère expérimental, que tenta de poursuivre la revue *Inquisitions*, animée par Aragon, Caillots, Monnerot et Tzara, en jetant un pont entre surréalisme et marxisme[2].

À cet égard, l'effervescence des périodiques n'est pas le trait le moins passionnant de notre anamnèse. Il convient d'y adjoindre l'effort des

2 Voir : *Inquisitions, du surréalisme au Front populaire*, fac-similé de la revue augm. de documents inédits, Préface de Henri Béhar, Paris, Éd. du CNRS, 1999, 184 p.

intellectuels chrétiens pour affirmer, à travers ces revues, une présence de leur foi dans le siècle et même prendre part au combat culturel, à leur manière, en répondant à l'appel du Manifeste au service du personnalisme (octobre 1936) d'Emmanuel Mounier. Ainsi devaient se rencontrer tous les courants de pensée porteurs du Front populaire.

Que les esprits aient été préparés à sa victoire par la production culturelle du temps, cela ne fait aucun doute. Mais on peut se demander par quelles voies et surtout à quel moment les événements de l'année 1936 se sont trouvés inscrits dans des œuvres durables. Si le journal ou la chanson transcrivent sans retard l'humeur du jour, il n'en va pas de même pour tous les arts.

De fait, par sa longue maturation, le roman indique plutôt les vagues de fond qui transformeront les mentalités. À cet égard, l'éthique et l'esthétique, différentes des ouvrages d'Aragon, Bernanos, Céline et Giono, parus en 1936, me paraissent marquer la fin d'une époque, le déclin, sinon la disparition totale de certains groupes sociaux, quel que soit le temps de la fiction choisi par le narrateur, quelle que soit aussi sa position idéologique manifeste. C'est bien l'agonie d'une aristocratie d'artisans que dépeint *Mort à crédit*, de même que le *Journal d'un curé de campagne* sonne le glas d'une forme héroïque de l'apostolat. Quant aux *Beaux Quartiers*, on connaît les compromissions et le sort de leurs habitants. Comme de juste, l'attitude d'Aragon est la plus complexe. Le réalisme socialiste, aux couleurs nationales, pour lequel il plaide théoriquement, le conduit à mettre en valeur les lignes de force qui vont animer la transformation de la société française avant 1914 et mener son héros à « dépouiller le vieil homme » pour adhérer à la classe ouvrière. Quelques lignes de la postface, rédigée le 10 juin 1936 à bord du Félix Dzerjinski, en route vers Leningrad, sont explicites à ce sujet :

> Ce livre, qui suit *Les Cloches de Bâle*, est le second d'un long témoignage que j'apporte, des origines de ma vie à cette heure de lutte où je ne me sens pas distinct des millions de Français qui réclament LE PAIN, LA PAIX, LA LIBERTÉ. Il prélude à d'autres que rendent problématiques ces craquements sourds de la vieille demeure, et le bruit des revolvers qui s'arment dans la poche des factieux, et les clameurs proches de la guerre étrangère…

On ne saurait être plus clair, et par là-même marquer les limites de la théorie et de la fiction, puisqu'il faut une notule pour faire comprendre ce que le roman aurait dû laisser entendre ! Enfin, *Les Vraies Richesses*, qui se veulent leçon d'actualité, manifeste, en quelque sorte, pour le mouvement du Contadour, installé durant l'été 1935 sur la terre de Haute Provence, ne sont-elles pas, en fait, l'ultime convulsion littéraire d'une idéologie agreste condamnée par l'évolution socio-historique ? Dans ce texte, le rejet sans discussion d'une des créations importantes du gouvernement Blum, l'Office du blé, me paraît significative du décalage, même si, pour un temps, les initiatives de Giono pourront s'intégrer dans la politique des loisirs du Front populaire.

Il faut se tourner vers la poésie pour entendre l'écho immédiat des grands événements de 1936 et de cette alliance nouvelle des intellectuels avec le peuple. La guerre d'Espagne en fournit le motif. C'est le surréaliste Paul Éluard (il ne quittera le groupe qu'en 1938) qui confie à *l'Humanité* du 17 décembre 1936 ce poème :

> Regardez travailler les bâtisseurs de ruines
> Ils sont riches patients ordonnés noirs et bêtes
> Mais ils font de leur mieux pour être seuls sur terre
> Ils sont au bord de l'homme et le comblent d'ordures
> Ils plient au ras du sol des palais sans cervelle…
> (Novembre 1936).

Et c'est un poète encore, Tristan Tzara, qui, dans *Europe* (novembre 1936) dit son émotion devant l'assassinat d'un poète, en exaltant un futur d'espérance :

> Ouvre-toi cœur infini
> pour que pénètre le chemin des étoiles
> dans ta vie innombrable comme le sable
> et la joie des mers
> qu'elle contienne le soleil
> dans la poitrine où brille l'homme du lendemain
> l'homme d'aujourd'hui sur le chemin des étoiles de mer
> a planté le signe avancé de la vie
> telle qu'elle se doit de vivre
> le vol librement choisi de l'oiseau jusqu'à la mort
> et jusqu'à la fin des pierres et des âges
> les yeux fixés sur la seule certitude du monde
> dont ruisselle la lumière rabotant au ras du sol.
> (*Sur le chemin des étoiles de mer*)

Qu'on me pardonne de citer longuement : il n'est pas de commentaire possible à la poésie immédiate. Pour ce qui est de l'écho, par définition différé, des grands événements de cette année-là, il faudrait reprendre les éphémérides de 1937 et même plus tard quand, dans la résistance à l'occupant, se reconstitueront les fraternités nées de la liesse du bel été 1936. Je ne mentionnerai qu'une seule œuvre, toute frémissante de l'actualité qu'on vient d'évoquer : *L'Amour fou* d'André Breton (1937). Amour éternel et fragile, ballotté au vent de l'histoire. Certes, il est d'autres œuvres plus caractéristiques des faits de 1936, à commencer par *L'Espoir* de Malraux, publié en 1937. Mais nulle œuvre ne donne mieux le sentiment de la nécessité de sublimer le quotidien, comme aurait dit Benjamin Péret.

Il serait illusoire de croire que la politique culturelle du premier gouvernement Blum[3] ait pu porter ses fruits dès le premier semestre de son installation. Si les mesures nouvelles en matière de loisirs, d'éducation populaire et sportive, voire d'enseignement, se sont traduites aussitôt dans les faits, conduisant, paradoxalement, à la disparition de certaines formes d'intervention théâtrale, d'autres, concernant la production artistique, n'ont pu entrer en vigueur qu'après un long délai. Notons cependant que la réforme des théâtres subventionnés, installant Édouard Bourdet à la Comédie-française, Paul Abram à l'Odéon, Jacques Rouché à l'Opéra, donne au Cartel des quatre (Baty, Jouvet, Dullin, Pitoëff) l'accès aux scènes nationales, de même qu'au groupe des Six pour la musique. La réalisation la plus significative à cet égard sera la représentation nombreuse de *Naissance d'une cité* de J.-R. Bloch en 1937.

C'est dans le cadre de l'Exposition internationale de 1937 que prendront corps les initiatives les plus manifestes du gouvernement du Front populaire, d'ailleurs suivies de près par Léon Blum : Théâtre d'Essai confié à Raymond Cogniat, Musée de la littérature (initiative restée sans lendemain), Exposition des chefs-d'œuvre de l'art français.

Dans le domaine cinématographique, l'abrogation de la censure, envisagée par le programme du Front Populaire, ne se fera pas, eu égard aux pressions des associations familiales.

---

3 Elle a été analysée par Pascal Ory dans *La Nouvelle Revue socialiste*, n° 10-11, 1973, p. 75-79. Je lui emprunte quelques traits, repris ans sa thèse pour le Doctorat d'État : *La politique culturelle du Front populaire français : 1935-1938*, sous la direction de René Rémond, 1990, Paris 10-Nanterre.

L'écran néanmoins libéralisé, il faudra toujours recourir aux projections dites privées, organisées par les fédérations de ciné-clubs, pour voir *La Vie est à nous* de Renoir, *Zéro de conduite* de Jean Vigo.

Dans son ambition de réconcilier les masses populaires avec une culture confisquée par la bourgeoisie, le gouvernement favorise l'activité des associations culturelles telle l'Association populaire des amis des musées (fondée par Madeleine Rousseau et G.-H. Rivière), et crée le musée national des Arts et Traditions populaires, dont la direction est confiée au même G.-H. Rivière ; de même qu'il installera le Premier bibliobus dans le département de la Marne. Mais le projet de loi sur les droits d'auteur, élaboré par Jean Zay, est repoussé par la Chambre, aussi bien que l'idée du 1,5 % artistique sur les constructions publiques.

Quelles que soient les réussites et les insuffisances du gouvernement, le vaste mouvement populaire qui l'a porté au pouvoir sera parvenu à rapprocher la culture du peuple et celle de l'élite, les consommateurs et les producteurs, en faisant tomber préjugés et cloisons entre les disciplines artistiques. Par la volonté de tous, le programme de certaines avant-gardes (Dada, surréalisme) s'est trouvé rejoindre le souci, à nouveau énoncé, de préservation, sinon de récupération, du patrimoine culturel collectif.

C'est peut-être ce qui explique que tant d'œuvres apparues en 1936-1938 nous paraissent si familières : destinées à la plus large collectivité, elles ont été aussitôt reçues par un public nouveau, avide de ces vraies richesses et préparé à les accueillir par les mouvements d'éducation populaire. En outre, elles s'insèrent dans un vaste débat qui a connu son acmé à ce moment-là : la question du réalisme, en art et en littérature ; ou encore elles marquent l'irruption d'une nouvelle problématique, celle de l'engagement de l'écrivain. Le problème n'est pas neuf pour les intellectuels eux-mêmes, mais c'est le moment où l'opinion publique interroge l'œuvre d'art en demandant à l'auteur de dire explicitement où il se situe, ce qu'il fait dans la circonstance. Et c'est aussi, on ne le soulignera jamais assez, le moment où le cinéma adhère le plus à l'élan populaire, comme s'il n'y avait plus d'écran entre le créateur et son public ou, pour le dire sans rhétorique, comme si les rêves de l'artiste et ceux des spectateurs se confondaient sur la toile inachevée. À telle enseigne que l'année 1936 fut sans doute la plus fertile en œuvres militantes.

Europe qui a vécu à l'épicentre de ces phénomènes et qui en a rendu compte immédiatement se devait, me semble-t-il, de regarder posément, cinquante ans après, ce qui, dans la vie culturelle de la France, était à jamais transformé ; ce qui, aujourd'hui encore, nous interpelle, nous guide et nous détourne de l'erreur ; ce qui, enfin, nourrit nos éternelles espérances.

L'ESPAGNE AU CŒUR

Le deuxième congrès international des écrivains[1]

Devant la difficulté d'appréhender l'unité du faire et du dire chez des écrivains constamment confrontés à ce problème, on limite singulièrement le champ littéraire à sa seule expression écrite, rejetant ailleurs, dans un en deçà non signifiant, tout ce qui est de l'ordre du geste, de la manifestation. Or, un des mots d'ordre prononcé par Ludwig Renn et constamment repris au cours de ce congrès que nous allons évoquer proclamait justement : « Nous ne voulions plus écrire des histoires, mais faire de l'histoire[2] ». Il s'agira donc d'examiner comment, à l'occasion de cette guerre d'Espagne qui mobilisait tant de consciences en 1937, les écrivains ont, non pas inscrit leur nom dans l'histoire ni même accordé leurs actes avec leurs paroles mais, du moins, envisagé la relation de leur pouvoir créateur avec l'événement collectif. En d'autres termes, il nous revient de dire comment un rassemblement de diverses personnalités a pu devenir, à nos yeux, un fait littéraire.

Loin de nous la naïveté de croire que toute réunion d'écrivains, aussi célèbres et talentueux soient-ils, puisse constituer en soi un événement historique ! Au moins convient-il d'établir les faits avec certitude et ne pas avancer d'informations controuvées, comme fait cet historien anglais qui mentionne deux congrès simultanés, confondant d'ailleurs les organisations dont ils pouvaient bien émaner, là où il n'y en eut qu'un seul, tenant ses assises eu plusieurs villes :

> Ce fut en partie pour dénoncer Gide que les Communistes organisèrent un second congrès en juillet 1937. Le congrès de Madrid attira non seulement les plus grands poètes espagnols de la guerre – Alberti, Hernandez, Machado – mais beaucoup d'éminents écrivains étrangers et parmi eux Hemingway, Malraux, Auden, Spender ; on y lut un discours de Bertold Brecht aux

---

1 Texte initialement paru, sous une forme réduite, dans *Europe*, n° 637, mai 1982, p. 179-199.

2 Ludwig Renn, *Commune*, n° 49, sept. 1937, p. 35.

> délégués [...] Un autre congrès international d'écrivains préparé par le Comité de Vigilance des Intellectuels antifascistes, se tint à Valence cette année-là. Les principaux orateurs en furent Julien Benda, André Chamson et Ilya Ehrenbourg. La ville choisie comme lieu de rencontre pour ce congrès démontrait à l'évidence que l'Espagne était au centre des préoccupations du Comité[3].

Nous aurons à revenir sur la cause de ces erreurs, ainsi que sur l'interprétation donnée à l'événement.

Quant à tel autre de ses confrères, apparemment mieux informé, une affiliation hâtive de Malraux au Parti communiste ainsi qu'un ton de raillerie s'exerçant à l'encontre des intellectuels français se livrant « à leur exercice familier qui consistait à engager leurs sentiments et leur conscience au-delà des frontières[4] » ne laissent pas de nous inquiéter sur la sérénité de l'historien. Il est vrai que la tâche de ce dernier apparaîtra d'autant moins aisée quand on verra un vieux militant de l'organisation promotrice de ce Congrès en omettre toute relation dans ses souvenirs[5]. Devant de telles incertitudes, il apparaîtra d'autant plus urgent de préciser la nature et les circonstances de cet événement majeur de l'année 1937 où se trouvèrent impliqués les plus grands noms de la littérature universelle.

Au vrai, cette promotion d'une assemblée d'écrivains au statut d'événement historique ne nous semble légitime que dans la mesure où nous pressentons qu'elle cristallisa les préoccupations, les obsessions ou même les velléités d'une génération d'artistes soudain aux prises avec la réalité rugueuse des faits et qu'elle marque un moment essentiel dans leur évolution, parfois même une volte-face par rapport à leur production antérieure. Soyons clairs : il n'est pas question, dans cet article, d'examiner l'impact qu'eut la Guerre civile espagnole sur des écrivains comme Bernanos, Sartre, Malraux, etc. ni d'analyser la littérature qu'elle suscita. Outre le fait que ces sujets ont déjà été traités[6],

---

3 David Vingeate Pike, *Les Français et la guerre d'Espagne, 1936-39*, Paris, P.U.F, 1975, p. 243.

4 David Caute, *Le Communisme et les intellectuels français, 1914-1966*, Paris, Gallimard, p. 138.

5 Paul A. Loffler, *Chronique de l'Association des Écrivains et des Artistes Révolutionnaires.* (Le Mouvement Littéraire progressiste en France), 1930-1939, Rodez, Éd. Subervie, 1971, 81 p.

6 On trouvera une bibliographie de départ dans : Dario Puccini, *Le romancero de la résistance espagnole*, Paris, Maspero et Herbert R. Southwoth, *Le mythe de la croisade de Franco*, Paris, Ruedo Iberico, 1964, 327 p.

ils relèvent d'une méthodologie et de préoccupations bien différentes de notre propos qui se limite à considérer le phénomène historique par lequel, à l'occasion d'un événement déterminant, l'écrivain se situe par rapport à son milieu d'origine et à son époque, déclare adhérer aux luttes révolutionnaires en impulsant un mouvement d'identification de l'intelligentsia à la classe prolétarienne.

Cette démarche, faite de renoncements, d'hésitations, d'angoisses, voire de contradictions, ne laisse pas de nous questionner comme elle a préoccupé tous les participants de ce Congrès dont nous allons brièvement retracer l'historique.

***

Si le premier Congrès International des Écrivains, qui se tint à Paris en 1935, est relativement connu, du fait surtout de la polémique avec le groupe surréaliste qui en marqua le déroulement ainsi que de l'émouvant suicide de René Crevel, indirectement lié, il n'en va pas exactement de même du second, prévu à Madrid deux ans après, à la requête de la délégation espagnole. Peut-être est-ce, comme le suggère malicieusement Ilya Ehrenbourg (1891-1967), dû au moins grand nombre de célébrités car « les bombes et les obus ne souriaient pas à tout le monde[7] », ou encore parce qu'il est généralement tenu pour une activité propre au Parti Communiste, ou, plus probablement, parce qu'il semble négligeable au regard des faits qui se succédèrent en Espagne dans le même temps : destruction de Guernica par l'aviation allemande le 26 avril 1937 ; incidents de mai à Barcelone visant à éliminer les Anarchistes et Communistes d'opposition du P.O.U.M. et assassinat d'Andrès Nin, le tout conclu par la démission du gouvernement Largo Caballero ; enfin, offensive de Brunete, sur le front ouest de Madrid, le 6 juillet, le jour même où le Congrès se transportait dans la capitale espagnole.

Choisi dès le premier congrès, le lieu du second fut confirmé lors d'une réunion des secrétaires nationaux de l'Association Internationale des Écrivains tenue à Londres en juin 1936, sur les instances de l'écrivain catholique espagnol, José Bergamin (1895-1983). Il est vrai que les généraux Queipo de Liano, Mola, Franco, n'étaient pas, alors, entrés en rébellion contre la République. Toutefois, le lieu des prochaines assises

7 Ilya Ehrenbourg, *La Nuit tombe*, Paris, Gallimard, 1966, p. 232.

ne fut pas modifié après le pronunciamento et une première réunion du Comité d'organisation se tint à Madrid début octobre, qui déboucha sur un appel à l'intelligentsia contre l'intervention étrangère, signé de Bergamin, Machado, Alberti, etc. Avant d'établir la chronologie exacte du Congrès, et afin de lever toute équivoque, il convient de rappeler que son organisatrice, l'Association Internationale des écrivains pour la Défense de la Culture dont le siège était à Moscou, était formée des diverses associations nationales. Ainsi en France l'Association des Écrivains et Artistes Révolutionnaires (A.E.A.R.) fondée en 1932 par Paul Vaillant-Couturier, qui prit en 1935 le titre de Comité pour la Défense de la Culture, y délégua-t-elle ses représentants (Julien Benda, André Malraux, André Chamson, Léon Mousinac, Claude Aveline, René Blech, Georges Pillement, Tristan Tzara, Georges Duthuit) au même titre que l'Alianza de los Intelectuales Antifascistas pour l'Espagne. Mais le Comité de Vigilance des Intellectuels Antifascistes, de Langevin et Rivet, aussi proche fût-il, tant par ses buts que par sa composition, n'avait point à y figurer, n'étant pas membre de l'Association Internationale. Reconnaissons toutefois que la diversité des dénominations et des sigles, l'imbrication des différentes organisations voisines créées dans la mouvance du Parti Communiste, l'absence ou l'éparpillement des archives relatives à ces manifestations, facilitent la confusion. Pour notre part, outre les ouvrages déjà cités, nous avons consulté la presse française de l'époque, particulièrement l'hebdomadaire *Vendredi*, fondé par André Chamson, Jean Guéhenno et Andrée Viollis dans la foulée du Front Populaire et le « grand quotidien d'information indépendant » (tel est son sous-titre), *Ce soir*, le plus documenté et le plus illustré à ce sujet. Mis à part les revues dont nous ferons état ci-dessous, notre principale source d'information est *Commune*, organe du Comité de Défense de la Culture, qui publia les actes de ce congrès dans ses n°s 48 et 49, d'août et septembre 1937 ; accessoirement *Europe*, reprenant le discours de Jean-Richard Bloch (n° 176, août 1937) et *La Littérature internationale*, n° 9 ; cette publication mensuelle des éditions littéraires d'État de Moscou tire les conclusions du Congrès et reproduit l'allocution de Mikhail Koltzov, le correspondant de *La Pravda*, dont on dit qu'il était aussi en liaison directe avec le chef du parti soviétique (le même texte se trouve dans *Commune*). Mais toutes les interventions n'ont pas été reprises dans ces différentes publications et, faute d'avoir eu en mains les archives du Congrès, nous avons tout de même pu trouver à la bibliothèque de l'Institut Maurice Thorez, à Paris, un dossier ayant vraisemblablement appartenu à Paul Vaillant-Couturier, comprenant les interventions et messages prononcés lors des séances terminales du Congrès de Paris.

Ces divers documents nous permettent de suivre presque quotidiennement le déroulement de ce Congrès qui durant quinze jours réunit deux cents délégués de vingt-huit pays, tant à Valence et Madrid qu'à Paris où sur les instances de Jean-Richard Bloch et d'Aragon (retenus en France) il se clôtura.

Les congressistes, du moins ceux qui avaient obtenu un passeport de leurs pays respectifs, furent d'abord reçus à Barcelone le 2 juillet au soir, mais l'ouverture du Congrès était fixée le lendemain à Valence, où se trouvait le siège du gouvernement républicain, avec la présence effective du Président Manuel Azaña. Notons, pour mémoire, l'ordre du jour de ce Congrès, dont on verra qu'il fut très vite négligé :

> Le rôle de l'écrivain dans la société : unité de la pensée ; Individus, Humanisme ; Nation et Culture ; le problème de la littérature espagnole, création ; littérature ; Aide aux écrivains espagnols républicains.

À Valence donc le Président du Conseil Juan Negrin accueillit les délégués en mettant d'emblée l'accent sur leur rôle de messagers et de témoins :

> c'est parce que, avec la liberté, sont menacées les valeurs universelles de la culture que cette assemblée universelle d'écrivains, à Valence puis à Madrid, prend tout son sens. En prenant parti pour la vérité et la justice, ils remplissent leur rôle de clercs. (*Vendredi*, 9.7. 37, p. 2).

Ce qui frappe, dans les discours des hommes politiques espagnols, c'est la conscience qu'ils avaient, en combattant, de défendre l'humanisme et la culture, thèmes vigoureusement repris par le Ministre Alvarez del Vayo. En soirée, un festival de théâtre eut lieu, en hommage au poète assassine, F. G. Lorca. Puis les congressistes furent menés le lendemain à Madrid, où ils furent reçus par son défenseur, le général Miaja. Ils tinrent séance dans Madrid bombardée le 6 et le 7 après-midi, l'intervalle étant consacré, ainsi que les journées suivantes, à des visites du Front, où l'offensive venait de reprendre. C'est de là que quarante-six d'entre eux signèrent le message suivant :

> Madrid 6 juillet 1937. De cette terre d'Espagne, antique patrie de toutes les valeurs de culture et de beauté, aujourd'hui ravagée par la guerre et la barbarie fascistes, les écrivains rassemblés pour la défense de la culture et de la dignité humaine, demandent à leurs amis de France, et en particulier aux rédacteurs du journal *Vendredi*, de redoubler d'efforts dans la lutte qu'ils ont entreprise pour faire éclater la vérité et reconnaître la justice. (*Vendredi*, 16.7.37, p. 1)

Retournant à Valence puis à Barcelone, le congrès acheva ses travaux à Paris les 7 et 8 juillet au théâtre de la Porte Saint-Martin sous la présidence d'Heinrich Mann puis d'Aragon ; les discours étant entrecoupés de visites de délégations d'ouvriers, de marins (ceux du Trégastel, navire transportant des réfugiés espagnols), d'étudiants. Pour traduire l'atmosphère de ces séances, on ne peut que citer le témoignage d'un journaliste anonyme :

> Les moments d'émotion ne manquèrent pas : ce fut l'apparition d'une jeune femme pâle, Mme Maddalena, dont le mari est dans les prisons de Hitler, et qui vint saluer le congrès pour ceux qui pareils, aux héros du Temps du mépris comptent dans leur cachot les longues heures du fascisme. Ce fut l'extraordinaire discours courageux de M. Julien Benda qui souleva la salle entière. Ce fut l'hommage de toute la salle aux écrivains soviétiques Alexis Tolstoï, V. Vichnewski et Ilya Ehrenbourg. La voix de l'Afrique du Nord retentissait avec les sonorités nobles de la langue arabe quand le professeur Fodl Ourtoueli apporta le message du grand lettré Abd-el-Hamid ben Baddis, l'une des grandes figures de la civilisation musulmane. Et enfin l'intervention brève d'un jeune homme de couleur, modeste et comme étonné par les lumières : l'excellent écrivain Jacques Roumain, récemment sorti des prisons d'Haïti où il a séjourné 21 mois (*Ce Soir, 19.7.37, p. 5).*

Si les intonations aragonesques de ce récit paraissent trop exaltées, du moins pourra-t-on prêter attention aux propos mesurés de René Lalou qui, dans *Les Nouvelles Littéraires* retrace une atmosphère semblable en ajoutant :

> Du point de vue français, l'événement capital fut le discours de Julien Benda. Aux adversaires qui l'ont accusé de faire le jeu des communistes, il répondit avec une parfaite netteté : « Ce n'est pas moi le responsable, c'est cette bourgeoisie soi-disant démocratique [...] qui, depuis 50 ans, ne cesse de trahir les valeurs de justice et de liberté qu'elle aurait dû défendre. Ceux qui tiennent à ces idéaux sont bien obligés de communier avec les partis avancés qui sont les seuls aujourd'hui à les soutenir.

Bien qu'il parlât en son nom personnel, Julien Benda définissait ainsi la position d'un bon nombre d'indépendants « de gauche ». Rien, chez eux, de ce mysticisme qui provoqua, entre André Gide et les communistes, une si tragique « comédie des erreurs ». Comme Benda, ils font appel à l'intelligence, parce qu'« elle ne permet aucun malentendu ». Et de conclure :

> Tristesse et confiance, disais-je. Tant de douleurs et de sacrifices qui n'étaient point nécessaires au progrès de l'humanité, cela justifiait bien la tristesse. Mais nulle force ne saurait, au XXe siècle, bafouer longtemps la Justice. Voilà pourquoi le Congrès des Écrivains s'est achevé sur un grand cri d'espérance. (*Les Nouvelles Littéraires*, 24.7.1937, p. 8).

Dans leur résolution finale, les congressistes s'engageaient à défendre la culture contre son « ennemi principal, le fascisme », ainsi qu'à militer en faveur de l'Espagne républicaine, sûrs qu'ils étaient de sa victoire. Ils s'adressaient solennellement à tous les écrivains du monde entier, à tous ceux qui croient profondément et honnêtement à leur mission humaine, à l'efficacité de l'expression écrite », en les invitant « à prendre sans tarder position devant la menace qui pèse sur la culture et l'humanité ».

Les assises parisiennes rendant à leur tour hommage à Lorca furent suivies d'un gala artistique animé en particulier par une troupe de danseurs noirs américains. Une photographie, insérée dans *Ce soir* (20.7.37, p. 8) montre Desnos, Tzara, Langston Hughes, Nicolas Guillèn, Strati Tzirkis et Carlos Pellicer prêtant le serment, lu par Aragon, de lutter contre l'oppression et la tyrannie.

À la suite de son intervention, Julien Benda fut convié à donner ses impressions sur son voyage dans *Ce Soir* sous le titre « Dix jours en Espagne » (20.7.37) alors qu'André Chamson, qui avait été le rapporteur à Paris du Congrès, publiait dans *Vendredi* son « Retour d'Espagne – Rien qu'un témoignage » (23.7.37), un texte chaleureux et émouvant, propre à rallier les indécis, qu'il devait reprendre en volume la même année[8], où, au demeurant, le Congrès est mentionné comme un fait allant de soi, tenu à Madrid selon les engagements antérieurs.

À lire la presse de l'époque, il apparaît que, par les prises de position d'André Malraux et de Julien Benda en particulier, l'événement eut un écho considérable. Le congrès avait atteint ses buts pour trois raisons

8 André Chamson, *Retour d'Espagne. Rien qu'un témoignage*, Paris, Grasset, 1937, 132 p.

au moins. En premier lieu, en réunissant des écrivains d'opinions et de conditions diverses, catholiques ou communistes, exilés Allemands ou Italiens, unis par le sentiment commun de défendre avec leurs propres moyens d'expression une cause urgente. En posant, en second lieu, un geste important en faveur de l'Espagne républicaine dont on reconnaissait ainsi la légitimité : aussi symbolique soit-il, le déplacement de ces intellectuels dans une ville assiégée, quotidiennement bombardée, ne semble pas mériter les railleries des historiens[9]. Enfin pour le gouvernement espagnol, l'opération était rentable sur le plan de l'opinion publique puisque tous ces écrivains allaient pouvoir témoigner de sa volonté de victoire, ce qui n'était pas négligeable au moment où l'Angleterre s'apprêtait à reconnaître à Franco les « droits de belligérant ». De fait, tous allaient pouvoir reprendre et amplifier les protestations et mises en garde d'un Mauriac après Guernica (*Le Figaro*, 17.6.37) ou d'un Jacques Maritain s'élevant – déjà – contre le mythe d'une guerre sainte :

> Qu'on tue, si on croit devoir tuer, au nom de l'ordre social ou de la nation : cela est déjà assez horrible ; qu'on ne tue pas au nom du Christ Roi, qui n'est pas un chef de guerre, mais un Roi de grâce et de chanté… *(N.R.F., 1.7.37).*

Peut-être ce congrès n'aura-t-il pas été suivi d'effet immédiat. Peut-être pourra-t-on dire qu'il a été contredit par les faits et que les écrivains n'auront jamais été tant privés de la liberté d'écrire que durant les années suivantes où la tenue d'assises semblables ne fut même pas envisagée, tant il est fréquent que la plume le cède aux armes. Du moins aura-t-il posé quelques jalons pour l'avenir, qu'il nous faut maintenant examiner à travers les discours des participants.

***

Certes, on peut, à bon droit, ressentir quelque amertume à constater la vanité des résolutions au regard de ce qu'il advint, par la suite, de chaque congressiste. Davantage, certains discours sont chargés d'ironie tragique, tel celui de Willy Bredel annonçant la constitution dans l'exil d'un front antifasciste devant s'implanter dans l'Allemagne nazie ! II n'est

9 *Cf.* le commentaire de David Caute ci-dessus et celui d'Hugh Thomas, *La guerre d'Espagne*, Paris, Laffont, 1961, p. 61.

pas impossible que l'occultation postérieure de ces importantes assises provienne d'un sentiment d'échec relatif ressenti par les participants, voire, même de la honte de certains, dont Aragon a porté témoignage, à l'évocation de cette année 1937, « celle des grands procès monstrueux que j'ai pourtant applaudis[10] » dit-il, et aussi du Congrès qui engagea les intellectuels à bannir toute lucidité dans leurs diatribes contre les trotskistes et Gide.

Néanmoins l'événement revêt une signification importante aux yeux de l'historien, tant dans l'immédiat qu'à long terme.

C'est Aragon encore qui, dans sa présentation (non signée) des textes reproduits par *Commune*, en dégage les six éléments capitaux. Avec le second congrès de l'Association des Écrivains pour la Défense de la Culture, il apparaît qu'à l'appel de leurs pairs espagnols, les intellectuels, non contents de défendre leur quant-à-soi, passent collectivement à l'offensive en proclamant l'inviolabilité de la liberté, une et indivisible. Réunis sur le sol de la République espagnole, ils témoignent de la vivacité d'une culture dont on voulait faire croire qu'elle s'était inclinée devant le cri de la Légion Étrangère : « Vive la mort ». En outre, la présence des plus grands écrivains à ce congrès démontrait, s'il en était besoin, qu'à l'exemple de Miguel de Unamuno, nul ne pouvait plus prendre le parti des rebelles à qui celui-ci déclarait :

> Vous vaincrez parce que vous possédez plus de force brutale qu'il ne vous en faut, mais vous ne convaincrez pas. Car pour convaincre il vous faudrait avoir ce qui vous manque, la raison, et le droit dans la lutte.

Et puisque ces mots furent prononcés le 12 octobre, jour de la « Fête de la Race », qui réunit traditionnellement dans une même ferveur toute l'hispanité, c'est ici l'occasion de remarquer combien les écrivains d'Amérique latine sont venus nombreux et en dépit de leurs gouvernements respectifs, prouver leur solidarité avec leurs compagnons madrilènes, eux qui n'avaient pris aucune part aux travaux du précédent congrès, à Paris. Et c'est aussi à juste titre qu'Aragon, signalant la représentation importante des écrivains de couleur, peut dire :

> Ce qui est raison de dédain et d'injures de la part de ceux qui ne trouvent bon l'appel aux Marocains et aux Sénégalais que pour tirer sur des Espagnols

10 Aragon, *L'Œuvre poétique d'Aragon*, t. VII, 1936-1937, p. 281.

> et des Français, peut être considéré par les esprits éclaires comme l'un des grands succès du deuxième congrès[11].

Ainsi l'Association étendait son audience à de nouveaux continents et s'ouvrait à des cultures traditionnellement considérées comme minoritaires. Mais plus encore, elle donnait l'occasion aux « représentants des peuples actuellement opprimés par le fascisme[12] » de s'exprimer publiquement et, là encore, d'affirmer leur vitalité, leur courage, et de faire part de leur expérience.

Si Aragon, alléguant l'intervention madrilène de Bergamin au sujet de Gide, en prend malencontreusement prétexte pour souligner « l'unité de front de la culture », force est de constater cependant que ces assises réussirent l'amalgame, vainement tenté auparavant, des écrivains communistes, socialistes, radicaux et catholiques. Au moment où, en France, la ferveur du Front Populaire finissait de s'exalter, une telle rencontre ne manquait pas d'intérêt, avivée qu'elle était par l'exemple de la milice populaire espagnole, en voie d'unification. Enfin, et c'est la sixième leçon qu'en tire Aragon, le déplacement du Congrès à Paris, les liens qui y furent noués, ont fait de l'Association des écrivains « le centre de ralliement des traditions et de l'invention française, le bastion de la culture et de la liberté[13] ». C'est dire, une fois de plus, combien l'alliance y fut envisagée sur de larges bases, prenant en compte les questions idéologiques plus que les tendances esthétiques.

De fait, la signification immédiate du Congrès a été indiquée sur le vif par les journalistes de l'époque : l'intelligentsia internationale, pour la première fois peut-être dans l'histoire de la république des lettres, s'y était sentie mobilisée pour une cause dépassant l'intérêt propre de chacun, au nom de la justice et de la liberté, comme l'indiquait fortement Julien Benda. Qu'on y songe : l'Affaire Dreyfus n'a jamais concerné qu'une poignée d'écrivains français ; et la défense de Sacco et Vanzetti (dont les États-Unis ont récemment reconnu l'innocence) qui fut sans doute le premier mouvement international de protestation, est passée par les syndicats et les partis politiques plus que par les écrivains. En outre, ceux-ci ne se contentaient pas d'écrire, ils se déplaçaient pour

---

11 « La signification du IIe Congrès des Écrivains », *Commune*, n° 49, sept. 1937, p. 2.
12 *Ibid.*, p. 3.
13 *Ibid.*, p. 4.

affirmer leur solidarité. Leur action allait se prolonger dans plusieurs comités de propagande à Paris, Valence, etc. et surtout dans des œuvres romanesques, poétiques, des témoignages qui firent beaucoup pour forger l'image collective que nous avons désormais de la guerre d'Espagne.

De ces assises se dégageait l'urgence d'une solidarité des écrivains démocrates. Nombreux étaient ceux qui, à l'instar d'André Chamson ou d'Alexis Tolstoï, avaient compris, dès juillet 1937, que la guerre à laquelle ils assistaient n'était que la répétition générale de la prochaine guerre mondiale. De leur place, avec leurs moyens très mesurés, ils dénonçaient la montée du fascisme, sa volonté d'expansion en Europe avec Hitler et Mussolini, en Asie avec le Japon.

Mais, plus que ces déterminations de portée immédiate, il convient de dégager la signification d'ensemble que revêt une aussi exceptionnelle manifestation, sans pour autant négliger le rôle que lui attribuaient les instances communistes, et particulièrement l'Union des Écrivains soviétiques.

C'est de là, à propos de l'Espagne, que date, semble-t-il, la prise de conscience des écrivains, de leur responsabilité et de leur devoir face aux dénis de justice mondiaux. Ambrogio Donini en donne une idée sous forme d'apologue, faisant parler un combattant polonais des Brigades Internationales :

> … Vous avez de lourdes obligations envers nous tous. Sais-tu que pour avoir appris à lire, à l'âge de douze ans, j'ai passé presque le tiers de ma vie dans les prisons ? En Pologne, en Autriche, en France, même après mai 1936, traqué, expulsé, persécuté. Et je suis venu ici, en Espagne, camarade, parce que j'ai compris l'été dernier qu'on lutte ici pour ne plus laisser envoyer en prison ceux qui apprennent à lire et voient finalement les choses par leurs propres yeux[14]…

Comme pour l'Affaire Dreyfus, mais à une autre échelle, s'établit une coupure radicale entre les écrivains soucieux d'accorder leurs principes avec leur pratique et les autres ; entre ceux qui ne peuvent plus dormir tranquilles une fois qu'ils ont ouvert les yeux sur le monde et ceux qui vivent reclus afin de ne plus entendre les clameurs d'un monde auquel pourtant ils prétendent s'adresser. De fait, cette coupure se trouvera confirmée par la suite en France, durant l'Occupation. Il

14 A. Donini, *Commune*, n° 49, p. 43.

n'est que de reprendre la liste des participants à ce congrès, ou celle du Bureau qui y fut constitué, de Romain Rolland, Malraux, Chamson à René Maran, etc. pour savoir où ils se situeront dans les années de chagrin et de pitié.

À la génération de la guerre d'Espagne s'appliquent les formules que Thibaudet proposait pour celles de 1789 et de 1885 : elle a « consommé [son] roman en nature », et sa « poésie en action ». Ou, plus exactement, dans sa volonté de s'identifier aux luttes collectives, de rapprocher l'écrivain du peuple, d'assumer sa part du destin commun, elle en est venue à faire du mot une action, à penser, comme Tzara, que « le poète est un homme d'action », ou en d'autres termes, à considérer que la poésie est action ; non seulement un dire mais aussi un faire.

Ce faisant, les écrivains en viennent à constituer une idéologie particulière, régissant leur pratique. D'abord quant à leur rôle à l'égard de la société. Puisque s'abstenir de prendre position, garder le silence, c'est aussi faire de la politique et, au moins implicitement, approuver l'événement, ils s'engagent à « faire de l'histoire » c'est-à-dire à influer, par la plume ou autrement, sur le cours des choses. Entendons bien : la portée des actions littéraires n'est pas à mettre sur le même plan que telle offensive militaire ou telle grande manœuvre syndicale, mais elle n'en participe pas moins de l'Histoire, c'est-à-dire de la somme d'événements qui animent une société. En vérité, on « fait de l'histoire » autant par des actes que par des paroles, et il est des messages ou des appels, à juste titre célèbres, dont l'efficacité équivaut celle des armes. En somme, ce dont prennent conscience les écrivains, c'est que l'ensemble de leurs écrits aussi bien que de leurs attitudes contribue à l'évolution de l'histoire. Ils ne sont plus, comme pour les générations précédentes, des maîtres à penser, des modèles pour les foules indistinctes, mais plus simplement, pour parler le langage actuel, des actants.

Ce qui ne signifie pas qu'ils sont le jouet des flux historiques : agissant dans leur époque, ils prennent en charge l'histoire collective, en un mouvement perpétuel fort bien décrit par Jean-Richard Bloch dans son allocution finale :

> … Si l'écrivain peut imaginer des histoires et les écrire, n'est-ce pas qu'auparavant le peuple a fait de l'histoire ! Mais quand un peuple fait son histoire, n'est-ce pas que ses écrivains ont d'abord écrit pour lui des histoires ?

> L'histoire est le rêve des écrivains transcrit dans la matière des faits : le sang du peuple paraphrase et consacre alors l'encre de l'écritoire. Est-il besoin de formuler la proposition réciproque pour que nous sentions également sa vérité[15] ?...

Ce qui apparaît ici, c'est bien le sentiment qu'a l'écrivain d'appartenir à la communauté des travailleurs. On ne s'étonnera pas de voir, par la suite, s'élaborer le concept de « travailleur intellectuel » à son sujet.

Enfin, l'idéologie explicitée au cours de ce congrès tend, en dépit des variantes nationales ou individuelles à orienter l'écrivain vers une littérature pas exactement engagée (où serait alors la littérature dégagée ?) mais plutôt, comme dira Tzara dans un essai d'après-guerre, vers une littérature de *la* circonstance c'est-à-dire liée à l'événement historique sans en être directement issue, sans être non plus une œuvre de commande ni de propagande. Reconnaître la présence de l'histoire dans les mots quotidiens, refuser la facilité de certains vers stéréotypés, comme le fit M. Cowley, énoncer les thèmes d'une poésie d'autant plus universelle qu'elle sera nationale, c'est bien forger une idéologie qui sera à l'œuvre pratiquement jusqu'en 1950 en Europe, dont il serait intéressant de montrer qu'elle se perpétue dans les littératures africaines, sur la base des analyses développées à ce congrès par un Langston Hughes déclarant :

> De même qu'en Amérique on dit aux Blancs que les Nègres sont des brutes dangereuses et pillardes, de même, en Allemagne, on calomnie les Juifs et en Italie on crache sur les Éthiopiens. Les vieux mythes de race sont entretenus pour affaiblir et entraver la montée des classes travailleuses[16].

Mais ce qui ressort le plus de ce congrès, en dehors des mots eux-mêmes, c'est un sentiment de grande communion humaine, un lien très fort et inexprimé unissant les délégués entre eux et le peuple espagnol. J'ai bien conscience de n'avoir pas su recréer cette atmosphère où l'Histoire ne se contente pas de frapper à la porte mais se présente dans la salle comme, j'imagine, lors de certaines séances des clubs de la Révolution française ou, dans le cas présent, lorsque les combattants

---

15 J.-R. Bloch, « Écrire des histoires ou faire de l'histoire ? », *Europe*, n° 176, 15 août 1937, p. 551. Le texte publié en revue qui se présente comme le sténogramme exact des paroles prononcées en assemblée est différent des feuilles multigraphiées conservées à l'Institut Maurice Thorez (Br C 564).

16 Langston Hugues, *Commune*, n° 49, p. 43.

de Brunete venaient saluer les écrivains avant de monter au front, et, le soir venu leur rapportaient drapeaux et dépouilles enlevés à l'ennemi. Reste que là est certainement la leçon la plus importante retenue par ceux qui furent à ce congrès : le sentiment d'appartenir à la même communauté, par-dessus les barrières nationales ou linguistiques et d'agir, tous ensemble, pour la cause de l'Espagne, quelles que fussent leurs illusions lyriques sur l'organisation de l'Apocalypse.

AVANT LA LETTRE

Les manuscrits sont-ils de la littérature ?

L'expression « avant la lettre » s'emploie généralement pour désigner une lithographie tirée sans sa légende. Ayant la redoutable charge de parler le premier, avant tous les spécialistes du manuscrit, de la lettre, de la chose imprimée, je me situerai donc un peu en avant, posant la question de l'innocent qui ne comprend pas pourquoi les amateurs se livrent à d'impitoyables enchères, visant à acquérir qui une page manuscrite autographe, qui une édition princeps, qui un livre illustré avec des gravures originales.

À force de scruter les brouillons et les moindres notes des écrivains, j'en viens à me demander quelle nécrophilie nous pousse à exhumer ce qu'en règle générale et pour tout autre artisanat on éloigne d'un balai négligent vers la corbeille à papiers.

À plusieurs reprises des éditeurs m'ont demandé de leur désigner le plus beau manuscrit français du XXe siècle. Je n'ai jamais hésité depuis que je l'ai vu dans l'atelier de son auteur et entre les mains de sa destinataire : c'était, pour moi, le manuscrit d'*Arcane 17*, soigneusement ordonné par André Breton et depuis lors conservé par Élisa jusqu'à son décès. C'était bien le manuscrit de premier jet, comme on dit, et non pas une copie plus ou moins remaniée pour l'imprimeur. Je fis en sorte de trouver un éditeur aussi fou que moi pour partager mon opinion et livrer au public un fac-similé intégral de l'ouvrage, accompagné de sa transcription non moins intégrale. Et puis, devant la difficulté que j'avais eue à déchiffrer des mots rayés et surchargés qui, immanquablement, me ramenaient à l'écrit initial, autrement dit pour un gain intellectuellement quasi nul, je jurai qu'on ne m'y reprendrait plus. Pour moi, le plus beau manuscrit du XXe siècle serait le dernier que j'aurai publié.

En préparant la nouvelle édition des *Œuvres complètes* d'Alfred Jarry pour les Classiques Garnier, nous nous étions fixés, mes collaborateurs et moi, l'ambition de fournir l'équivalent du Corneille par Marty-Lavaux, du Racine par Paul Mesnard, voire de Mme de Staël par la comtesse Jean de Pange, dans la collection Les Grands Écrivains de la France, dont j'ai constaté, au passage, qu'elle était actuellement disponible sous forme numérique. Et voilà que l'épreuve recommençait, sous une forme différente certes, mais dans la même intention, comme s'il y avait un mystère à découvrir sous les mots des manuscrits autographes ! Comme si la chaîne éditoriale était organisée de façon à perdre ce qui faisait tout le prix d'un manuscrit et comme si nous, pauvres tâcherons des lettres, n'avions pas mieux à faire que de rassembler les poussières d'un trésor enfoui !

J'ai donc pensé qu'il valait la peine de marquer une pause et de s'interroger sur une pratique plus que séculaire, afin d'en examiner la pertinence actuelle.

***

Contrairement à la loi d'entropie généralisée, qui touche aussi bien l'écriture autographe, plus le temps passe et plus les manuscrits d'Alfred Jarry remontent à la surface. La nouvelle édition des *Œuvres complètes* d'Alfred Jarry, à laquelle je me réfère, nous a conduits à y recourir systématiquement pour l'établissement du texte et des variantes. Il convient d'aller plus loin, et de montrer Alfred Jarry à l'œuvre, devant la page blanche, et ensuite face aux épreuves (je parle ici du texte imprimé tel qu'il sort de la composition), enfin dans ses choix typographiques.

Le retour vers les éditions originales, qui sont souvent des ouvrages d'art, dont le papier, les illustrations et la disposition typographique, choisis avec soin, ne sont pas maintenus dans les éditions ultérieures, demande, lui aussi, une réflexion, voire l'établissement d'une stratégie et même d'une charte collective. À cet égard, la Bibliothèque Municipale de Laval a joué un rôle central par une politique constante d'acquisition de manuscrits et d'éditions originales, et une numérisation systématique de ses achats :

http://alfredjarry.fr/œuvresnumerisees/index.php

S'y ajoute le catalogue des Archives départementales : *Alfred Jarry, Autour d'un testament.* Catalogue d'archives par Joël Surcouf, Laval, Archives départementales de la Mayenne, 2007, ainsi que le volume du précédent colloque de la Société des Amis d'Alfred Jarry, *Jarry et les Arts*, disponible en ligne :

http://alfredjarry.fr/amisjarry/fichiers_ea/etoile_absinthe_115_116reduit.pdf

et plus largement la collection de la revue *L'Étoile-Absinthe*, source de nombreux documents :

http://alfredjarry.fr/amisjarry/saaj/etoileabsinthe.htm

***

Les collaborateurs pressentis par les éditions Classiques Garnier ont reçu un protocole consignant les principes devant guider leur travail.

Sans divulguer ici des secrets industriels, je crois pouvoir dévoiler les règles perpétuées par une maison d'édition pluriséculaire.

L'éditeur entend ne publier que des ouvrages d'érudition de la plus haute tenue scientifique. Ce caractère est justifié tant par l'établissement du texte que par l'annotation.

Ces deux traits relèvent d'une tradition dite philologique, qui remonte, nous le verrons, aux perspectives tracées par la Nouvelle Sorbonne, au début des années 1900.

Par définition, l'éditeur ne publie que des œuvres « classiques », celles qu'on enseignera, à quelque niveau que ce soit du système éducatif. Tel est bien le cas pour l'œuvre de Jarry qui, quoi qu'on en dise, figure bien au programme du Collège de 'Pataphysique et, depuis 1985 dans les Petits Classiques Larousse, sans parler du Livre de Poche et de la Bibliothèque de la Pléiade.

Il doit s'agir d'un texte approuvé et revu par l'auteur avant son décès.

L'usage veut que l'on choisisse comme point de départ la dernière version approuvée par l'auteur. Toutefois, ce n'est qu'un usage, et il est tout à fait possible de partir d'une autre version, pourvu que le choix en soit justifié.

Pour ce qui concerne notre auteur, le problème ne se pose que très peu, puisqu'il n'a laissé que peu de manuscrits inachevés et inédits, à l'exception de *La Dragonne*, dont un chapitre parut en revue de son vivant. Toutefois, des choix doivent être explicités dans le cas des œuvres posthumes : Jarry a projeté un regroupement d'articles déjà parus en revue (*La Chandelle verte*).

Résolument moderne dans son respect de la tradition, notre éditeur préconise deux éditions simultanées pour le même ouvrage. L'une virtuelle, l'autre sur papier.

1. Pour la version électronique : l'établissement sera rigoureusement diplomatique, seul moyen d'étudier ultérieurement des pratiques d'atelier, des évolutions orthographiques, etc. Rappelons qu'on nomme « diplomatique » la reproduction la plus fidèle possible d'un texte. Et quoi de plus fidèle que le cliché de chaque page (on parle aujourd'hui de scan) accompagné d'une transcription typographique ?

Dans ce cas on corrigera les coquilles d'imprimeur, en l'indiquant dans les notes.

2. Pour l'édition imprimée, l'éditeur distingue les œuvres antérieures au XVIIe siècle des suivantes. Les premières ont leur modèle canonique : les règles appliquées par Paul Laumonier (1867-1949) dans son édition des *Œuvres complètes* de Ronsard, ce qui nous renvoie explicitement à Lanson et à son école.

À partir du XVIIe siècle, il suggère d'adopter une graphie moderne, notamment pour l'accentuation et la ponctuation, tout en respectant l'usage ancien pour les capitales ainsi que l'orthographe originale à la rime, au cas où la modernisation produirait une rime fausse.

Les changements systématiques ou ponctuels seront évidemment signalés en note. Une attention particulière est accordée aux variantes, numérotées alphabétiquement pour chaque page, mais placées à la fin du texte lui-même. Cette disposition typographique est sans doute la plus discutable, dans la mesure où elle oblige le lecteur à une petite gymnastique manuelle et intellectuelle. Mais elle sera compensée par l'image, dans l'édition numérique.

C'est pourtant, semble-t-il, ce qui confère à l'édition son caractère absolument scientifique, dès lors que toutes les publications classiques, y compris au format de poche, sont désormais abondamment annotées.

Les consignes concernant l'annotation sont des plus précises. La paraphrase, ou ce qui lui ressemble, est rigoureusement proscrite. En revanche, la place n'est pas mesurée aux notes de type historique, linguistique et référentiel.

D'expérience, je dirai qu'il ne faut pas écraser le texte de Jarry sous l'érudition, ni éloigner le lecteur par de longues citations allogènes.

Seules des considérations pratiques doivent nous guider, par exemple lorsque le texte auquel on fait référence n'est plus accessible.

Enfin, pour en terminer avec ces consignes, il est recommandé d'offrir au lecteur un glossaire et un index des noms propres, voire topographique, le cas échéant. Inutile dans l'édition numérique, puisque la machine recherche tout mot à la vitesse de la lumière, l'index s'impose évidemment pour la version papier. En revanche, l'établissement d'un glossaire jarryque ne nous a pas paru indispensable, au stade où nous en sommes, puisque les mots singuliers sont expliqués et commentés dans les notes, avec des renvois d'une occurrence à l'autre.

Dans plusieurs cas, notamment pour les articles de la *Chandelle verte*, s'est posée la question des annexes et des appendices. Là encore, ces documents méritent d'être reproduits s'ils ne sont plus accessibles, dans la mesure où ils sont nécessaires à la compréhension de l'environnement ou des sources de l'œuvre.

Un observateur venu d'ailleurs, étranger à nos travaux, serait en droit de dire qu'à l'exception de quelques mentions du numérique, un tel protocole ne diffère en rien de ce qui pouvait commander les éditions savantes du XIXe siècle.

Or, ils sont nombreux ceux qui, comme nous, ont souscrit un tel protocole dans le souci de produire des éditions scientifiques des auteurs modernes et contemporains. Est-ce à dire que rien n'aurait changé depuis la fondation de notre science de la littérature ?

Nous allons voir que, sans renier le passé, il s'agit ici de dépasser les méthodes traditionnelles dans le double but de servir les auteurs et le public d'aujourd'hui.

Pour les pères fondateurs de ce type d'éditions, il convenait de distinguer la « masse de documents – manuscrits ou imprimés – qui ne sont que documents » des œuvres littéraires elles-mêmes. Celles-ci se définissent selon le public d'une part ; selon leur caractère intrinsèque d'autre part. En d'autres termes, ce qui fait la littérature pour Lanson, c'est la littérarité. Et si, d'un bond, je me porte à la lecture de Roman Jakobson, je retombe sur la même aporie.

Alors voyons ce que sont ces documents qui ne sont que documents. Comment s'articulent-ils avec la littérature ? Ne seraient-ils qu'objet de la science littéraire ?

Pour connaître un texte, Gustave Lanson énumère neuf questions auxquelles le professionnel doit pouvoir répondre. Il serait fastidieux de les citer tout du long. Retenons qu'elles concernent l'authenticité du texte, sa pureté et son intégrité, sa datation, ses transformations depuis l'édition originale, son élaboration, son sens littéral, puis littéraire, les modalités de son élaboration, sa fortune (aujourd'hui transformée en réception critique), pour finir.

Tel est le travail assigné à l'éditeur scientifique, qui doit aussi pouvoir répondre à un dixième objectif : établir les rapports de la littérature à la vie, à la société.

La tâche est ardue. Elle ne concerne pas les seuls professionnels de la littérature puisque ceux-ci travaillent pour le public, pour la nation même, dirai-je, en reprenant les termes de Lanson.

Pour illustrer cet aspect du travail d'édition critique que nul ne conteste jusqu'à présent, je prendrai l'exemple canonique des deux manuscrits des *Gestes et opinions du Dr Faustroll*. Loin de relever de la seule érudition, le relevé des variantes et leur comparaison permet de mesurer les variations du goût du Docteur (et par voie de conséquence de l'auteur) pour tel ou tel livre pair et, dans chaque livre, pour des images hétéroclites, constitutives désormais de son univers mental. Il en va de même pour les changements de dédicaces ou de dédicataires, thermomètres de ses affections. Inutile d'en dire davantage : sur le plan de la fabrique du texte, le lecteur trouvera toute satisfaction dans les diverses éditions de ce « roman néo-scientifique », au format de poche ou *in 8°*, dont la dernière récapitule tous les acquis précédents, ajoutant de nouvelles perspectives, comme il se doit.

***

Le mythique manuscrit d'*Ubu roi*, que Paul Fort prétendait avoir sauvé du feu, n'est toujours pas apparu[1]. Cependant, notre équipe éditoriale a pu consulter, pour le plus grand profit des lecteurs, une belle moisson de manuscrits d'Alfred Jarry, de premier jet, qui n'avaient pas été montrés à l'Expojarrysition du Collège de 'Pataphysique, en 1953.

1 Paul Fort, *Mes mémoires*, Paris, Flammarion, 1944, p. 52. Il laisse entendre que Jarry hostile à l'édition d'Ubu, allait brûler le manuscrit que ses amis avaient mis en ordre, et se le fit arracher après un violent combat.

Peu soucieux d'établir un palmarès, je me contenterai, ici, d'évoquer les lieux où se trouvent les plus intéressants documents autographes.

À tout seigneur, tout honneur. Je citerai en premier les trésors jarryques conservés par la Bibliothèque municipale de Laval, qui n'est sans doute pas la première ni la plus riche en ce domaine, mais qui a la volonté de capitaliser, dans la mesure de ses moyens, toute la documentation de première main relative à son illustre concitoyen, comme l'a prouvé, par exemple, le colloque réuni en ce même lieu pour le centenaire de son décès. En outre, elle a adopté une politique d'ouverture internationale en faisant numériser tout ce qu'elle détient, et qui est donc accessible par le réseau.

Cette bibliothèque a donc acquis les manuscrits suivants, que l'on peut consulter sur le réseau au format PDF :

- *Albert Samain*, 1905.
- *La Dragonne*, 1906.
- *Spéculations*, Ms avant 1907.
- *Ubu sur la butte*, Ms rédigé sur un exemplaire imprimé d'*Ubu-Roi*, 1901.
- *Ubu Roi*, addition à la scène finale arrangée pour Guignol, Ms, 1901.
- *L'Objet aimé*, Théâtre mirlitonesque, 1903.
- *Messaline* – Roman de l'ancienne Rome. Ms avant 1901.
- *Le Surmâle*, Ms avant 1902.

C'est dire que le lecteur désireux d'identifier la graphie de Jarry, ou de voir l'allure que prenait une page des *Spéculations*, la réécriture d'un texte, l'occupation de la page, la dynamique de l'écriture, en somme, peut satisfaire sa curiosité.

Toutefois, notre travail ne saurait s'arrêter là, et notre équipe a dû et pu consulter les manuscrits se trouvant dans les autres bibliothèques publiques de France.

Au total, c'est une centaine de documents autographes de Jarry ou relatifs à son œuvre. Ils se trouvent aux Archives départementales de Quimper, à la Bibliothèque Municipale de Reims, et surtout à la Bibliothèque Littéraire Jacques Doucet avec le Faustroll ayant appartenu à Tristan Tzara, la Conférence sur les Pantins, le Projet de réunion des 3 Ubus, sans compter la correspondance à Rachilde, Vallette et tous les compagnons du Mercure de France, la précieuse « Inscription mise sur la grande histoire de la vieille dame », « La bataille de Morsang » destinée à *La Dragonne*, la première partie de *La Papesse Jeanne*, un fragment de *Léda*, et les inattendues notes prises au cours de Bergson par Jarry lui-même.

À côté de ces richesses, les rares documents manuscrits autographes conservés à la BnF font pâle figure. Outre la correspondance, ils se rapportent à *L'Amour absolu* et *Les Jours et les Nuits.*

Enfin, le Musée Picasso détient une lettre de Jarry au jeune Maître.

Le commerce du document manuscrit et, plus précisément, l'absence de politique nationale en ce domaine, a fait qu'un bon nombre de pages écrites par Jarry se retrouvent désormais aux USA.

On en trouvera le catalogue exhaustif en appendice. Pour ne pas lasser l'auditoire, citons les plus belles pièces : *Ontogénie*, *Léda*, *La Dragonne*, acquis par Carlton Lake, accessibles au Harry Ransom Center de l'Université d'Austin, au Texas.

L'université de Yale, quant à elle, s'est distinguée par l'achat de la bibliothèque de F. T. Marinetti et de ses relations. C'est ainsi que, outre des lettres de Jarry au directeur de *Poesia*, on y trouve des épreuves du théâtre mirlitonesque et des pages désormais recueillies dans *La Chandelle verte.*

Pour des raisons que je ne m'explique pas, un certain nombre de collectionneurs, en France ou ailleurs, tiennent à conserver l'anonymat. Ainsi n'est-il possible de consulter qu'en photocopie les manuscrits de *Faustroll*, *Ubu cocu*, *Les Jours et les Nuits*… Leurs variations ont néanmoins été exploitées.

Comment et pourquoi les manuscrits autographes nous parviennent-ils ? Le truisme a été maintes fois relevé : tout travail d'établissement des textes à partir des manuscrits ne peut s'effectuer que dans la mesure où quelqu'un (l'auteur en particulier, mais pas seulement lui) a pris soin de conserver différents états du manuscrit, allant du brouillon, de la première idée jetée sur le papier, tout ce qu'à la suite de Jean Bellemin-Noël on nomme « avant-texte » d'une part, jusqu'au manuscrit définitif, puis aux épreuves corrigées, enfin au « texte » proprement dit, garanti authentique par le BAT (Bon à tirer) de l'auteur, sans parler des copies postérieures à l'impression réalisées par l'auteur lui-même à diverses fins, et, bien entendu, les multiples rééditions.

À l'ère de Gutenberg, l'idée de conserver un manuscrit antérieur à l'édition originale ne pouvait avoir qu'une valeur esthétique, sentimentale ou symbolique.

Avec l'âge, la mémoire ne conserve que les mauvais souvenirs, et je me souviens très exactement des platitudes que me servit un illustre sorbonicole quand, en présentant une étude littéraire du poème *Adonis* de La Fontaine pour l'agrégation, je fis observer que l'auteur l'avait fait calligraphier par… Nicolas Jarry pour l'offrir à Fouquet en 1658.

Certes, le manuscrit calligraphié n'est pas l'autographe, et il relève d'une certaine tradition esthétique. Cependant, il n'en témoigne pas moins de la valeur symbolique que son commanditaire, qui se trouve être l'auteur lui-même, accorde à la copie de son propre manuscrit, ainsi qu'à la reliure qui va lui servir de protection et d'écrin pour les siècles futurs.

En dépit de ce léger déplacement, retenons cette date, au mitan du XVIIe siècle : elle marque, globalement, le moment où le manuscrit prend une valeur autonome et va faire l'objet d'appréciations diverses, ouvrant la voie à une fonction spécifique de la librairie. Encore le poète, par modestie me semble-t-il, considérait que sa propre écriture ne méritait pas de passer à la postérité.

La valeur marchande du manuscrit, qui n'a fait que croître avec le temps, fera l'objet de plusieurs communications, qui ne sont pas sans rapport, évidemment, avec la qualité attribuée à l'œuvre elle-même.

Encore qu'ils n'aient pu y échapper pour leurs propres travaux, cet aspect muséal et commercial de la chose littéraire ne venait pas à l'esprit des vertueux pères fondateurs de la IIIe République des Lettres. Pour eux, l'avant-texte était d'abord et avant toute chose, la marque d'un travail qui, comme tout travail manuel, méritait le respect, voire une certaine sacralisation : la reproduction mécanique pouvait multiplier les erreurs à l'infini, seul le manuscrit, issu de la volonté contrôlée de l'auteur, faisait foi. Mis à part l'aspect juridique de la démarche (ce qu'on nomme critique d'attribution, qui peut s'exercer dans le cas du Théâtre mirlitonesque de Jarry, par exemple), on voit l'idée prédominante qui fait de l'auteur l'autorité suprême (en le rendant par là-même seul responsable devant la loi) et qui, surtout, cherche à retracer la démarche par laquelle on atteint au chef-d'œuvre. Au manuscrit comme objet d'art, pièce de collection, succède le manuscrit comme témoin du progrès artistique. En 1923, Gustave Rudler résumait ainsi les principes de l'édition critique : « éclairer les procédés d'invention, la marche de la pensée, le mouvement du style, en un mot la genèse de l'œuvre. » (*Techniques*, p. 81) Il parle bien de *genèse*, ouvrant la voie à tout un pan de la critique actuelle, la génétique, pour tout dire. En vérité, élève de Lanson, il s'en tiendra aux règles d'établissement des textes telles que je les ai rappelées précédemment, consignées dans le contrat évoqué, dont on peut dire, sans choquer personne, qu'elles relèvent d'une idéologie positiviste. S'il faut accompagner l'édition scientifique d'un texte avec des notes de caractère encyclopédique d'une part (appelées par un chiffre) et un relevé des variantes (appelé par une lettre en exposant) d'autre part, c'est pour aider à la compréhension de l'ouvrage, bien entendu, mais aussi à l'appréciation esthétique. Le travail du texte ne peut que viser à la perfection en tenant compte des règles établies (accord des temps, des genres, du nombre) ou implicites, notamment pour ce qui concerne l'euphonie, le rythme. En somme, en ramenant au jour la version initiale d'une phrase, d'un segment, le critique agit en admirateur de la belle ouvrage. On en a même vu, appartenant à la même école lansonienne, tirer de ces relevés de variantes des recommandations en matière de beau langage (voir Albalat).

Ce temps est révolu. De même, la critique savante, de nos jours, n'accorde plus une valeur suprême au dernier texte publié ou révisé par l'auteur de son vivant, dans la mesure où seule la mort cérébrale de l'individu atteste la fin des retouches. Certains éditeurs scientifiques en viennent parfois à inverser la règle en publiant in extenso un état primitif de l'œuvre, comme il nous est arrivé avec *Ubu cocu*. Non que cet état fût meilleur que d'autres, mais parce qu'il témoignait plus précisément de l'écriture juvénile, et parce qu'on évitait au lecteur d'avancer en regardant constamment dans le rétroviseur ou, plus précisément, en se référant aux pages finales où sont malencontreusement placées les variantes.

En tout état de cause, le matériel fourni dans ces variantes est utile au généticien, comme un fragment d'ADN pour le biologiste. Mais il n'est en rien l'ADN intégral que réclament les études génétiques.

***

À en croire l'état présent de la recherche littéraire en France, il semblerait que, de toutes les méthodologies pratiquées naguère ne restent plus que la sociologie littéraire et la critique génétique, bien vivante celle-là, avec ses revues, ses collections, ses instituts. À la différence de la traditionnelle critique textuelle – à laquelle elle se réfère au besoin –, celle-ci se présente comme une dynamique, en relation par conséquent avec les approches statiques antérieures.

À l'exception de quelques articles ponctuels, signalés dans la bibliographie préparatoire de ce colloque, ce n'est pourtant pas le cas pour ce qui concerne l'œuvre de Jarry, prise dans son ensemble ou même à l'unité. Raison de plus pour le provoquer, en dépit des difficultés rencontrées. Et je ne cacherai pas ma satisfaction d'avoir vu apparaître les propositions d'intervention qui constituent, sans aller plus loin, la présente matinée. Diana Beaume traitera d'un texte inachevé, infini ; Yosuké Goda nous proposera une relecture génétique d'*Ubu sur la butte*, et Julien Schuh cherchera à sortir par le haut de sa lecture du manuscrit de *La Dragonne*.

Quelle que soit la façon dont nous sont parvenus ses manuscrits, il est clair que Jarry les tenait pour des objets ou, mieux, des faits littéraires.

D'une part, son travail relève de ce que les généticiens nomment « l'écriture à déclenchement rédactionnel », sans plan préconçu, sans brouillons, quasiment sans retouches. Chacun ici connaît par cœur la manière de faire, attribuée à un personnage de *Les Jours et les Nuits* dont les traits réfèrent à l'auteur lui-même : « Sengle construisait ses littératures, curieusement et précisément équilibrées, par des sommeils d'une quinzaine de bonnes heures, après manger et boire ; et éjaculait en une écriture de quelque méchante demi-heure le résultat. » Paradoxalement, mais cela ne peut surprendre les lecteurs de Faustroll, s'y retrouvent les principes d'une écriture à programme, qui, par principe refuserait tout programme autre qu'une construction stable et symétrique.

D'autre part, et c'est de ma part un simple constat, nous avons pu dresser la liste d'un millier de pages d'états du texte antérieurs à l'impression, allant du brouillon véritable au manuscrit autographe fourni à l'imprimeur. Et cela dans tous les genres pratiques par Jarry : théâtre, roman ou récit, recensions et articles spéculatifs. Certains textes intégraux (*Les Jours et les Nuits*, *Gestes et opinions du Docteur Faustroll*), retrouvés chez des collectionneurs, ont pu faire l'objet d'une transaction financière. D'autres sont restés entre les mains d'un ami, d'un éditeur, ou simplement abandonnés dans les bureaux de la revue qui les avait publiés.

Un dossier en particulier sollicite l'attention du lecteur et, par voie de conséquence, du généticien. C'est celui sur lequel Jarry a porté, de sa main d'adulte, le vocable *Ontogénie*, le faisant suivre de cette mention : « Pièces antérieures aux *Minutes*, quelques-unes postérieures à *Ubu roi*, et qu'il est plus honorable de ne pas publier. » Tous les éditeurs qui ont eu affaire à cet ensemble ont su apprécier la démarche du bonimenteur alléchant le public en lui montrant des documents inédits, susceptibles d'éclairer les deux versants de l'œuvre et en lui refusant la lecture. Ils ont tous conclu de la même façon, en publiant cet ouvrage posthume qui renvoie à la théorie de Haeckel, selon qui « l'ontogenèse récapitule la phylogenèse », ou, en d'autres termes, que le développement individuel d'un organe reproduit les étapes de l'évolution de certains de ses ancêtres. Ce qui, soit dit en passant, autorise à l'avance toutes les spéculations génétiques !

Cette posture, caractéristique du dandysme littéraire, confirme ce qu'on n'osait exprimer ouvertement : Jarry est un écrivain qui refuse d'être qualifié comme tel, qui se refuse le droit de le paraître, et qui fera tout pour que le produit de son travail relève de la littérature.

À cet égard, il convient de s'attarder particulièrement sur un manuscrit que nul n'a jamais vu, en dehors des personnages de fiction qui apparaissent dans Faustroll. Je veux parler du 28e livre pair, confié par le Docteur Faustroll à l'Huissier Panmuphle : « … voici un livre, par moi manuscrit, que vous pouvez saisir vingt-huitième et lire, afin non seulement de prendre patience, mais de plus probablement me comprendre au cours de ce voyage sur la nécessité duquel je ne demande pas votre avis. » (Classiques Garnier, t. III, 66) Double fonction du manuscrit : distraire, comme tout récit ; établir un lien de sympathie, de compréhension, entre ces deux êtres de fiction. Tandis que le premier dénombre ses livres pairs, le second « … commençait de lire le manuscrit de Faustroll dans une obscurité profonde, évoquant l'encre inapparente de sulfate de quinine aux invisibles rayons infrarouges d'un spectre enfermé quant à ses autres couleurs dans une boîte opaque ; jusqu'à ce qu'il fût interrompu par la présentation du troisième voyageur. » (p. 72) Mise en abyme si profonde qu'on n'y voit goutte, puisque le manuscrit est écrit à l'encre sympathique, et qu'on tente de le lire dans l'obscurité ! Mais mise en abyme partielle, puisque ledit texte n'est pas, comme *À la recherche du temps perdu*, la totalité du roman que nous tenons entre les mains, mais seulement les éléments de pataphysique mentionnés au chapitre VIII du livre II.

Dans ce cas, le manuscrit semble bien avoir été préservé, comme bien des matériaux passés entre les mains de Jarry, à des fins de réutilisation, celui-ci pratiquant la politique des restes.

***

D'un manuscrit l'autre, d'un usage à l'autre, de la collectionnite à l'exigence scientifique, je me rends compte que je n'ai toujours pas défini le concept de littérature avec lequel le manuscrit prétendrait rivaliser.

Outre le fait que j'ai déjà tenu cette gageure en 10.000 signes pour une encyclopédie semée à tous vents, désormais épuisée (on en trouvera le texte in extenso sur ma page personnelle : http://melusine-surrealisme.fr/henribehar/wp/), on voudra bien considérer l'évolution du statut du manuscrit, sacralisé tant par les marchands que par les auteurs eux-mêmes. Les premiers, parce que tout fait vente ou ventre ; les seconds parce qu'ils tiennent à préserver le seul bien matériel sur lequel ils ont encore prise, parce qu'il est propriété privée, trace unique de l'intime. C'est Apollinaire qui disait : « Il faut tout publier. » Ce qui revient à dire que tout est littérature. À ceci près qu'on assiste, au cours du temps, à un changement d'instances : c'est désormais le propriétaire du texte qui décide de sa nature littéraire ou non, mais il faut que l'auteur soit connu pour qu'un éditeur (ou un marchand d'autographes) prenne le document en considération. Tel est le tourniquet dans lequel nous nous trouvons enfermés.

ANNEXE
Manuscrits conservés de Jarry

Abréviations :

HRC : Harry Ransom Center, University Austin BNF : Bibliothèque nationale de France

BLJD : Bibliothèque littéraire Jacques Doucet BML : Bibliothèque municipale de Laval

AML : Archives et Musée de la Littérature (Bruxelles)

BRB : Beinecke Rare Book and Manuscript Library, Yale University Library

Date	Titre	Lieu conservation
1885-1890	*Ontogénie*	HCR
1893 Novembre	La Ballade du vieux marin	BNF, 2e Ms. coll. part. ?
1893-1896	Écrits critiques de jeunesse (« Être et Vivre », « Visions actuelles et futures », « Minutes d'art », etc.), *L'Ymagier*	HCR, BLJD
	Textes poétiques de jeunesse *La revanche de la nuit*	HCR, BLJD
1894	*Les Minutes de sable mémorial*	*Haldernablou* = coll. part.
1894	*La Revanche de la nuit*	HCR
1894	*Ubu cocu*	*Expojarrysition*
	L'archéoptéryx	BLJD
1894	*Filiger*	BLJD
1894	*Ubu intime*	Ms Charlotte vendu à Marinetti, USA, Photocopie Y. Prié
1895	*César-Antechrist Acte héraldique* *La Passion, Les Clous du Seigneur*	AML, HCR
1896	*L'Autre Alceste*	BLJD, épreuves coll. part.
1896	*Ubu roi,* *Répertoire costumes* *Les gestes érotiques de Monsieur Ubu*	Ms Fac-similé édité… après AML, HCR

1896-1897	Textes sur le théâtre	HCR
1897	*Les Jours et les Nuits*	
1898	*Gestes et Opinions du Docteur Faustroll*	BLJD
1898	*L'amour en visites*	BLJD (« La Peur chez l'amour », « Inscription mise sur la grande histoire de la vieille dame »)
1898	*Ubu sur la butte*, prologue	HCR
1899	*Petit Almanach*	HCR
1899	*L'Amour absolu*	BLJD + 1 f° BNF
1899	*Les Silènes*	BLJD
1899-1900	*Léda*	HCR, BLJD
1899/1900	*Ubu enchaîné*	
1901	*Almanach du Père Ubu pour le* XXe *siècle*	BLJD, HCR
	Le Temps dans l'art	HCR
1901-1905	*La Chandelle verte*	BLJD, BRB
1901	*Messaline*	HCR (2f°), BML, HCR (frag.)
1901	Addition à la scène finale d'*Ubu roi* pour la représentation de 1901 en marionnettes	BML
1901	[Projet de réunion des trois Ubu]	BLJD
1901	*Olalla*	
1902	*Oyez petits et grands. Conf. Pantins*	BLJD
1902	*Le Surmâle*	BML
1902	*Le Moutardier du Pape*	HCR (frag.)
1903	*L'Objet aimé*	BLJD
1903	*Pieter de Delft*	
1903-1905	*Jef*	
1904	*Le Bon Roi Dagobert*	
1905	*Le Manoir enchanté*	HCR
1905	*L'Amour maladroit*	
1905-1906	*La Papesse Jeanne*	1re partie : BLJD, HCR

1906	*Albert Samain, souvenirs*	BML
	La bataille de Morsang	BLJD
1907	*La Dragonne*	HCR
	Par la taille	HCR
	[Projets de Théâtre mirlitonesque]	BRB

COURIR LES CHAMPS, BATTRE LA CAMPAGNE

La vie vous réserve de ces surprises ! Un jour que je m'étais abruti à la lecture de je ne sais plus quel ouvrage ancien à la bibliothèque de la Sorbonne, j'allai faire un tour du côté du Luxembourg, et j'entrai dans la librairie de José Corti. Son éternelle gambier au bec, derrière une table encombrée de livres, de manuscrits et de factures, celui-ci écoutait affablement un client lui vanter les mérites indépassables de Victor Hugo. Le propos me paraissait incongru en tel lieu, mais je laissai dire. Il faut bien que vieillesse se passe ! Par provocation peut-être, moi qui n'ai jamais rien collectionné, je demandai au maître des lieux s'il avait encore des livres surréalistes, de ceux qu'il éditait autrefois à l'enseigne des « éditions surréalistes » lorsqu'il tenait boutique rue de Clichy. Hélas non mon bon monsieur, il y a belle lurette que tout cela a disparu. Toutefois… et, se dirigeant vers une petite armoire vitrée, il en sortit un volume à la couverture lie de vin. C'était *L'Immaculée Conception*, d'André Breton et Paul Éluard, dont il venait de retrouver quelques exemplaires oubliés dans un dépôt, en parfait état. Je le pris comme le saint sacrement, feuilletai les cahiers non coupés, appréciant l'impeccable impression sur papier vergé. Par la magie du livre, je me trouvai soudain en 1930. Un rayon du soleil couchant vint frapper obliquement la boutique. L'acquisition fut rapide, puisque l'objet m'était proposé au prix de vente initial, ou presque, en anciens francs bien entendu. C'était, il convient de le préciser, il y a une cinquantaine d'années.

Ainsi, les deux mille exemplaires du tirage initial n'avaient pas trouvé chaland en quarante ans ! Que dire alors de la lecture collective de ce livre que j'imaginais sulfureux, comme la vignette de Dali en couverture me le laissait supposer ? À première vue, ce n'est qu'une main, diablement poilue, tenant une mèche de cheveux, dont l'auriculaire exagérément tendu ressemble à une corne. À cette époque, les surréalistes n'avaient pas droit de cité dans les manuels scolaires, et Dali faisait le pitre comme il pouvait, non sans un notable succès, il faut en convenir.

Je lus alors, en toute ignorance de cause, ces pages dont je ne soupçonnais même pas qu'elles fussent issues de l'automatisme psychique : « Un jour compris entre deux autres jours et, comme d'habitude, pas de nuit sans étoile, le ventre long de la femme monte… » Telle est la conception, genèse du texte et de la lecture. Ah ! retrouver la fraîcheur de la première lecture, les impressions toutes neuves, au prix de quelques contresens, qu'importe ? C'est sans aucun doute la deuxième section, « Les possessions », qui m'a alors le plus frappé. Naïvement, j'ai cru à ces essais de simulation des écarts mentaux, dont les auteurs disaient qu'ils y avaient pris conscience de ressources intérieures insoupçonnées. Que m'importait de savoir si la paralysie générale, cette inflammation du cerveau causée par la syphilis, pouvait ou non susciter de tels écrits ? Il me suffisait de lire « Ma grande adorée belle comme tout sur la terre et dans les plus belles étoiles de la terre que j'adore… » J'étais enlevé par le dynamisme de cette parole obsessionnelle, redondante et pourtant pleine de paillettes d'or. Cependant un texte de la section suivante m'avait mis la puce à l'oreille : il fallait être sourd pour ne pas entendre le *Kama Soutra* derrière ces 32 positions amoureuses, superbement dénommées ! Enfin la sagesse paradoxale du « Jugement originel » me semblait du Gide des *Nourritures terrestres* retourné comme une peau de lapin. Il fallait lire entre les lignes, contempler le blanc du texte et s'en inspirer.

Mais pouvait-on prendre ce texte aussi simplement à sa parution, en 1930, sachant de qui il émanait ? Toute lecture est historique, qu'on le veuille ou non. En témoigne la presse de l'époque, qui réagit en fonction de l'étiquette surréaliste des auteurs. N'acceptant pas l'ambition surréaliste de changer le monde et la vie, elle ne pouvait comprendre leur tentative poétique. Ce n'est pas à dire qu'elle ait été insensible à certaines beautés du texte, à ses qualités littéraires et poétiques. Plus perspicaces, certains, tels Jean Cassou, y virent un effort de « communication du pensable avec l'impensable » ou encore André Rolland de Renéville en souligna la « reconstruction de l'existence humaine dans sa totalité ». Cependant, dans l'ensemble, nul ne sut aborder le contenu latent de l'œuvre, ce par quoi il se démarque de toute la production contemporaine.

En effet, pour les deux auteurs, dont l'amitié allait se resserrant, il ne s'agissait de rien moins que retracer l'épopée latente de l'homme, et de donner un nouveau départ au surréalisme, à l'instar de ce qu'avaient fait à l'origine Breton et Soupault en 1920 avec *Les Champs magnétiques*. En somme, surmonter les contradictions du réel par l'exercice de la poésie.

Après le krach de Wall Street, c'était celui du cœur. Chacun d'entre eux traversait une crise sentimentale désolante. Gala était partie avec Dali. Éluard avait dû se séparer de sa femme, à laquelle l'unissait une grande connivence, pas seulement érotique, comme en témoignent les lettres qu'il continuait de lui adresser, en lui confiant tous les détails de sa pensée et de ses gestes. De son côté, Breton, divorcé, ne parvenait pas à comprendre ce qu'il pensait être la versatilité de Suzanne Muzard, la mystérieuse femme intervenue à la fin de *Nadja* pour, croyait-il, lui révéler le sens de sa vie. Tous deux erraient d'une femme l'autre. La passion était ailleurs. En mars-avril 1930, au cours d'une expédition avec René Char dans son fief de L'Isle-sur-Sorgue et sa région, ils avaient tenté d'écrire des poèmes à trois voix alternées. Expérience collective à caractère ludique, *Ralentir travaux* leur avait apporté un moment de réconfort, le sentiment d'une complicité absolue. Pourtant, aussitôt publié, ce recueil leur avait paru une manière de donner le change, sans plus. Contraint de vendre le manuscrit de *Nadja* à un collectionneur, Breton écrivait « Cet homme, en avril 1930, recommencerait terriblement si c'était à refaire. Il n'a que l'expérience de ses rêves. Il ne peut concevoir de déception dans l'amour, mais il conçoit et il n'a jamais cessé de concevoir la vie – dans sa continuité – comme le lieu de toutes les déceptions. C'est déjà bien assez curieux, bien intéressant qu'il en soit ainsi… » Comment ne pas penser au suicide du poète russe Maïakovski, posant brutalement la question des rapports de l'individu avec la révolution ? Commentant ce geste, Breton y voit le drame d'un amour sans réciproque, et bien entendu il parle pour lui au premier chef. Il faudrait pouvoir changer radicalement le statut de la femme dans la société capitaliste pour qu'elle soit à l'unisson du révolutionnaire, l'être au monde le moins défendu contre un regard féminin. Quant à la société communiste en voie de création, il y aurait fort à redire, et le devoir révolutionnaire doit se déduire du devoir humain le plus général, non l'inverse. Il n'y a pas à sortir de là !

On le voit, Breton (Éluard ne pense pas autrement) n'envisage pas son devenir en dehors de celui de la révolution, comme il venait de l'affirmer dans le *Second Manifeste du surréalisme*. Provocant de vives réactions parmi ses anciens amis, il avait suscité un regroupement autour de sa personne et de ses idées, lançant une revue dont le titre, inspiré par Aragon est à lui seul tout un programme : *Le Surréalisme au service de la révolution*, dont la première livraison sort en juillet. Le message inaugural adressé à Moscou confirme l'engagement absolu des surréalistes au côté des soviets. Néanmoins, le reste de la publication prouve que le surréalisme continue, et qu'il entend bien se développer sur des bases autonomes. « Il y aura une fois » : Breton y rêve à nouveau d'un phalanstère qu'il situerait non loin de Paris, transformant à l'intention de ses amis un hôtel de Verneuil où il était allé jadis (curieusement, certaines pages du brouillon de *L'Immaculée Conception* sont écrites sur le papier à en-tête de cet établissement), et d'affirmer superbement que « l'imaginaire est ce qui tend à devenir réel ».

Belle formule, en effet, pour surmonter la grande déprime. En juillet, Aragon est le témoin de cette période de pessimisme absolu : Breton recommence à parler de suicide. Pour le distraire, le virtuose auteur de *La Peinture au défi* (ouvrage publié en mars 1930 où il se fait l'apôtre du collage en peinture) lui propose de composer avec lui un troisième *Faust*, un scénario à la manière du *Trésor des Jésuites*, qui serait adapté au cinéma par René Clair, avec une musique de Georges Antheil. Mais l'affaire ne marche pas, et il n'en reste rien dans les archives de Breton. Pour comble de malchance, les collaborations à la revue *Le Surréalisme au service de la révolution* ne se bousculent pas ou sont franchement décevantes. Il va bien falloir composer quelque chose d'un peu lyrique. C'est alors qu'Éluard intervient positivement. À la fin août, il a pris logement dans le même immeuble que Breton, et tous deux se lancent dans la composition d'un poème à quatre mains, si je puis dire, qu'ils publieront dans le SASDLR avec des vignettes de Dali, déjà gravées. « J'écris avec Breton un long texte sur l'homme en cinq parties : la conception, la vie intra-utérine, la naissance, la vie et la mort. Pas mal, mais quel travail » confie Éluard à Gala le 27 août. Comme on le voit, le projet est ambitieux : dire toute la vie de l'homme, toute leur vie, de l'outre-naissance à l'outre-mort. Peu s'y sont risqué jusqu'alors : une complainte de Laforgue, un poème de Cendrars, c'est à peu près tout, et c'est bien court. Or, ils ont lu le traité d'Otto Rank sur le traumatisme de la naissance, qui leur sert, en quelque sorte, de déclencheur, avec Hegel (dans la traduction de Vera), lecture de chevet de Breton.

S'élèvent alors leurs chants amébées, chacun évoquant tour à tour ses souvenirs de la petite enfance et même au-delà.

Aussitôt après la publication du SASDLR n° 2 en octobre, *L'Immaculée Conception* sort des presses fin novembre. Cette première section, de création proprement poétique, s'est accrue de trois autres sections, dont « Les Possessions » se veulent, au dire des rédacteurs, un essai de simulation de maladies qu'on enferme. Le manuscrit est daté 1er-15 septembre. Quinze jours, c'est bien court pour un ensemble aussi dense. C'est pourtant, à quelques détails près, le temps qu'il leur a fallu pour monter ces nouvelles expériences. Arrangement pris avec José Corti qui vend les brouillons et le manuscrit à Valentine Hugo et au vicomte de Noailles, le recueil peut paraître aussitôt. On ne peut s'empêcher de penser à la vitesse d'écriture des *Chants de Maldoror* et des *Poésies* d'Isidore Ducasse, à celle des *Champs magnétiques* aussi, et l'on se dit qu'il y a là une technique, un moyen surprenant d'accélérer la découverte poétique.

Depuis, différents travaux ont montré la part importante du collage dans cette écriture. Outre le *Kama Soutra*, déjà signalé, les éditeurs des *Œuvres complètes* de Breton dans la Pléiade, se servant du manuscrit du Musée Picasso, ont décelé la présence de fragments d'articles de la revue *La Nature*, et d'un texte de Gérard Bauer dans *L'Intransigeant* du 11 septembre 1930. Mais la découverte la plus importante est celle d'Alain Chevrier, publiée dans *Mélusine* n° XIII en 1992. Il y montre, preuves à l'appui, ce que « Les possessions » doivent aux *Écrits* et dessins des aliénés dans les maladies nerveuses et mentales de Rogues de Fursac (1905). Ainsi, les auteurs s'étaient bien inspirés d'écrits authentiques de malades mentaux, ce qui suffit à garantir leur propos. Tandis que ces mêmes écrits inspirent la tristesse et la compassion, les leurs respirent, je l'ai déjà dit, la joie de créer, comme si l'exercice de ces déviations mentales les avait libérés de leur propre dépression ! Il fallait prendre leur avertissement (écrit par Breton seul) au pied de la lettre : il est possible au poète (ou à l'esprit « dressé poétiquement ») de s'intégrer certaines idées délirantes, sans pour autant en perdre la raison, et donc de simuler toute une gamme d'écrits susceptibles de remplacer les genres littéraires traditionnels. De leur aveu même, les « intentions confusionnelles » qui avaient présidé à l'essai en question, et qui visaient à mettre en cause les psychiatres (surtout ceux qui interviennent dans les tribunaux), et les critiques littéraires forts de leurs rhétoriques figées, avaient abouti au succès. Aucun spécialiste de l'époque n'y perçut les textes qui étaient à la source de ce travail de sape. Non content de poursuivre la polémique avec les aliénistes, inscrite à l'ouverture du *Second Manifeste du surréalisme*, Breton réglait son compte à l'institution qui s'était permis d'envoyer au falot de pauvres êtres craintifs durant la guerre en les accusant de « simuler » la folie, en internant Nadja. Pour lui, la preuve était faite : il n'y a aucune barrière, aucune limite entre le prétendu esprit sain et la folie, entre le réel et le fantasme. Prétendre le contraire est un déni de justice. Sans parler du magnifique élan créateur que procure cette expédition au-delà des usages.

Ainsi, le dogme selon lequel l'automatisme serait pure spontanéité est bien mal en point. Pourtant, que prouvent ces recherches intra-textuelles ? Que les poètes ont menti ? Non point. Le titre qu'ils avaient choisi pour le recueil, L'Immaculée Conception, il fallait le prendre en son sens littéral : une conception sans tache (d'encre) puisque du papier et des ciseaux suffisaient presque. De même l'épigraphe « Prenons le Boulevard Bonne-Nouvelle et montrons-le », qui, outre la charge anticatholique contenue dans tous les écrits surréalistes de l'époque, renvoyait à une longue période de *Nadja* où ce boulevard parisien était évoqué pour les « magnifiques journées de pillage » lors des manifestations ouvrières contre la condamnation à mort des anarchistes italiens Sacco et Vanzetti en Amérique. Un tel exergue indiquait manifestement le saccage. De la même façon que l'émeute populaire dresse des barricades avec tout ce qui se trouve sur les grandes artères de la capitale (conçues par Haussmann pour briser les manifestations), tout écrit peut servir de pâture à la poésie. Il y faut seulement un peu d'attention.

Tout le monde en convient désormais : les collages de Max Ernst sont des créations picturales, alors que tant de collagistes, avec des matériaux identiques, ne parviennent à rien de montrable. Il est curieux qu'on ne se soit jamais posé la même question à propos des productions poétiques. Pour réussir un collage, il faut choisir son matériau de départ, le découper convenablement, je veux dire en fonction de l'objectif à atteindre, le coller sur un support adéquat, sertir le tout dans un but déterminé. Même si cela ne se voit pas aussi facilement que dans un graphisme, le collage écrit ne procède pas autrement. Il y faut un esprit « dressé poétiquement ». Encore plus quand le collage est « aidé » comme disait Marcel Duchamp, retouché dans le sens qu'on vient de voir.

En somme, écriture automatique, essai de simulation des maladies mentales, plagiat, collage plus ou moins rectifié, imitation, sont à placer sur le même plan. Ce sont différentes modalités de la création poétique. C'est bien ce que montre Paolo Scopelliti dans l'introduction de l'ouvrage publié dans la Bibliothèque Mélusine aux éditions L'Age d'Homme (2002), par une lecture attentive des différents états manuscrits.

À quoi peut bien servir la reproduction en fac-similé de tous ces documents qui généralement ne franchissent pas le seuil de l'imprimeur ? Certes, ils ne révèlent pas un collage. Du moins montrent-ils les poètes à l'œuvre, l'alternance de leurs voix, leurs hésitations, leurs repentirs, leurs trouvailles aussi. Ils montrent comment les ratés de l'écriture sont soudain annulés, dépassés par une autre formule, qui elle-même débouche sur un plan supérieur. Ainsi les poètes ont-ils laissé leur esprit courir les champs, battre la campagne. Quant au lecteur, il y trouvera le plus fervent témoignage qui soit sur les capacités créatrices de l'esprit humain.

TRISTAN TZARA,
HISTORIOGRAPHE DE DADA

Comment peut-on parler de Dada, en faire l'histoire, alors qu'il se voulait un mouvement éphémère, sans signification, privilégiant la seule valeur de l'instant ? La position de Max Ernst est caractéristique à cet égard. Comme on l'interrogeait sur l'intérêt historique du groupe auquel il avait participé, il répondit, irrité : « Dada était une bombe. [...]. Peut-on imaginer quelqu'un près d'un demi-siècle après l'explosion d'une bombe, qui s'emploierait à en recueillir les éclats, à les coller ensemble et à les montrer ? »

Je ferai observer que les éclats de cette bombe, ce sont les dadaïstes eux-mêmes qui les ont conservés, en se les échangeant, le plus souvent, avant de les laisser circuler à travers le monde, sinon de les montrer, pour leur part, avec d'infinies précautions.

Tristan Tzara est, à mes yeux, le premier coupable de cette attitude conservatrice, sur les plans bibliophilique et muséographique. Le rassemblement de ses œuvres complètes de même que la publication de nombreux documents dada, n'eût pas été possible s'il n'avait pris souci de conserver *tous ses écrits*, y compris les moindres brouillons de sa jeunesse, à travers les aléas de son existence. Et lui-même nous a montré l'exemple, dès l'époque dada, de ce que devait être, à ses yeux, l'histoire du mouvement qu'il animait.

Certes, sa conception du récit historique, adapté aux événements en question, je dirais même sa vision de l'histoire, ont beaucoup varié au cours du temps. Reste qu'il fut le premier historiographe de Dada et qu'il le demeure, exemplairement. Trois attitudes, principalement, caractérisent sa démarche. Dans la mêlée des temps dadaïstes, il apparaît plutôt comme le bonimenteur attitré du groupe, le « calicot », selon son propre mot. Puis le Mouvement ayant été enterré au son de la fanfare des Beaux-arts, il tend à refuser tout récit rétrospectif, sauf à adopter une version strictement historiciste. Dès que le surréalisme et lui se rejoignent, il forge une histoire du mouvement poétique, depuis les origines de l'humanité, qui se veut marxiste. De sorte que l'ensemble de son histoire du dadaïsme épouse, elle-même, les trois temps d'une démarche dialectique.

Dans un premier temps, donc, Tzara se présente comme le camelot du mouvement auquel il participe. Non point son chef d'orchestre, encore moins son théoricien. Il est, à proprement parler, le distributeur de prospectus, de journaux et de programmes. Mais ce comportement n'aurait rien à voir avec l'histoire s'il ne s'exprimait toujours rétrospectivement, je veux dire avec un léger décalage par rapport à l'événement, et s'il ne cherchait justement à consigner les faits essentiels caractérisant Dada, et à leur donner, d'emblée, une signification pour l'avenir.

À noter qu'une telle démarche n'est pas réfutée par l'historien. C'est, plus exactement, celle du chroniqueur. Tout aussi légitimement, Tzara nous conte, à trois reprises, la chronique zurichoise qu'il parachève en 1924 lorsqu'il présente son recueil des *Sept Manifestes Dada.*

Ses chroniques de Zurich, publiées dans *l'Anthologie Dada (Dada, n° 4-5,* Zurich, 15 mai 1919) comme dans *l'Almanach Dada* présenté par Richard Huelsenbeck en 1920, ont tout du boniment de camelot, particulièrement la dernière, dont la typographie souligne les effets oratoires.

Il s'agit d'une énumération, dans l'ordre chronologique, des faits marquant l'aventure du groupe zurichois : sa constitution, l'arrivée de nouveaux membres, l'organisation de spectacles, des expositions, des publications... L'accumulation d'activités diverses, énoncée d'une seule traite, vous enveloppe et vous envoûte. Pour un peu, vous achèteriez tout le lot, sans prime. Peu importe la disparate, la syncope qui fait passer du pour au contre. Seul compte le rythme étourdissant, le bagout du bateleur :

> Novissima danzatrice
> *w. Serner Attraction !*
> qui a vu proprement et écrasé les punaises entre les méninges des comtes de la bonté
> Mais la mécanique tourne
> tournez tournez Baedeker nocturnes de l'histoire
> brossez les dents des heures

> circulez messieurs
> *le bruit casse rébus pharmaceutiques* (I 566).

La fantaisie, le désordre volontaire, la hâte avec laquelle tout cela est conté ont quelque chose de sympathique, adapté à l'objet. Comment ne pas mêler les langues et les styles quand se trouvent assemblés les expressionnistes allemands les futuristes italiens, les musiciens russes et les enchanteurs de ritournelles françaises ?

> des personnages en édition unique apparaissent récitent ou se suicident va et vient, la joie du peuple, cris, le mélange cosmopolite de dieu et de bordel, le cristal et la plus grosse femme du monde Sous les ponts de Paris (OC I 561)

Bien entendu, tout ce que Dada entreprend a valeur de geste. Il s'agit de montrer que la poésie s'est emparée de toutes les activités artistiques, que la vie saura triompher des miasmes morbides de l'Europe en guerre. Tzara ne s'attarde pas à conter par le menu la succession des innovations scandaleuses de ces soirées zurichoises, il ne relate les anecdotes que pour ce qu'elles ont de significatif : l'action sur le public.

Ainsi la 8e soirée dada (9 avril 1919) est une date à retenir « car on apprit que la vérité ne plaît pas aux spectateurs ». Il conclut :

> mais Zurich n'a pas encore vécu une impression si forte, la vitalité de la salle bondit des frontières de la famille et de la convention ; mise à nu devant sa conscience le désespoir de devoir rejeter ce qu'elle a appris à l'école la fit fouiller les poches pour jeter sur la scène ce qu'elle y trouvait et la misérable doublure âme (OC I 561).

Sous le chroniqueur perce le moraliste. La même soirée donne lieu, un an après, à une amplification homérique. Ce que Tzars en retient, ce sont les réactions contradictoires du public. Dada fait lever un ouragan qui emporte le vernis de la bonne éducation, de la culture, et laisse paraître l'homme naturel spontané, livré à ses sentiments :

> Dada a réussi d'établir le circuit d'inconscience absolue dans la salle qui oublia les frontières de l'éducation des préjugés, sentit la commotion du nouveau. Victoire définitive de Dada (OC I 568).

En d'autres termes, selon Tzara, Dada est bien un phénomène absolument nouveau. S'il prend son bien ici et là, il le transforme de manière originale. Témoin le public dont le comportement atteste la surprise. Davantage, ses réactions violentes absolument inusitées en matière culturelle, prouvent bien qu'il a été touché au vif. Ses valeurs esthétiques et morales ont été ébranlées au point qu'il réagit et entre, involontairement dans le jeu de Dada. Tzara constate à la fin de la première soirée Dada : « 300 idiotisés dêfinitiv » (OC I 563). Dada s'estime satisfait, comme Maldoror, s'il a bien crétinisé son lecteur, son auditeur.

Ce faisant, Tzara montre bien que le Mouvement est un état d'esprit, non un corps de doctrine. Qu'il comprend les personnalités les plus diverses, les plus contradictoires, et que son histoire est une succession de gestes dont la signification ne peut être formulée que par une esthétique de la réception ou de l'effet produit. Au passage, en consignant les faits, il rend vaines et annule toutes les querelles, les faux procès que lui feront par la suite ses compagnons malveillants, à l'heure des ruptures. Tout prouve en effet, dans ces chroniques, qu'il ne cherche pas à s'imposer comme chef d'orchestre. Il n'élimine aucun des noms, des manifestes qu'on aura beau jeu de lui opposer par la suite, dans la mesure où il les aura lui-même cités ! Ce qui explique le silence qu'il opposa toujours aux attaques de Breton alléguant d'autres pères de Dada, conformément au sens qu'il entendait donner à Dada :

> L'indifférence est le seul médicament légal et efficace, l'indifférence sans effort, sans conséquence. Vingt siècles d'histoire n'ont servi qu'à démontrer la vérité de mes manifestes, parce que la vérité n'existe pas… (V, 249)

Au demeurant, la signification de Dada, Tzara l'avait dégagée, sur le moment, dans sa « conférence sur Dada » (I 419-424), prononcée à Weimar et Iéna en 1922. Il y montre bien en quoi ce mouvement exprimait un « état d'esprit » indissociable du lieu et du moment où il apparut. Bien que ce ne soit pas le propos d'un historien, on voit émerger l'attitude historiciste à laquelle il s'en tiendra pendant plusieurs années, après avoir joué les histrions, dès lors que la phase dadaïste aura été close à ses yeux. L'historicisme postule que toute connaissance, toute pensée, toute vérité est le produit d'une histoire et se trouve liée à une situation historique donnée. Telle est bien la conception de Tzara lorsqu'il rédige ses souvenirs, dès 1922, pour le périodique américain *Vanity Fair.* Dans un fragment inédit, Tzara situe, d'une phrase, le contexte zurichois :

> Venus des horizons les plus divers, appartenant à des catégories sociales très différentes et à des cultures également diverses, des groupes se constituèrent alors selon les affinités d'idées et les tendances intellectuelles (I 732).

Le mémorialiste adopte d'emblée une structure narrative que tous les historiens du Mouvement épouseront par la suite : il envisage l'activité dadaïste selon la date et le pays d'émergence, le principal développement étant accordé à Paris. L'anecdote, le portrait, le trait révélateur y sont accentués. Ainsi Aragon est décrit comme « un jeune homme maigre et au visage féminin, A. Breton, qui a sur son visage les stigmates des sectaires religieux… » (I 593). En même temps, le maximum d'informations ou de citations est donné dans le minimum de phrases. En théorie de l'information, nous pourrions dire qu'il y a saturation de faits, au détriment de l'analyse. Pourtant celle-ci n'est pas absente, par la situation initiale et par le choix des événements.

Tzara tient en effet à la précision documentaire. C'est pourquoi, lorsque commencent à paraître les premières histoires de Dada, celle de G. Ribemont-Dessaignes (*N.R.F.*, 1931) puis de G. Hugnet (*Cahiers d'art*, 1937) il s'empresse de rétablir la vérité sur certains événements qui lui tiennent à cœur, en fournissant des documents. À la *NRF* il annonce :

> Je déclare formellement qu'une grande partie des faits exposés sont faux, incomplets, interprétés arbitrairement, insuffisamment documentés et envisagés uniquement d'un point de vue pittoresque, anecdotique, journalistique qui a toujours répugné à la plupart des personnes ayant pris part à Dada (V 252).

Et surtout, il insiste pour que lui soit reconnue la décision d'avoir mis fin *volontairement* à l'activité dada (V 253). Sa mise au point se fait plus précise à propos du Congrès de Paris et de la Soirée du Cœur à Barbe telles qu'elles sont relatées par Georges Hugnet dans son article sur « L'esprit dada dans la peinture ». Il met l'accent sur le caractère *collectif* des pamphlets incriminés par l'historien, et tient à se dégager de l'accusation, due à Breton, d'avoir appelé la police lors de la représentation perturbée du *Cœur à gaz*. À ce propos, il cite la dédicace personnelle que Breton apposa sur son exemplaire de *Nadja*, pour atténuer la violence d'une phrase de 1928, corrigée dans l'édition définitive de 1963, et apporte le témoignage inédit d'Iliazd, organisateur de la soirée[1].

---

1 André Breton a définitivement effacé les propos contenus dans la première édition de *Nadja* en écrivant ce magnifique envoi sur la page de titre du *Revolver à cheveux blancs* :

Plus important que ces précisions historiques, touchant tout de même à l'honneur de l'individu, me paraît le refus de l'anecdotisme dans lequel semblent s'enfermer les historiens, et le souci de rigueur qu'il souhaite introduire à cet égard. Revenant, implicitement, sur le ton adopté par ses chroniques zurichoises, il dénonce « une attitude je-m'en-fichiste » dada s'alliant mal avec l'exposé logique des faits (V 275) et surtout, il exige une interprétation de l'ensemble, en rapport avec les circonstances historiques :

> Rien de la signification spirituelle d'une tendance reposant sur l'omniprésence de l'idée et la dictature de l'esprit, ne transparaît des articles de G. Ribemont-Dessaignes.
>
> Détacher Dada des phénomènes sociaux, ou même littéraires, qui l'ont précédé et entouré, desquels il est né et à travers quoi il a vécu et lutté est faire preuve d'un singulier penchant à la confusion

déclare-t-il en 1931 (V 253).

En 1937, alors qu'il s'est séparé des surréalistes, sa position de principe demeure identique : « Peut-on abstraire les circonstances, quelles qu'elles soient, les séparer de l'ordre temporaire jusqu'à les rendre imperméables aux influences des événements ? » (V 275)

Certes, on pourra objecter que la réfutation de G. Ribemont-Dessaignes est bien mesquine. Celui-ci n'a-t-il pas le tort d'avoir signé un texte dans un pamphlet contre Breton, à un moment où Tzara et Breton sont liés d'amitié ? Tandis qu'inversement Hugnet se fait l'écho des accusations de l'auteur de *Nadja* quand Tzara lui a claqué la porte au nez. Tout ceci n'empêchera pas Tzara de préfacer l'ouvrage d'Hugnet rassemblant les mêmes articles, et de réaliser une émission radiophonique avec G. Ribemont-Dessaignes qui demeura l'un de ses amis de toujours.

Reste une expérience historiciste que Tzara ne perdra pas de vue lorsqu'il passera à l'acte, en insérant Dada dans la lignée des esthétiques révolutionnaires.

« À Tristan Tzara à la poésie qu'il incarne et qui aura eu son front ses yeux son rire (son rire inoubliable) quand j'avais vingt ans, trente ans et encore bien d'autres âges, et à l'homme que j'adore qui est fait d'idées étonnantes pour les cheveux, de sentiments hors ligne pour les moindres mouvements, d'actions futures pleines de signification et de grandeur pour la main fine et parfaite, avec l'orgueil et la joie de le connaître à toutes les minutes où je ne me tue pas 17ndré 13reton » (reproduit en fac-similé dans H. Béhar, *Potlatch André Breton*, p. 527).

Cependant Tzara intègre le point de vue hégélien et le dépasse, comme il se doit, selon la conception marxiste de l'histoire à laquelle il adhère depuis 1930, lorsqu'il tente de donner un sens à l'aventure de ses vingt ans. L'« Essai sur la situation de la poésie » (1931) lui est l'occasion de mettre en œuvre cette conception d'une manière toute personnelle, que je considère plutôt comme une forme de freudo-marxisme dans la mesure où elle tente de concilier le matérialisme dialectique, clairement revendiqué (V 7), avec une psychanalyse d'origine jungienne. Pour le Tzara surréaliste, il est clair désormais que « la poésie suit une direction dans un sens existant » (V, 8) même si elle ne revêt pas les apparences du poème car « il est parfaitement admis aujourd'hui qu'on peut être poète sans avoir jamais écrit un vers, qu'il existe une qualité de poésie dans la rue, dans un spectacle, n'importe où » (IV 9). En ce sens, dada a eu le mérite, à ses yeux, de relier la poésie moyen-d'expression à la poésie-activité de l'esprit. C'était donc un mouvement de caractère ambivalent, qu'on aurait tort de simplifier et de ramener à l'unité. Il a commencé par s'attaquer au langage humain conventionnel, lui opposant un « état *d'esprit* » (V 18) dont les exemples sont nombreux au cours des manifestations Dada, lesquelles visaient à détruire l'art par ses propres moyens. Tzara ne méconnaît pas les contradictions internes de ce mouvement, mais il y voit une issue dans l'action, même gratuite, qu'il promouvait. Puis il dégage une poétique, parfaitement ordonnée, de toutes ses productions incohérentes, mettant en valeur l'expérimentation portant sur l'image brute, le lieu commun, les frontières des genres. Son propre refus de participer au Congrès de Paris (avril 1922) marque pour lui la fin d'un mouvement qui ne pouvait s'intégrer aux diverses tendances de l'esprit moderne, le sabotage de la soirée du *Cœur à barbe* (juillet 1923) signant la disparition du groupe en tant que tel.

Ainsi Tzara construit un modèle, certainement contestable comme tous les modèles, qui du moins dégage les lignes de force d'une suite d'actions par trop vouées à l'anecdote scandaleuse, en montrant qu'elles font partie d'un processus infini de la pensée dont la suite, sur un plan différent, est le surréalisme.

L'analyse est plus classiquement marxiste, si je puis dire, dans *Le Surréalisme et l'après-guerre* (1947) qui entend démontrer que la culture est un instrument de libération de l'humanité. La tradition idéologique révolutionnaire des Encyclopédistes et d'un Rousseau rencontre la tradition révolutionnaire spécifiquement poétique de Nerval, Baudelaire, Lautréamont, Rimbaud, etc. au sein de Dada et du Surréalisme (V, 65). Plus exactement, Dada a constamment tenté de les concilier. Tzara désigne enfin la cause principale de ce mouvement de révolte, qui manquait à toutes les analyses précédentes :

> c'est la guerre, imposée à une adolescence pure et ouverte à la vie [...] Dada naquit d'une exigence morale, d'une volonté implacable d'atteindre à un absolu moral, du sentiment profond que l'homme au centre de toutes les créations de l'esprit, affirmait sa prééminence sur les notions appauvries de la substance humaine, sur toutes les choses mortes et les biens mal acquis. Dada naquit d'une révolte qui était commune à toutes les adolescences, qui exigeait une adhésion complète de l'individu aux nécessités profondes de sa nature, sans égards pour l'histoire, la logique ou la morale ambiante... (V 65).

Aux forces de destruction, Tzara oppose ce qu'il faut bien nommer l'humanisme Dada, le souci de préserver quelques valeurs humaines irréductible, de porter un regard neuf sur le monde à venir, après la démolition des ruines, la table rase. Et il n'hésite pas à comparer les recherches poétiques du temps à celles de la physique contemporaine. Sur le plan social, il prétend avoir salué la Révolution russe avec certains de ses amis (V 66). Mais, dans une note complémentaire, il explique qu'à l'époque ils n'avaient pas saisi la portée idéologique de cette Révolution, dans la mesure où Dada était plutôt de caractère anarchisant. Du moins y voyaient-ils le moyen de mettre fin à la guerre et d'invalider « le pacifisme pleurnichard et humanitaire » d'Henri Guilbeaux (1884-1938) et de Romain Rolland (1866-1944), qu'ils avaient ironiquement condamné.

De fait, à l'instar des soviets, Dada attaquait le système du monde à sa racine, dans le langage et la logique :

> Nous ne prêchions pas nos idées, mais nous les vivions nous-mêmes, un peu à la manière d'Héraclite dont la dialectique impliquait qu'il fît lui-même partie de sa démonstration comme objet et sujet à la fois de sa conception du monde (V 67).

Les dadaïstes prenaient donc le risque de passer pour des imbéciles en ayant le courage de vivre leurs idées, non d'en faire une belle et savante théorie. D'où l'importance, pour l'histoire, de relater ces manifestations où chacun osait s'affronter au public, adversaire désigné, que l'on provoquait jusqu'à le faire sortir de lui-même. La raison en est, à ses yeux, que du désordre et du chaos devait naître un système nouveau, moralement justifié, remettant à leur juste place la vie et la poésie : « Il est certain que la *table rase* dont nous faisions le principe directeur de notre activité, n'avait de valeur que dans la mesure où *autre chose* devait lui succéder » (V 68).

Cet « autre chose » qui n'avait alors pas de nom était-il le surréalisme ? Tzara le fait naître des cendres de Dada ; il y voit un mouvement délibéré de reconstruction, d'adaptation aux conditions de la vie, de conciliation avec le monde (V 69).

On peut douter de l'enchaînement mécanique des phénomènes, d'autant qu'entre la fin assignée à Dada et la naissance du surréalisme, deux ans s'écoulèrent, et que Tzara ne rejoignit ce mouvement qu'en 1929. La logique marxiste paraît ici trop systématique, établissant un rapport de cause à effet entre la guerre et la naissance de Dada, privilégiant la place de l'homme dans ce processus de destruction générale, assurant qu'une phase de construction devait nécessairement lui succéder. Rien n'était moins sûr dans l'esprit de Tzara et de ses compagnons, entre 1916 et 1922. Si tout était autrement plus confus, incertain et tâtonnant, il faut convenir, pourtant, que Tzara donne enfin une *interprétation* à un ensemble de gestes incohérents et contradictoires, qui ne pouvaient pas ne pas avoir de sens, comme l'avaient pressenti, à l'époque, André Gide et Jacques Rivière. Comme toute interprétation, elle intervient *a posteriori.* Même controversée, elle fait foi désormais pour tous les historiens de la littérature, et Tzara s'y tint jusqu'à la fin de sa vie.

Ce n'est pas qu'il n'ait multiplié les exemples et les précisions au cours des nombreux entretiens qu'il accorda, par la suite, à la presse écrite ou parlée, ou encore sous forme de préface à divers catalogues rétrospectifs. À partir de 1950, en effet, Dada s'inscrit dans l'histoire culturelle française ; il est perçu comme une étape obligée avant le surréalisme et, bien légitimement, Tzara en est le mémorialiste. N'est-il pas le mieux placé pour en parler, celui que les journalistes oublieux désignent comme « le pape du dadaïsme », à l'instar de Breton pour le surréalisme ?

Il prend lui-même l'initiative en donnant à la radio une série d'émissions sur « Les revues d'avant-garde à l'origine de la nouvelle poésie », en 1950. Pièces rares à l'appui, dans la mesure où, à l'époque, ces revues étaient pratiquement inaccessibles, il trace une histoire de la poésie française depuis Apollinaire jusqu'au surréalisme. C'est une vision *de l'intérieur* très précieuse pour approcher ce tourbillon d'idées d'où allait naître le mouvement poétique contemporain. Dans ce que j'appellerais volontiers cette histoire matérielle de Dada, comme dans les entretiens postérieurs, Tzara définit et fixe à jamais la figure du Mouvement. C'est pour lui une révolte de la jeunesse, de portée morale et philosophique. À partir du doute généralisé, surgit une mise en cause de toute idéologie :

> Les dadas, indifférents aux troubles sociaux, s'attaquent aux fondements idéologiques de la bourgeoisie et, plus que jamais, introduisent les/acteurs subversifs dans leur action destructive (V, 540).

Au sujet de la phase parisienne du Mouvement, il désigne les principaux objectifs à détruire :

> ... le patriotisme, la religion et l'esthétique qui leur sert de couverture. Tandis que les Futuristes et les Cubistes prétendaient changer les fondements de l'art, se soucier de la structure morale de la société, Dada s'en attaquait [sic] à sa base même (V 565).

Les propos qu'il tient en 1958 au micro de Georges Ribemont-Dessaignes sont d'une formulation définitive :

> L'impatience de vivre était grande, le dégoût s'appliquait à toutes les formes de la civilisation dite moderne, à son fondement même, à la logique, au langage, et la révolte prenait des formes où le grotesque et l'absurde l'emportaient de loin sur les valeurs esthétiques (V 400).

Et dans le dernier entretien, accordé à Madeleine Chapsal, quelques jours à peine avant sa mort, il s'insurge contre l'idée que Dada se serait arrogé toute liberté :

> Ah pardon ! Dada avait un but humain, un but éthique extrêmement prononcé ! L'écrivain ne faisait aucune concession à la situation, à l'opinion, à l'argent... (V, 449).

Subjectif, certainement, ce mouvement n'est pas réductible au nihilisme absolu, puisqu'il plaçait l'homme au centre de ses préoccupations. Même si l'on ne parle que de négativisme, il faut encore distinguer :

> Le fait est que, il y a une confusion à propos de ce négativisme. Ce n'était pas un négativisme absolu, c'était une sorte de négativisme dialectique, dans le

> sens que nous voulions balayer tout ce qui existait avant nous, voir la vie et tout avec des yeux nouveaux, avec un sentiment nouveau et frais ; nous étions tous jeunes (Art, anti-art, V 432).

Il est clair désormais que Dada s'est cherché en avançant, s'appuyant sur deux tendances : l'abstraction, la négation :

> Dada a essayé non pas autant de détruire l'art et la littérature que l'idée qu'on s'en était faite [...] Sa volonté de destruction était bien plus une aspiration vers la pureté et la sincérité que la tendance vers une sorte d'inanité sonore ou plastique se contentant de l'immobilité et de l'absence (V 353).

De sorte que pour rendre compte au plus près de ce qui s'est passé, il faut recourir à la notion freudienne *d'ambivalence*, la logique cartésienne étant ici inopérante – et l'articuler, selon Tzara, à la contradiction dialectique (*cf.* V 402).

À la lumière de cette conception plastique de l'histoire, on comprend mieux le caractère expérimental du Mouvement, ses jeux de portée sérieuse « c'est l'impossibilité d'exprimer la vie par la poésie qu'a voulu démontrer l'expérience par l'absurde des mots sortis du chapeau rangés sous forme de poème » (V 543).

De même, l'image verbale, faite de mots accolés au hasard est-elle la source d'un renouvellement poétique, comme les collages pour la peinture.

À chaque intervention, Tzara revient sur l'idée que Dada n'était pas moderne, et qu'il mit fin délibérément à ses activités, justement pour ne pas entrer dans la catégorie des ismes. Dès lors, l'expérience ne saurait recommencer à une autre époque, lorsque les circonstances ont changé. Pour lui, les deux après-guerre n'ont rien de comparable : « Dada est né d'une nécessité propre à une époque. On ne refait pas les circonstances de l'histoire. » (V, 397).

Avec le recul, ce mouvement de jeunesse, exprimant la révolte romantique de l'adolescence, prend les couleurs de l'humour : « Dada a été une source d'humour parce que chaque affirmation, Dada l'accompagnait de sa négation sous-jacente » (V 397).

Relisant ses manifestes dada, il y découvre des naïvetés attendrissantes, et surtout « un humour nouveau » (V 447), désormais commun.

On voit ici la propension de l'historien à dégager des idées générales, à dépister les formes nouvelles de la culture et de l'esprit. Mais le mémorialiste ne néglige pas, pour autant, la précision. Ainsi souligne-t-il la fusion du groupe *Littérature* avec Dada : « La rupture avec l'esprit qui dominait pendant la première année de *Littérature* est définitive, et les nouveaux collaborateurs seront, à peu d'exceptions près, ceux qui auront donné à Dada leur complète adhésion » (V 536).

Cela récuse à l'avance, me semble-t-il, toute version qui fait de Dada une parenthèse parisienne ! De même, il attribue à l'esprit Dada l'enquête : « Pourquoi écrivez-vous ? ». Un trait donnera, pour finir, idée de son souci d'éclairer les simples données historiques :

> Mais puisque vous me demandiez de l'implication de Dada avec la politique, avec Lénine, je peux vous dire que j'ai connu personnellement Lénine à Zurich avec lequel je jouais aux échecs. Mais à ma grande honte, je dois avouer qu'à ce moment-là, je ne savais pas que Lénine était Lénine (V 433).

On observera que le mémorialiste ne se fait jamais polémiste. S'il réfute les annexions, si parfois même il se condamne à la confusion, c'est pour garder le caractère essentiel d'un mouvement lui-même confus et incertain :

> L'absurde ce n'est pas la recherche de l'absurde pour soi, mais le reflet d'une absurdité plus vaste, celle du monde, qui doit lui être incluse et qu'il doit exprimer. Ainsi la poésie a cédé la place à l'action et l'action elle-même s'est confondue avec la poésie (V 515).

Tour à tour camelot, historiciste et dialecticien marxiste, Tzara est l'historiographe officiel de Dada, le seul qui, me semble-t-il, ait imposé pour longtemps sa vision de l'histoire du dadaïsme. Non qu'il n'y ait eu des témoins et mémorialistes de grande importance comme Arp, Ball, Picabia, etc. ; non que certains comme Huelsenbeck ou Breton n'aient donné leur propre version dès l'époque et par la suite. Mais Tzara apparaît comme un homme-source par l'immense documentation qu'il possède (sa correspondance n'a été qu'à peine explorée) autant que par la cohérence de son analyse critique du Mouvement Dada, s'insérant dans un ensemble plus vaste, l'aventure poétique contemporaine.

À partir des prémisses posées par l'« Essai sur la situation de la poésie », s'explicite cette aventure dont on sait que rien, extérieurement, ne la distingue de la vie quotidienne. Ce qui caractérise l'acte poétique, c'est la « lycanthropie », cette révolte inhérente à toute expression authentique. Elle est la phase initiale et nécessaire à toute prise de conscience révolutionnaire avant l'intégration de l'individu au processus d'émancipation sociale.

Certains poètes rêvent l'avenir, d'autres se contentent de dénoncer le monde environnant parce qu'il est mal fait. Avec Dada et le surréalisme, ces deux attitudes se sont rejointes, en l'attente d'un dépassement dialectique qu'aucun n'a su assumer ; que pourtant Tzars appelle de ses vœux sous les espèces de la poésie-connaissance ; à laquelle il contribue par sa création solitaire.

ANDRÉ BRETON, L'HISTOIRE ET LE SENS DU MYTHE

S'adressant à la jeunesse de Port-au-Prince, en janvier 1946, André Breton déclarait :

> … nous sommes parvenus à une époque où la crise générale des valeurs est si communément ressentie que nous avons moins besoin d'un tracé analytique épuisant en tous sens et d'un trait égal les démarches divergentes de l'activité créatrice que de la mise en évidence de véritables lignes de force et de la désignation au crayon rouge des incontestables génératrices valant au moins pour aujourd'hui[1].

Il postulait donc une nouvelle façon d'écrire l'histoire littéraire, qui conduirait à revaloriser presque toutes les époques, et particulièrement le XVIIIe siècle, avec Kant et Goethe, au détriment du XVIIe siècle, survalorisé dans notre tradition pédagogique. Conscient de l'obstacle théorique, déjà signalé par Marx et Engels eux-mêmes, à l'élaboration d'un manuel marxiste d'histoire littéraire (le critère de valeur s'opposant à l'appartenance sociale), il en venait à des considérations toutes pragmatiques. La première, pastichant Benedetto Croce, serait d'examiner ce qui est vivant et ce qui est mort dans le domaine en question :

> … une œuvre d'art, pas plus que toute autre production de l'esprit, ne doit être considérée en soi, c'est-à-dire pour ses mérites intrinsèques (selon des critères toujours contestables) ni même étroitement en fonction de son adéquation aux circonstances historiques qui l'ont vu naître, mais bien en fonction de ce qu'elle garde ou ne garde pas pour nous (*ibid.* p. 185-186)

La seconde considération, découlant de ce primat de l'actualisation de l'œuvre par le spectateur ou le lecteur, était l'originalité des œuvres

1 Conférence d'André Breton, insérée dans l'ouvrage de Pierre Mabille : *Traversée de la nuit*, Paris, Plasma, 1981, p. 180.

tenues pour des ferments du futur. Originalité qui, loin de procéder de l'illumination et de la spontanéité, est un produit de la culture, témoignant d'une double faculté chez l'artiste, de sélection et de refus.

S'agissant du romantisme – mais, disait-il, ce serait exactement la même chose pour le surréalisme – il faut mettre en évidence ses forces génératrices (le roman noir anglais, la philosophie allemande, le courant occultiste), et surtout cesser de le concevoir

> comme un mouvement strictement artistique, au lieu de l'homologuer en même temps comme mouvement philosophique et social, c'est-à-dire de le concevoir dans son ensemble… (*ibid.* p. 189).

Ceci vaudrait donc pour l'historiographie, *toujours à venir*, du surréalisme.

Ici, je centrerai mon propos sur le poète devant l'histoire, traitant de son expérience personnelle (première partie), qu'il élargit à son époque en opérant « sélection et refus » (deuxième partie) avant d'essayer de l'élargir à toute la collectivité humaine (troisième partie) et non pas de sa conception du discours qu'il convient de tenir sur l'histoire.

La tâche se complique d'autant plus que Breton est indissociable du mouvement surréaliste auquel il a insufflé vie. Ce dernier s'est exprimé, à de nombreuses reprises, sur les événements majeurs de son temps, prenant position, le plus souvent au moyen de tracts ou de déclarations, depuis la guerre du Rif, en 1925, jusqu'au « Manifeste des 121 » contre la guerre d'Algérie. Au passage, je ferai observer qu'à s'en tenir à ces deux textes limites, une constante se dégage, qui est l'anticolonialisme du mouvement.

ANDRÉ BRETON DEVANT L'HISTOIRE

S'adressant en premier lieu aux étudiants de l'université de Yale, en décembre 1942, Breton leur parlait

> de la situation du surréalisme entre les deux guerres, c'est-à-dire nécessairement par rapport à elles. Le surréalisme est en effet le seul mouvement intellectuel organisé qui ait réussi à couvrir la distance qui les sépare.

Portant sur l'ensemble du groupe, le propos vaut, à plus forte raison, pour lui-même, dans la mesure où il n'a pas manqué d'être marqué par ces deux traumatismes mondiaux.

Mobilisé comme canonnier à Pontivy en 1915, lassé de « l'école des bons travaux abrutissants » dont parlait Rimbaud, Breton a sollicité son maître et protecteur, Paul Valéry, pour qu'il lui trouve une affectation en rapport avec ses capacités d'étudiant en médecine.

> Le mot Fuir résumant toute mon aspiration présente, je me permets imprudemment, Monsieur, cette prière : Ne sauriez-vous, je suppose par relation, me sauver d'ici[2] ?

Le moins qu'on puisse dire est qu'il ne partageait pas l'enthousiasme belliqueux de sa génération, les appels nationalistes et revanchards de Barrès. L'intervention de Valéry fut assez efficace pour qu'il se trouvât affecté à Nantes, faisant fonction d'interne à l'hôpital municipal auxiliaire. Bénéficiant d'une chambre pour lui-seul, décorée à sa guise de reproductions de Gauguin, Toulouse-Lautrec, Matisse et Van Dongen, il reprit goût à la vie, avouant à son protecteur qu'il finirait par s'y plaire. C'est le moment qu'il choisit pour lire Rimbaud, Jarry, Baudelaire, Mallarmé et, bien entendu, *La Soirée avec M. Teste.*

En somme, la littérature, et particulièrement la poésie, est sa seule préoccupation. Il consacre ses journées à panser les grands blessés et les traumatisés qu'on envoie se réparer au climat marin avant de les renvoyer au front, mais, tel Sengle, le héros de *Les Jours et les nuits* de Jarry, il se détache de la réalité médicale. La fréquentation, relativement brève, d'un de ses patients, Jacques Vaché, a brisé quelques-unes de ses admirations. « Il a déjoué en moi ce complot de forces obscures qui mène à se croire quelque chose d'aussi absurde qu'une vocation », confessera-t-il plus tard.

Dès le 14 juillet 1916, trois jours après l'arrêt de l'offensive allemande sur Verdun, Breton est en route vers l'Est. « Je suis conquis par l'espoir du front, vu aux lueurs des tirs de G. Apollinaire ou à la faveur des feux d'artifice de sa *nuit d'avril* », écrit-il à Valéry[3]. Après un séjour, de profond retentissement pour lui, au centre neurologique de Saint-Dizier, il participe à l'offensive de la Meuse, en novembre-décembre 1916, comme

2 Lettre d'André Breton à Paul Valéry, lundi 7 juin 1915, archives BNF.

3 *Id. ibid.* 24 juillet 1916.

brancardier. Curieusement, « un vertige assez agréable » le gagne, au pire moment, lorsqu'il lui faut, à la lueur des fusées éclairantes, évacuer des blessés, comme il le confie encore à Valéry. Significativement, c'est à cette époque qu'il rapportera un poème écrit l'année précédente, donc avant l'épreuve :

> Ce soir, j'envie aux preux de Bouvines la guerre
> Indulgente à raison de pape.
> Fantassin
> Là-bas, conscrit du sol et de la hampe, y être ! (Pl, I, 10)

Envoyé à la Pitié, dans le service du Dr Babinski, Breton y fut longtemps hospitalisé lui-même, puis affecté au Val de grâce pour y acquérir un titre de médecin militaire. La fréquentation d'Apollinaire, la rencontre d'Aragon puis de Soupault n'ont plus de secrets pour les historiens de la littérature, qui fixent là la naissance du surréalisme, avant la lettre. C'est un point de vue que je ne partage pas, mais là n'est pas le propos.

De même qu'il avait accueilli avec indifférence la déclaration des hostilités, Breton ne manifeste aucune joie lors de l'armistice. Au vrai, il est très affecté par la mort d'Apollinaire, dont il accompagne la dépouille au Père-Lachaise.

Maintenu sous les drapeaux jusqu'au 20 septembre 1919, il met à profit son séjour dans la région parisienne pour lancer, avec ses nouveaux amis et la complicité bienveillante des aînés, la revue *Littérature* qui, du moins à ses débuts, entend capitaliser toutes les nouveautés et tenir lieu de *La Nouvelle Revue française*, qui avait cessé de paraître durant la guerre. Pourtant, Breton ne se satisfait pas d'un succès rapide. Nouant un pacte secret avec Aragon, il entend préparer un coup d'état qui devrait bouleverser la société entière. Nous en avons une trace écrite de la main de Breton, dans une lettre conservée au Fonds Aragon. Il y prétend que le monde finira par une belle réclame, menaçant la politique et le passé restauré. Sur tout cela il demande le secret, menaçant son correspondant de châtiment, et, ce qui le rend plus dangereux, lui expliquant qu'il n'espère rien pour lui-même. Puérilité ? Illusion sur les pouvoirs de la poésie nouvelle ? Qu'importe. Cela traduit bien l'état d'esprit de ces très jeunes gens, prématurément embarqués dans une aventure niant l'homme, dont ils n'ont guère parlé, Aragon se flattant même d'avoir traversé toute la guerre sans en avoir jamais écrit un seul mot, mais qui a laissé des traces profondes en eux, les incitant à un refus global. Cela rend compte, me semble-t-il, de l'adhésion pleine et entière de Breton à Dada, qui fut bien davantage qu'une parenthèse, comme on le croit généralement, sur la foi de ses écrits postérieurs.

Il est parfaitement établi, aujourd'hui, que Breton lui-même a, dès 1920, voulu conjoindre esthétique et politique[4]. En d'autres termes, l'action sociale est inséparable de la création artistique durant le laps de temps considéré.

Breton entraîne Aragon au parti socialiste, au moment de l'historique Congrès de Tours, le 25 décembre 1920, en vue d'une adhésion. Mais le curieux est qu'ils ne s'adressent pas directement au secrétariat du parti. Ils vont d'abord voir Georges Pioch, un collaborateur du *Journal du peuple*, puis ils se rendent à *L'Humanité* où ils demandent le détail des démarches administratives pour adhérer au parti les en dissuade.

Quand se constitue le groupe surréaliste, ses animateurs ne prendront pas modèle sur les mouvements littéraires précédents, mais sur l'organisation du parti bolchevique, comme le montrent amplement les archives récemment publiées. Surtout lorsqu'il sera question de se rapprocher, puis de fusionner avec les groupes Clarté et Philosophies. Mais Breton n'est jamais l'homme de la pleine adhésion. À peine élu à la tête du comité organisateur de cette nouvelle formation, il s'en éloigne. Ce qui n'empêche pas le surréalisme de calquer son attitude sur le Parti communiste à propos de la guerre du Rif. Puis c'est l'adhésion des cinq (Aragon, Breton, Éluard, Péret, Unik), révélée *Au grand jour* en 1927. Paradoxalement, Breton y exprime davantage de réserves que d'enthousiasme à l'égard de l'accueil que ce parti leur offre. En fait, il y a là une incompréhension radicale sur le rôle que les surréalistes entendent jouer, dans la sphère qui est la leur, au sein du Parti communiste, et sur l'accueil qu'un parti « ouvrier » devait réserver à des intellectuels bourgeois en rupture de classe.

Rejeté par sa cellule, ne supportant pas les préventions à son égard de *L'Humanité*, journal qu'il trouve puéril et déclamatoire, Breton n'en maintient pas moins, avec une belle illusion lyrique que, face à un grave danger, le groupe se rangera au côté de la Troisième Internationale. Cela durera jusqu'en juin 1935, au lendemain de la signature du pacte

4 Voir : Carole Raynaud Paligot, *Parcours politique des surréalistes, 1919-1969*, Paris, CNRS Éditions, 1995.

franco-soviétique, avec son Discours au Congrès des Écrivains, qui en appelle à une plus grande vigilance révolutionnaire, en fusionnant les mots d'ordre de Marx et de Rimbaud.

Il y a au moins un point sur lequel Breton s'est toujours montré lucide, c'est dans la dénonciation des divers procès de Moscou, montés de toutes pièces par Staline. Est-ce par une sympathie ancienne pour Trotski, dont il avait apprécié le *Lénine*, ou à la suite d'une rigoureuse analyse des faits ? toujours est-il que, dès la fin août 1936, il a pris fait et cause pour les anciens compagnons de Lénine, prononçant un discours, « La vérité sur les procès de Moscou » au meeting du 3 septembre, où il désignait Staline comme « le principal ennemi de la révolution prolétarienne », se rapprochant des écrivains prolétariens qui publient son intervention. Qui a pu l'informer exactement ? Ce ne peut être Pierre Naville, avec qui il n'avait plus de contact, ni Boris Souvarine, dont il n'appréciait guère la revue *La Critique sociale*. Il faut croire que « l'innocence active » dont il se réclamait a, en l'occurrence, joué à fond pour en faire l'un des premiers intellectuels sans parti à s'engager aussi nettement contre Staline, sans pour autant le faire verser de l'autre bord.

À nouveau mobilisé, en septembre 1939, Breton assume ses fonctions de médecin-auxiliaire avec discipline. Il a décrit, dans un ajour d'*Arcane 17*, l'inconséquence de ses compagnons, joyeux de « remettre ça ». Il explique cette attitude par l'ennui quotidien, la guerre devenant une sorte d'exutoire. Curieusement (et il n'est pas le seul à y penser), il considère que les événements se présentent « d'une manière exceptionnellement intéressante », espérant vraisemblablement que le conflit débouchera sur une guerre révolutionnaire.

Une fois de plus, il ne souscrit pas à l'opinion commune. En poste à Poitiers, il écrit un poème frémissant de passion amoureuse :

> Les armoires bombées de la campagne
> Glissent silencieusement sur les rails de lait
> C'est l'heure où les filles soulevées par le flot de la nuit qui roule des carlines
> Se raidissent contre la morsure de l'hermine
> Dont le cri va mouler les pointes de leur gorge
> Les événements d'un autre ordre sont absolument dépourvus d'intérêt

déclare-t-il dans « Quels apprêts ».

Lors de l'armistice, la situation lui semble on ne peut plus empreinte d'humour noir, ce qui va le conduire à activer la publication de son *Anthologie de l'humour noir*, écrivant à son éditeur :

> Rien ne m'intéresserait tant que sa publication à pareille époque. Il me semble que c'est précisément là l'aventure que cet ouvrage ingrat (envers son auteur), que cet ouvrage, dis-je, des plus fourbes et ombrageux doit courir et que là résident aussi ses principales chances

Dès sa démobilisation, il comprend qu'il ne peut regagner Paris, où lui-même et sa famille seront en péril. À Marseille, il attend un visa pour se rendre soit au Mexique, soit aux États-Unis, confiant à l'inspiratrice du poème précédent : « L'Amérique ne s'impose, du reste, que d'une manière toute négative : je n'aime pas l'exil et je doute des exilés ». Il y compose « Fata morgana », où le dit de la force d'amour se mêle à la transmutation hermétique, expliquant :

> Ce poème fixe ma position de résistance plus intransigeante que jamais aux entreprises masochistes qui tendent, en France, à restreindre la liberté poétique ou à l'immoler sur le même autel que les autres.

Force est de passer rapidement sur le séjour de Breton aux États-Unis, où il s'est gardé de toute intervention d'ordre militant, se bornant à réunir, autant que faire se pouvait, un groupe surréaliste composé d'exilés comme lui et de jeunes artistes américains. « Où la liberté m'est mesurée je ne *suis* guère et ma tentation est de passer vite » dira-t-il dans ses *Entretiens* avec André Parinaud (p. 196). Pourtant, je m'arrêterai un instant sur son passage en Haïti, en 1946, source d'une légende révolutionnaire pour les haïtiens qui le situent à la tête de la révolte contre le Président Lescot, bien qu'il s'en soit clairement expliqué dans les mêmes *Entretiens*. Je crois avoir montré, pièces à l'appui, combien sa bonne foi y avait été surprise et comment il avait été utilisé par les Américains. La lettre adressée à Saint-John Perse est on ne peut plus claire sur ce point :

> La vérité est que je me suis trouvé pris dans les remous de toutes sortes qui agitaient l'île en janvier dernier et que mon témoignage a été dénaturé par le jeu des factions qui se la disputaient. J'ai conscience, pour ma part, de n'avoir en rien outrepassé les limites auxquelles m'astreignaient les termes de la mission que je devais accomplir, aussi bien que l'hospitalité que je recevais. À ceux qui croyaient pouvoir disposer de moi sans mon aveu, j'ai d'ailleurs

> rappelé avec insistance la belle sentence de Toussaint Louverture « Je suis incapable d'être l'instrument ou le jouet des hommes ». Mais certains de ceux-ci étaient difficiles à décourager[5].

Ce qui ne veut pas dire que son verbe poétique, son attitude intransigeante, son émotion même n'aient pas contribué à exalter la jeunesse haïtienne.

À son retour en France, Breton n'a pas désinvesti. Mais force est de constater qu'en dépit de diverses tentatives en direction de Sartre et de Camus, il s'est trouvé en porte à faux, pris et peut-être laminé entre la puissance des écrivains communistes et l'influence croissante de l'Existentialisme. La lettre adressée au même Saint-John Perse à l'automne 1947 est éloquente :

> Ces temps n'en semblent pas moins de plus en plus mauvais et bien dérisoires apparaissent, à certaines heures les efforts des hommes, très isolés, qui voudraient empêcher que le monde se scinde en deux blocs, que leur heurt précipitera en quelle poussière. À cet égard il faut bien reconnaître qu'ici la situation empire chaque jour et que la passion partisane rend l'immense majorité de plus en plus indifférente à l'avenir humain, considéré dans sa réalité. Les uns s'hypnotisent sur les dangers que l'expansion américaine fait courir aux valeurs traditionnelles de l'Europe, les autres s'affolent à l'idée des exactions multiples dont le régime russe fait de plus en plus son ordinaire. Dans la prise de position qui s'ensuit, le sens de la mesure commence à faire absolument défaut, sans parler (chez la plupart) de la bonne foi. Les staliniens entretiennent, avec un succès confondant, un certain nombre de hantises dans les milieux de gauche, à commencer par l'imminence d'un coup de force « de Gaulle » toujours annoncé pour la fin du mois courant. Il est difficile de se faire une idée des forces déjà recrutées par le R.P.F. mais il semble bien qu'une telle aventure ne doive pas être tentée de sitôt. Sur le plan, plus aisément contrôlable, de la libre expression, les menaces sont beaucoup plus concrètes. Si la véritable « terreur » qu'à mon arrivée en France faisaient régner les Aragon et autres a fait long feu, la plupart des intellectuels se cantonnent encore dans une réserve prudente, pour ne pas avoir à payer personnellement trop cher les frais d'une occupation éventuelle. Je cherche actuellement à décider Max-Pol Fouchet, qui dirige Fontaine, à promouvoir une déclaration de principes que nous puissions signer, lui et moi, et que nous appellerions à signer des hommes tels que Paulhan, Camus, Bataille, Patri, Malraux (en dépit de son activité présente aux côtés de de Gaulle, mais ses propos non publics apportent quelque apaisement), Rougemont bien sûr,

5 Lettre du 17 avril 1946 dans la Correspondance André Breton/Saint-John Perse, publiée par mes soins, *Europe*, n° 799-800, p. 71.

> etc. Je ne désespère pas d'y parvenir et je crois que ceci apporterait quelque clarté. On en a grand besoin : vous savez sans doute que la radio de Moscou, au cours d'une dizaine d'émissions, s'en est prise formellement à Matisse, à Picasso et, après eux, à tous ceux qui pourraient encore poursuivre en art des recherches techniques. Le très malencontreux débat institué, notamment par Sartre, autour de la littérature « engagée », a d'ailleurs fait le jeu des pires obscurantistes[6].

J'ai déjà dit comment Breton et le surréalisme pouvaient tout aussi bien s'envisager par rapport à leurs prises de position anticolonialistes, ce qui déplace, en l'élargissant, le cadre assigné par les deux guerres mondiales. Il convient, maintenant, d'examiner le texte de l'Histoire, la manière dont celle-ci figure dans la création bretonienne.

LE DISCOURS DE L'HISTOIRE

Je n'aurai garde d'oublier que, pour Breton, l'œuvre d'art se doit d'exprimer simultanément le contenu manifeste et le contenu latent de son époque. Cependant, il serait difficile de dégager ce double contenu, systématiquement, dans chacun de ses écrits, sous peine de simplification réductrice. Il serait tentant de montrer, éventuellement par le rapprochement avec d'autres récits de la même époque, que *Nadja*, en relatant une rencontre avec « l'âme errante », ou l'esprit même du surréalisme, exprime, inconsciemment, les aspirations idéales de cette jeunesse meurtrie par la guerre, choquée, égarée, qui se retrouve prisonnière, entre les murs d'un asile. De la même façon, *Les Vases communicants*, par l'errance, l'état de désespoir qui s'y fait jour, dirait l'effet dévastateur de la crise économique de 1929, tandis que *L'Amour fou*, de tonalité plus heureuse, montrerait la contradiction, résolue par la seule volonté de l'auteur, entre l'aspiration individuelle au bonheur, l'acceptation de la cellule familiale, et les contraintes extérieures. Quant à *Arcane 17*, ce serait l'espoir issu du plus profond désespoir, la loi fondamentale que posait Breton, dite de compensation, reprise du philosophe Azaïs :

---

6 Lettre du 30 septembre 1947, *ibid.* p. 75.

> en vertu de laquelle il semble que nous ne pouvons manquer bientôt de payer cher un moment de lucidité, de plaisir ou de bonheur et, il faut bien le dire aussi, que notre pire effondrement, notre plus grand désespoir nous vaudront une revanche immédiate[7].

Je m'en tiendrai ici à la trace de l'Histoire dans le texte lui-même, me limitant à trois exemples précis.

Bien que le récit concernant Nadja soit très précisément daté, comme un véritable journal intime (du moins par une note de l'édition définitive), et parfaitement localisé, il comporte bien peu de références au contexte socio-historique, si ce n'est cette remarque désabusée de l'auteur : « Allons, ce n'était pas encore ceux-là qu'on trouverait prêts à faire la Révolution » (Pl I, 682), puis, lorsque la relation s'achève par un retour sur tous les lieux évoqués, comme pour une anamnèse photographique, surgit soudain une contextualisation d'autant plus surprenante que Breton n'en a pas été le témoin :

> Tandis que le boulevard Bonne-Nouvelle, après avoir, malheureusement en mon absence de Paris, lors des magnifiques journées de pillage dites « Sacco-Vanzetti » semblé répondre à l'attente qui fut la mienne, en se désignant vraiment comme un des grands points stratégiques que je cherche en matière de désordre et sur lesquels je persiste à croire que me sont fournis obscurément des repères, – à moi comme à tous ceux qui cèdent de préférence à des instances semblables, pourvu que le sens le plus absolu de l'amour ou de la révolution soit en jeu et entraîne la négation de tout le reste – ; tandis que le boulevard Bonne-Nouvelle, les façades de ses cinémas repeintes, s'est depuis lors immobilisé pour moi comme si la porte Saint-Denis venait de se fermer, j'ai vu renaître et à nouveau mourir le théâtre des Deux-Masques, qui n'était plus que le théâtre du Masque et qui, toujours rue Fontaine, n'était plus qu'à mi-distance de chez moi. Etc. C'est drôle, comme disait cet abominable jardinier. Mais ainsi en va, n'est-ce pas, du monde extérieur, cette histoire à dormir debout. Ainsi fait le temps, un temps à ne pas mettre un chien dehors. (Pl I, 748)

Il y a là comme une effraction de l'Histoire dans ce qui pouvait sembler une aventure strictement personnelle. Elle est d'autant plus remarquable qu'elle fait référence à une protestation internationale, en

---

7 André Breton, « Introduction au discours sur le peu de réalité », *Œuvres complètes*, Pléiade, t. I, p. 682.

faveur de deux anarchistes italiens condamnés à la chaise électrique aux États-Unis pour un meurtre qu'ils n'avaient pas commis (ils ont été officiellement réhabilités depuis). Comme par dénégation, puisque, en août 1927, lorsqu'il écrivait son récit, Breton aurait pu accompagner Aragon à Dieppe pour manifester avec lui, à l'appel du Parti communiste, il déplore de n'avoir pu assister à une violence révolutionnaire qu'il appelle de ses vœux.

Autre exemple du même ordre, dans l'ultime chapitre de *L'Amour fou*, sous la forme d'une lettre adressée à sa fille, en espérant qu'elle la lira à l'âge de seize ans. Il y médite sur l'amour absolu quand, à nouveau, l'Histoire fait irruption dans le contexte d'énonciation :

> J'y songeais, non sans fièvre, en septembre 1936, seul avec vous dans ma fameuse maison inhabitable de sel gemme. J'y songeais dans l'intervalle des journaux qui relataient plus ou moins hypocritement les épisodes de la guerre civile en Espagne, des journaux derrière lesquels vous croyiez que je disparaissais pour jouer avec vous à cache-cache. Et c'était vrai aussi puisqu'à de telles minutes, l'inconscient et le conscient, sous votre forme et sous la mienne, existaient en pleine dualité tout près l'un de l'autre, se tenaient dans une ignorance totale l'une de l'autre et pourtant communiquaient à loisir par un seul fil tout-puissant qui était entre nous l'échange du regard. Certes ma vie alors ne tenait qu'à un fil. Grande était la tentation d'aller l'offrir à ceux qui, sans erreur possible et sans distinction de tendances, voulaient coûte que coûte en finir avec le vieil fondé sur le culte de cette trinité abjecte : la famille, la patrie et la religion. Et pourtant vous me reteniez par ce fil qui est celui du bonheur, tel qu'il transparaît dans la trame du malheur même. J'aimais en vous tous les petits enfants des miliciens d'Espagne, pareils à ceux que j'avais vus courir nus dans les faubourgs de poivre de Santa Cruz de Tenerife. Puisse le sacrifice de tant de vies humaines en faire un jour des êtres heureux ! Et pourtant je ne me sentais pas le courage de vous exposer avec moi pour aider à ce que cela fût. (Pl II, 784)

En effet, dès le début de la guerre d'Espagne, les surréalistes ont demandé au gouvernement de Front populaire d'armer la classe ouvrière, puis d'organiser l'envoi de troupes et de matériel. Début août, Benjamin Péret a rejoint Barcelone, d'où il informe très fidèlement Breton de ce qui s'y passe. On pourrait s'étonner que celui-ci se réfère à une actualité tragique sans y prendre part lui même, sans mettre ses actes en accord avec ses pensées. Mais ce qu'il ne dit pas, ou plutôt ce que le texte de la lettre laisse entendre à demi-mot, c'est qu'il a seul la garde de sa fille, Aube, qui le rattache à la vie et à l'espoir de renouer le fil brisé de l'amour fou. En d'autres termes, l'enfant joue le rôle de la fée espérance, et, à ce titre, elle sert d'intercesseur pour tous les enfants à venir. Par ailleurs, il interviendra lors d'un meeting parisien, pour dire à Trostski que sa place n'est pas à Mexico mais à Barcelone !

Dans ce troisième récit suscité par l'amour, apparaît soudain (p. 110) le nom du résistant Pierre Brossolette, qui s'est jeté par la fenêtre pour ne pas parler sous la torture. On pourrait y voir un effet de collage, Breton empruntant une information à un journal canadien pour donner un nouvel exemple de la confiance qu'il a en la vie. C'est aussi l'indice que toute sa réflexion se nourrit des circonstances présentes. Ainsi oppose-t-il, en été 1944, Paris libéré par soi-même au Paris des grandes journées révolutionnaires (p. 81), reprenant ensuite l'opposition entre la Libération et la liberté :

> L'effort de libération ne coïncide que de manière partielle et fortuite avec la lutte pour la liberté. Une distinction très formelle entre ces deux termes s'impose aujourd'hui où d'aucuns s'apprêtent à tirer parti de leur confusion aux dépens de la liberté. L'idée de libération a contre elle qu'elle est une idée négative, qu'elle ne vaut que momentanément et par rapport à une spoliation de fait, bien définie, qu'il faut faire cesser. Toute idée de ce genre, non constructive par elle-même – on l'a bien vu avec l'antifascisme d'avant-guerre, rivé à l'ornière de l'opposition pure – est de médiocre portée. L'idée de liberté, au contraire, est une idée pleinement maîtresse d'elle-même, qui reflète une vue inconditionnelle de ce qui qualifie l'homme et prête seul un sens appréciable au devenir humain. La liberté n'est pas, comme la libération, la lutte contre la maladie, elle est la santé. La libération peut faire croire à un rétablissement de la santé alors qu'elle ne marque qu'une rémission de la maladie, que la disparition de son symptôme le plus manifeste, le plus alarmant. La liberté, elle, échappe à toute contingence. La liberté, non seulement comme idéal mais comme recréateur constant d'énergie, telle qu'elle a existé chez certains hommes et peut être donnée pour modèle à tous les hommes, doit exclure toute idée d'équilibre confortable et se concevoir comme éréthisme continuel. (p. 116-117)

C'est dire, une fois encore, que Breton ne conçoit pas une philosophie de l'histoire qui serait détachée du moment où elle sera connue et, encore plus, de l'instant même de sa formulation. Pour l'heure, de la côte de Gaspésie où il écrit, il ne peut que se réjouir de la libération de la France, mais il s'inquiète de l'avenir, craignant, à juste titre, le retour des causes initiales, qui produiront les mêmes effets.

POUR UN MYTHE NOUVEAU

Afin de se débarrasser définitivement de l'emprise du passé liberticide, Breton songe, dès avant la seconde guerre mondiale, (mais sa préoccupation est réactivée par les événements), à créer un nouveau mythe, susceptible de rassembler les forces de progrès, et de donner espoir aux générations nouvelles. C'est ce qu'un commentateur résumait ainsi dans un article de *Mélusine* :

> Le « nouveau mythe social » issu de l'œuvre des poètes, et que Breton a donné pour tâche au surréalisme de décrypter et de révéler pourrait bien, de fait, apparaître comme la modalité du « dépassement » de la littérature. Les pouvoirs de la parole poétique, niés par la religion et l'utopie platonicienne se verraient ainsi restaurés, et le poète, au retour de son long exil, reviendrait tenir dans la cité la fonction que lui avaient usurpée le prêtre et le philosophe[8].

Avec ce rappel du mythe, on ne s'éloigne pas du sujet, dans la mesure où il s'agit bien de la place de l'intellectuel, et plus particulièrement du poète, dans l'Histoire. Seulement, Breton est bien trop avisé pour croire qu'il parviendra à créer un mythe nouveau, à lui seul. Un mythe ne se décrète pas, il se constate.

Breton est encore à New York lorsqu'au cours d'entretiens avec Étiemble (dont j'ai trace par la correspondance que ce dernier m'a confiée), il amorce la problématique de ce sujet, à l'initiative du professeur. Au demeurant, il ne serait pas nécessaire de créer ce mythe de toutes pièces, puisqu'il existe déjà, à l'état embryonnaire, chez Rimbaud, Lautréamont, De Chirico et, en amont, chez Saint-Just ou encore plusieurs hérétiques auxquels il s'est intéressé à travers l'ouvrage d'Emmanuel Aegerter. Allant dans le même sens, certains propos de Valéry, en 1915, lui reviennent à l'esprit. Le thème émerge explicitement dans l'article « Vie légendaire de Max Ernst précédée d'une brève discussion sur le besoin d'un nouveau mythe » publié dans *View* en avril 1942. Il n'est plus possible, selon Breton, de laisser se perpétuer des signes dénués de tout contenu :

---

8 Marc-Ange Graff : « De l'ombre à la lumière. Approche de la conception bretonienne de l'histoire de la littérature », *Mélusine* n° XI, 1990, « Histoire-Historiographie », p. 113.

> Pourquoi se refuserait-on à chercher chez les poètes, chez les artistes d'aujourd'hui ce qu'on a toujours trouvé à distance chez leurs devanciers, pourquoi leur évolution ne traduirait-elle pas un langage chiffré mais déchiffrable de ce qui doit être, ce qui va être ?

Aussi faut-il se mettre à l'écoute de certains créateurs doués d'un pouvoir d'anticipation (ce que Tzara nommait en 1930, dans son Essai sur la situation de la poésie, la « poésie-connaissance ») préfigurant le monde à venir. Le mythe que Breton postule devra se calquer sur l'attitude de Max Ernst qui enseigne sept commandements.

Ces prémices, à propos d'un plasticien, se poursuivent dans une réflexion plus générale sur le surréalisme, « Prolégomènes à un troisième manifeste du surréalisme ou non », publiés dans la première livraison de *VVV*, en juin 1942. À la suite d'un bref intermède prophétique, Breton estime possible l'émergence de ce mythe recherché par les esprits les plus dissemblables qu'il côtoie, destiné à développer, en quelque sorte, une culture d'opposition. C'est alors que, prenant texte d'un ouvrage scientifique, signé par un ancien directeur de l'Institut Pasteur (garant, à ses yeux, du rationalisme), il avance l'hypothèse des « Grands Transparents », selon laquelle le monde serait hanté par des êtres invisibles, nos jumeaux biologiques, dominant notre comportement. Il a bien conscience d'énoncer là une hypothèse que même ses amis accueilleront avec scepticisme.

Cette pensée n'en nourrit pas moins *L'Ode à Charles Fourier*, qui n'est pas seulement un hommage à l'utopiste, mais encore s'ancre dans la réalité la plus tangible, pour la transmuer, en dégager le facteur d'espérance. Les théories fouriéristes s'y opposent à la condition humaine telle qu'elle est vécue *ici et maintenant* « en ces jours de disette et de marché noir », à contretemps du nationalisme et du patriotisme « sous l'anesthésique à toute épreuve des drapeaux ». Cependant, Breton ne reprend pas toute la théorie de l'harmonie universelle à son compte, corrigeant certains excès du philosophe « À commencer par la réparation d'honneur/ Due au peuple juif ». Il renverse la vapeur poétique pour affirmer que

> le vrai levier n'en demeure pas moins la croyance irraisonnée à l'acheminement vers un futur édénique et après tout c'est elle aussi le seul levain des générations ta jeunesse (Signe ascendant p. 113)

Ce n'est pas le lieu de recenser tous les mythes auxquels Breton a conservé sa croyance, ni les éléments mythologiques qu'il a cru devoir intégrer dans son œuvre. Encore moins de montrer comment le surréalisme s'est lui-même construit comme un mythe. Cela a déjà été fait, excellemment, par Annette Tamuly[9], de sorte que je ne saurais rien y ajouter, sous l'angle qui est ici le mien. Toutefois, j'insisterai sur le rejet permanent de ce que Breton nomme le mythe chrétien, à quoi, faisant suite à ses conversations avec Claude Lévi-Strauss, il oppose les données des mythes amérindiens, singulièrement dans *Arcane 17* :

> C'est ainsi que le vulgaire se tient pour satisfait d'apprendre que les cérémonies hopi, d'une exceptionnelle variété et qui nécessitent l'intervention du plus grand nombre d'êtres surnaturels que l'imagination ait pourvus d'un visage et d'attributs distincts, ont plus ou moins pour objet d'attirer toutes les protections sur les cultures de ces tribus indiennes, au premier rang desquelles figure celle du maïs. Pareillement celle que l'Égypte des pharaons a tenue pour la reine des cieux passe pour n'avoir joui, dans l'esprit de ceux qui l'honoraient, d'autre prérogative que de déchaîner les inondations du Nil, impatiemment attendues chaque année. Pour matérialiste qu'elle se donne, cette interprétation positive des mythes, qui ne veut tenir compte que de l'utilitaire immédiat et tend à les simplifier outrancièrement, n'en est pas moins insignifiante. Qui acceptera de penser que des constructions aussi élaborées se résolvent et plus ou moins s'épuisent à l'analyse dans le besoin de déification de la pluie et des autres principes fertilisants qu'appellent les terres arides ? Autrement entraînant et dignifiant pour l'esprit est d'adopter le point de vue des véritables mythographes qui fait valoir que la condition même de viabilité d'un mythe est de satisfaire à la fois à plusieurs sens, parmi lesquels on a voulu distinguer le sens poétique, le sens historique, le sens uranographique et le sens cosmologique. L'interprétation positive, dont je dénonce ici le caractère accaparant et intolérant, ne saurait passer que pour une des branches de l'interprétation historique générale, à elle seule déjà restrictive de l'interprétation ethnique qui part de la même souche. Sans pouvoir suivre dans la voie spiritualiste où ils s'engagent aucun des auteurs qui ont entrepris de rendre compte des mythes non de l'extérieur mais du dedans et sans pouvoir, par suite, accepter le détail de leur classification, je dois reconnaître que seule cette classification s'est montrée jusqu'ici assez large pour embrasser les divers modes d'invasion d'une doctrine religieuse et justifier de la foi persistante qui a pu être mise en elle. L'ésotérisme, toutes réserves faites sur son principe même, offre au moins l'immense intérêt de maintenir à l'état dynamique le système de comparaison, de champ illimité, dont dispose l'homme, qui lui livre les rapports susceptibles

9 Voir : Annette Tamuly, *Le Surréalisme et le mythe*, préface d'Henri Béhar, New York-Paris, Peter Lang, 1995, 286 p.

> de relier les objets en apparence les plus éloignés et lui découvre partiellement la mécanique du symbolisme universel. [...] Les grands poètes de ce dernier siècle l'ont admirablement compris, depuis Hugo dont viennent d'être révélées les attaches très étroites avec l'école de Fabre d'Olivet, en passant par Nerval, dont les sonnets fameux se réfèrent à Pythagore, à Swedenborg, par Baudelaire qui emprunte notoirement aux occultistes leur théorie des « correspondances », par Rimbaud dont, à l'apogée de son pouvoir créateur, on ne saurait trop souligner le caractère des lectures – il suffit de se reporter à la liste déjà publiée des ouvrages qu'il emprunte à la bibliothèque de Charleville – jusqu'à Apollinaire chez qui alternent l'influence de la Cabale juive et celle des romans du Cycle d'Arthur. N'en déplaise à quelques esprits qui ne savent jouir que de l'étale et du clair, en art ce contact n'a cessé et ne cessera de sitôt d'être gardé. Consciemment ou non, le processus de découverte artistique, s'il demeure étranger à l'ensemble de ses ambitions métaphysiques, n'en est pas moins inféodé à la forme et aux moyens de progression même de la haute magie.

Il conviendrait, ici, d'évoquer la légende de Mélusine, telle que Breton l'a réinterprétée dans *Arcane 17*, comme symbole de l'Histoire en cours, et de sa propre résurrection sentimentale. Poursuivant l'analyse du « mythe social nouveau », je m'en tiendrai à un seul exemple.

Peu de temps après son retour en France, et pour marquer la persistance du surréalisme, Breton organise, avec le concours lointain de Marcel Duchamp, une exposition à la Galerie Maeght, ayant pour but de réaffirmer la cohésion du groupe et de marquer le déplacement des aspirations surréalistes vers ce *mythe nouveau*. Les consignes qu'il donne à ses collaborateurs adoptent un processus initiatique, non comme une série d'épreuves, mais comme une amorce poétique ouvrant sur ce mythe postulé, auquel la collectivité aspirerait sans le savoir (HB 383). On imagine à quelles attaques ce genre de manifestation, d'ordre on ne peut plus ésotérique, pouvait donner lieu en cette époque où les cartes d'alimentation n'avaient pas encore disparu ! Injures si vives que Breton écrivit à Duchamp : « C'est merveilleux d'être autant méprisés *à notre âge* »

Quelles que fussent les précautions prises par les organisateurs pour éviter toute réduction à des formes archaïques de la pensée, quel que soit le pacte de grande envergure que Breton proposait aux visiteurs :

> Aider, dans toute la mesure du possible, à la libération sociale de l'homme, travailler sans répit au désencroûtement intégral des mœurs, refaire l'entendement humain

on ne peut s'empêcher de penser que la tactique adoptée, le lieu, les objets présentés étaient singulièrement en déphasage avec les préoccupations du moment.

***

On ne saurait limiter l'œuvre et la pensée de Breton aux quelques éléments privilégiés ici pour illustrer son attitude devant l'Histoire. D'autant plus qu'il n'a cessé d'intervenir après cette bien étrange exposition, ne serait-ce que pour défendre le mouvement des Citoyens du monde au comité directeur duquel il a appartenu, de même qu'il a contribué, avec Sartre et Camus, à fonder le RDR (Rassemblement Démocratique Révolutionnaire). Sa méfiance à l'égard des partis en est sortie renforcée, de sorte qu'il ne lui restait plus que la voie poétique pour tenter d'influer sur le devenir de l'humanité.

Breton le savait mieux que quiconque, il n'est au pouvoir de personne de créer un mythe. Du moins aura-t-il tenté d'en rassembler les éléments, les mythèmes, de façon à les rendre accessibles à tous, afin de proposer une alternative aux croyances dominantes, qui n'avaient que trop fait la preuve de leur échec. On me concédera que, sur le moment, Breton a perdu contre le détournement de sa pensée par le fascisme, sous sa forme noire (le nazisme) ou rouge (le stalinisme). Mais Qui peut nous assurer qu'il n'a pas gagné sur le long terme, parce qu'il aura su dire les aspirations collectives, redonner à la femme, à l'enfant, à tous les exclus, la place qui leur revient, « pour arroser d'étoiles le DEVENIR qui doit être le mieux-être humain » ?

ELEUTHERIA, LE CHAÎNON MANQUANT

Il faut tordre le cou à cette belle légende, forgée par Samuel Beckett lui-même, selon laquelle il aurait écrit sa première pièce de théâtre, *En attendant Godot*, pour se distraire des romans, vraiment trop déprimants, qu'il composait alors. L'écriture dramatique aurait été pour lui « une merveilleuse diversion libératrice[1] » En dépit de ses propres affirmations, il ne s'est pas tourné vers le théâtre pour se changer les idées, ni même parce que le dialogue dramatique serait plus facile à développer que la phrase romanesque. De cela, on peut être sûr, même si l'on ne dispose pas, à l'heure présente, de preuves irréfutables, parce que Beckett, on le sait, s'est livré, auparavant, à divers essais dramatiques, et parce que sa première pièce jouée révèle un dramaturge conséquent.

En effet, dès sa jeunesse, Beckett est plus qu'un amateur de théâtre. Il manifeste son goût, en tant que spectateur du moins, en fréquentant l'Abbey Theatre à Dublin, où il assiste à la représentation des œuvres de Sean O'Casey, de Pirandello, de W. B. Yeats, de J. M. Synge ; le Oueen's Theatre, où il est fasciné par le mélodrame et la farce. Plus tard, il fait partie de la « Drama League » et du « Dun Laoghaire Theatre Group », qui, en tant que clubs privés, ne sont pas soumis à la censure, et où il prend connaissance du théâtre européen, expressionniste notamment[2]. Il faut souligner que durant un premier voyage en Europe (1927-1928), il suit avec sa cousine les cours de Jacques-Dalcroze en son institut d'Hellerau. La méthode d'enseignement, *l'eurythmie*, est, on le sait, fondée sur l'idée que la communication entre le corps et le cerveau

1 Tel est le sous-titre du chapitre consacré à *Godot* par Deirdre Bair dans sa biographie, *Samuel Beckett*, trad. française par Léo Dilé, Paris, Fayard, 1990, 626 p. Il est fondé sur le témoignage de Beckett lui-même, s'adressant à Colin Duckworth, « The making of Godot » (1967).

2 Informations recueillies dans D. Bair, *Samuel Beckett*, *op. cit. passim.*

passe par le rythme[3]. Or, c'est bien l'harmonie, l'alternance de phrases et de pauses qui structure fondamentalement son théâtre. Ses biographes mentionnent certains des spectacles auxquels il assista à l'Odéon, alors qu'il faisait fonction de lecteur à l'École Normale supérieure (1928-1930), mais, faute certainement de témoignages écrits, ils ne nous disent rien des pièces d'avant-garde qu'il a pu voir dans des théâtres moins notoires, et moins conservateurs, ne serait-ce qu'en se rendant dans les salles du Cartel, ou au Vieux-Colombier. Il me plaît d'imaginer, par exemple, que, sur la recommandation de ses amis normaliens, il est allé voir, à la fin de l'année 1928, le quatrième spectacle du Théâtre Alfred-Jarry où Antonin Artaud, metteur en scène, donnait *Victor ou Les Enfants au pouvoir*, le « drame bourgeois » de Roger Vitrac, à la Comédie des Champs-Élysées.

Pure supposition de ma part ; mais rien n'empêche de croire qu'il en a entendu parler et qu'il en a lu le texte. Il convient de noter que Beckett fréquenta Nancy Cunard, l'amie des surréalistes, d'Aragon et de Tzara en particulier, à partir de la publication de *Whoroscope* (1930), son poème primé et imprimé par Hours' Press. En outre, il traduisit en anglais textes et poèmes du numéro spécial surréaliste de *This Quarter*, préparé par André Breton, paru en septembre 1932. Je sais bien qu'une telle activité lucrative ne vaut pas adhésion de sa part, mais il me semble qu'on ne peut mener à bien une telle tâche sans un minimum de compréhension[4]. J'en déduis que Beckett a pu avoir plus qu'une curiosité momentanée pour le surréalisme et les thèses sur le théâtre développées par Antonin Artaud, mises en œuvre par Roger Vitrac dans *Les Mystères de l'amour* et *Victor*, résumées dans la brochure *Le Théâtre Alfred-Jarry et l'hostilité publique*[5]. Par la suite, il a lu et médité *Le Théâtre et son double* d'Artaud (1938). Certes, ces mêmes biographes mentionnent l'espèce d'hostilité qui opposait l'entourage de Joyce et les surréalistes (à l'exception de Philippe Soupault, qui s'était séparé du mouvement dès 1927), à propos

3 Voir : James Knowlson, *Damned to Fame*, 1996, p. 84 *sq.*

4 Nuançons cependant : Breton écrit à Tristan Tzara le 20 septembre 1932 : « il paraît que les traductions de *This Quarter* sont effroyables. Péret, au téléphone, me dit que « Ma main dans la Bière » est devenu « Ma main dans le cercueil », que « scaphandrier » est traduit par « sapeur-pompier », etc. (*Correspondance avec Tristan Tzara*, Paris, Gallimard, 2017).

5 Cette brochure, rédigée par Vitrac et approuvée par Artaud se trouve dans les *Œuvres complètes* de ce dernier, t 11, p. 43 *sq.*

de révolution verbale, mais ils reconnaissent que Beckett appréciait l'atmosphère de fièvre expérimentale qui les entourait[6].

Quant à sa pratique de l'écriture dramatique, elle est bien antérieure à l'année 1948. Il faut tout d'abord écarter *Le Kid*, parodie du *Cid* donnée à son retour à Trinity College en 1931, dont son dernier biographe « autorisé » dit que les extraits ont été choisis par son collègue et ami Georges Pelorson[7], de sorte qu'on ne saurait y voir une première esquisse de la fatrasie de Lucky dans *Godot.*

En revanche, son premier essai dramatique de 1936, *Human Wishes*, même s'il se résume à dix feuillets manuscrits et, de fait, à quelques brèves répliques, mérite attention. Inspiré par le poème de Samuel Johnson « *The Vanity of Human wishes* », et surtout par l'existence de ce polygraphe du dix-huitième siècle, il met en scène trois commères (les trois Parques ?) et un chat, au moment où l'on enterre le bienfaiteur du Dr Johnson. Passe Levett, un pharmacien alcoolique, qui émet un hoquet si renversant qu'il manque en être projeté à terre. Les femmes s'en indignent, puis reprennent chacune leur occupation, commentant ce que devrait faire un véritable auteur dramatique. Première occurrence de l'effet T (pour « Théâtralité ») sur lequel je reviendrai[8], qui, d'emblée, nous rapproche de *Godot* ou de *Fin de partie.* Le dialogue se poursuit par des propos sur la mort, mais il tourne court. Beckett aurait interrompu sa pièce parce qu'il ne parvenait pas à trouver le ton pour ses personnages, parlant un jargon irlandais trop contrasté par rapport aux propos distingués du héros, s'exprimant de la façon que lui prête son ami Boswell. En outre, le dispositif envisagé aurait, selon lui, posé des problèmes pratiques insurmontables. Reste un usage du silence qu'il développera d'une manière conséquente par la suite.

Je m'arrêterai davantage sur *Eleutheria*, pièce composée directement en français en 1947, éditée désormais. Sous-titrée « drame bourgeois[9] » comme *Victor ou Les Enfants au pouvoir* de Vitrac, c'est plus qu'un essai

---

6 James Knowlson, *op. cit.* p 107. 7 – *ibid.* p. 123.

7 *Ibid.*, p. 123.

8 Sans aller plus avant dans la lecture de cet article, on peut s'informer de cet « effet T » dans Henri Béhar, *Littéruptures*, Lausanne, L'Age d'Homme, 1988, p. 22 *sq.*

9 Samuel Beckett, *Eleutheria*, Paris, Éditions de Minuit, 1995, 168 p. L'édition originale en français ne porte pas de mention de genre. Celle-ci se trouve sur le manuscrit conservé à l'université du Texas (*cf.* l'article de Dougald MacMillan, « Eleutheria le discours de la méthode inédit de Samuel Beckett », *Revue d'esthétique*, 1990, pp 101-109).

dramatique, en dépit de l'attitude ambivalente que son auteur adoptait à son endroit.

D'une part il était prêt à la faire monter par Jean Vilar ou la compagnie Grenier-Hussenot. Par sa construction, par ses options dramaturgiques et par son langage, elle témoigne, sinon d'une influence explicite du théâtre surréaliste, du moins d'une connaissance de ce théâtre telle qu'on peut, à bon droit, y voir le chaînon qui nous manquait pour retrouver le fil conduisant Beckett à la réussite aussi totale que soudaine de *Godot* et, plus généralement, pour rétablir la continuité menant du théâtre symboliste au Nouveau Théâtre, en passant par ce que j'ai nommé autrefois le théâtre Dada-surréaliste[10]. Non qu'en matière de théâtre il faille postuler une continuité absolue des œuvres, s'engendrant les unes les autres sans rupture ni solution de continuité, mais, tout bonnement, parce qu'en matière d'art et de création, pas plus que dans la nature, il n'y a de génération spontanée.

D'autre part, le contenu *d'Eleutheria*, tel que je le perçois aujourd'hui, laisse penser qu'il s'agit d'une mise en théâtre de la crise anorexique traversée par l'auteur après la mort de son père. Cet épisode intime serait si exactement référentiel qu'il aurait suscité une attitude de rejet, à tel point que, selon Jérôme Lindon son éditeur, Beckett aurait, peu de temps avant sa mort, refusé de jamais l'éditer, même à titre posthume.

Les études dramaturgiques distinguent habituellement la « dramaturgie interne », portant sur la Fable et le Personnage, de la « dramaturgie externe », qui concerne l'adaptation de l'œuvre aux conditions contemporaines de sa représentation. Une telle grille est mieux adaptée aux œuvres classiques, pour lesquelles elle a été conçue (à partir de la *Poétique* d'Aristote), qu'au Nouveau Théâtre et à ses prémices représentants. Je m'en servirai cependant, dans la mesure où elle souligne parfaitement les transformations que Beckett fait subir à ce genre, dans la foulée du théâtre d'avant-garde.

On distingue habituellement l'action, c'est-à-dire la matière de la pièce, de l'intrigue, agencement des événements, avec exposition, nœud et dénouement. Or, les œuvres de Beckett vont se caractériser par une

10 Voir Henri Béhar, *Le Théâtre Dada-surréaliste* (1966), Paris, Gallimard, 1979. 444 p. coll. Idées.

structure ouverte, en spirale (comme celle que Jarry a peinte sur la gidouille du Père Ubu, et qui résume l'architecture de ses pièces). Les commentateurs disent généralement que la structure d'*En attendant Godot* et Fin *de partie* forme un cercle. Ce n'est pas tout à fait exact puisque la fin ne reproduit pas le début à l'identique Non seulement un grand nombre d'épisodes discontinus sont intervenus entre-temps, sans aucune justification logique, mais encore il s'est produit un léger décalage tel que personne ne se retrouve à la même place qu'au début. « La fin est dans le commencement et cependant on continue. » observe Hamm dans *Fin de partie* (FP, 91) c'est grâce à cette petite déclinaison ou *clinamen*, cette variation irrationnelle, que l'action peut se répéter, indéfiniment.

Il en va de même dès *Eleutheria*, dont l'action peut se résumer à la revendication de sa liberté (d'où le titre, en grec) par le héros, Victor, qui se sépare de sa famille et finit par se coucher, au troisième acte, son « maigre dos tourné à l'humanité » (E, 167), après avoir quitté tous ses familiers et tout refusé ! L'autolyse proposée par un fort curieux médecin. À première vue, c'est une sorte d'Oblomov, le héros aboulique du roman de Gontcharov (1859), qui passe sa journée en robe de chambre, à recevoir des visiteurs, sans se décider à rien faire. Mais, tandis qu'on a pu voir dans ce roman une peinture de la société provinciale russe de l'époque, *Eleutheria* ne montre rien d'autre que le refus absolu du jeu social chez le jeune homme.

La progression dramatique est minime et ne résulte d'aucune opposition véritable entre les protagonistes, mais plutôt d'une série d'événements fortuits. Consciemment ou non, l'auteur se situe dans la filiation d'un théâtre de rupture, proche des *Mystères de l'amour* de Vitrac, de *Mouchoir de nuages* de Tzara, en construisant un espace-temps libéré des contraintes physiques habituelles. Ainsi, au second acte, Victor casse un carreau, le vitrier arrive aussitôt (E, 71), sans aucune transition. C'est un effet de temporalité immédiate, provenant ans doute du Douanier Rousseau, précisément utilisé par Tzara au premier acte de sa pièce[11]. Que l'on

11 Voir Tristan Tzara, *Œuvres complètes*. t. 1, p 308. Je suppose que cette contraction du temps a été inspirée à Tzara par *La Vengeance d'une orpheline russe*, pièce du Douanier Rousseau qu'il éditera en 1947, mais qu'il avait pu lire chez le détenteur du manuscrit, Robert Delaunay. Au demeurant, cette technique rappelle celle des "mansions" médiévales, mais dans un tout autre esprit.

m'entende bien : je ne prétends pas que Beckett a eu besoin de voir cette « tragédie ironique », ni de la lire, ni même de rencontrer l'ancien animateur de Dada pour introduire cette nouveauté dans sa dramaturgie, mais qu'il a repris à son usage personnel une idée qui, non seulement était dans l'air mais avait été mise en pratique avant lui.

Autre rupture dramaturgique et de taille ! celle qui concerne les personnages, à l'identité instable, selon le principe magistralement amorcé par Vitrac dans son sketch *Le Peintre* (1921) où un individu, qui se dit peintre, démontre au jeune Parchemin, par la pratique, que plusieurs personnes différentes peuvent porter le même nom, qu'une porte peinte en rouge peut être dite verte si tout le monde y consent, qu'en somme tout revient à savoir qui décide, en matière de langage[12].

On sait la question de l'identité des personnages posée par Ionesco dans *La Cantatrice chauve.* Mais on connaît moins la scène de *Victor ou Les Enfants au pouvoir* où Ida Mortemart se trouve soudain devant Mme Paumelle, son amie de trente ans, alors qu'elle cherchait simplement Mme Paumelle[13]… Beckett semble suivre la voie vitracienne avec ses personnages aux noms dérisoires et grossiers si on les traduit de l'anglais (Krap = crap = chier, Piouk = puke = vomir, Skunk = moufette). Réduits à leur seule apparence scénique, mus chacun par leur seul désir, et parfaitement contradictoires. Ainsi de ce Vitrier, venu on ne sait d'où, apparaissant au deuxième acte (contrairement à la convention théâtrale qui veut que tous les personnages important à l'action soient présentés avant la fin du premier acte), qui, délaissant son métier et la raison initiale de sa présence intervient dans le cours des choses en assommant l'homme venu enlever Victor de force (E, 78) Il orchestre les faits et gestes de Victor, met son grain de sel dans toutes les conversations et accouche, si je puis dire, chaque visiteur. Il somme Victor de s'expliquer :

> Vous expliquer, non, je ne dis pas, je me suis mal exprimé. Vous définir, voilà. Il est temps que vous vous définissiez un peu. Vous êtes là comme une sorte

12 Roger Vitrac, *Théâtre* 11, 1966, p. 161-163, et *Vitrac, théâtre ouvert sur le rêve* (1981), Lausanne, L'Age d'Homme. 1993. P. 54-55. Le problème est déjà posé par Lewis Carroll dans *Alice.* Bien entendu, la même problématique se retrouve chez Ionesco.

13 Voir : Roger Vitrac, *Victor ou Les Enfants au pouvoir,* in *Théâtre*, Paris, Gallimard, 1946, et l'analyse dans *Vitrac, théâtre ouvert sur le rêve*, *op. cit.*, p. 64-84.

> de… comment dire ça ? comme une sorte de suintement. Comme une sanie, voilà. Prenez un peu de contour, pour l'amour de Dieu. (E, 84)

Il révèle les marques de théâtralité (dont je traiterai ci-dessous) et, en fin de compte, apparaît comme le seul être raisonnable dans cette histoire de folie.

Quant au héros, Victor, il reste un problème pour tous, à tous points de vue, non résolu à la fin de la pièce. Il a fui le domicile familial depuis plus de deux ans, pour se réfugier dans un trou, Impasse de l'Enfant Jésus[14]. Au dire de sa mère, il fouille les poubelles dans les beaux quartiers, pour subsister. En public, elle refuse désormais d'entendre parler de « cette crapule » (E, 3 1) En fait, elle lui procure de l'argent en secret, et si elle disparaît brusquement au cours du premier acte, c'est pour le retrouver. Quant à son père, il semble se résigner à la situation créée par ce départ, au caprice de sa femme, Violette, qui entend conserver à chacun sa place de prédilection au domicile.

> Bientôt l'appartement sera plein de barbelés. (Pause) Il faut ajouter, à la décharge de Violette, qu'elle est restée un après-midi entier sous l'emprise de l'Exposition surréaliste. (Pause) Est-ce assez clair ? (E, 48)

Allusion probable au parcours initiatique de la seconde exposition internationale du surréalisme, qui s'est tenue à la galerie Maeght en juillet 1947. À la demande d'André Breton et en accord avec Marcel Duchamp, l'architecte viennois Frederick Kiesler en avait conçu les plans : une grotte toute blanche comme salle des superstitions, un billard dans la salle de la pluie, un labyrinthe, etc. À la grande colère de Tristan Tzara y voyant une référence déplacée aux camps de concentration, le même Kiesler s'était fait remarquer en proposant en 1943, pour le deuxième numéro de *VVV*, revue surréaliste publiée à New York, le « test du toucher jumeau » un morceau de grillage (pris pour un barbelé) encastré en quatrième page de couverture.

De fait, le père adopte une attitude dictée par le comportement de Victor.

> Étant donc dans l'impossibilité de vivre et répugnant au grand remède, par pudeur ou par lâcheté, ou parce que précisément il ne vit pas, que peut faire

14 À l'époque, Beckett habitait rue des Favorites, tout près de cette impasse, dont le nom lui plaisait particulièrement.

> l'homme pour éviter la démence, oh, bien discrète, bien effacée, qu'on lui a appris à redouter ? (Pause) Il peut faire semblant de vivre et que les autres vivent. C'est à cette solution, à cette ruse plutôt, que je me suis rallié ces derniers temps. (E, 57)

Au passage, nous apprenons que les parents se disputent constamment, qu'ils n'ont pas désiré cet enfant. Autant d'éléments qui font partie de l'étiologie classique de la maladie. Ainsi la personnalité psychiquement défaillante déteint sur toute la famille. Dans les actes suivants, Victor illustrera jusqu'au bout ce comportement morbide en rejetant tous ses familiers, y compris sa fiancée, s'approchant du néant en déclarant : « Il est temps que quelque chose soit tout simplement rien » (E, 85) Il cherche, si je puis dire, le degré zéro de l'existence, en réduisant au minimum toutes les nécessités vitales. La mort de son père, les pressions des uns et des autres ne le feront pas changer d'avis, même quand il sera sommé par un médecin bizarre de prendre une pilule mortelle ou de consentir à la vie. Et de conclure, provisoirement :

> Je renonce à être libre. On ne peut pas être libre. Je me suis trompé Je ne peux plus mener cette vie, je l'ai compris hier soir, en voyant mon père On ne peut pas se voir mort. C'est du théâtre. Je ne... (E 150)

Ce renoncement à ce qui fait le sujet même de la pièce, Victor le prononce devant le Spectateur, anonyme délégué de la foule, qu'on dirait droit venu des *Mystères de l'amour* de Vitrac. On allègue souvent, à ce propos, le jeu baroque du théâtre dans le théâtre, qui n'a rien de nouveau dans notre tradition dramatique, sans voir qu'il s'agit de tout autre chose. Au lieu de poursuivre « l'illusion comique », je veux dire le mirage théâtral, comme dans l'œuvre cornélienne du même titre, c'est le théâtre qui s'avoue théâtre, et rien d'autre. Que l'on dise « méta-théâtre » ou « théâtre dans le théâtre », c'est toujours un des constituants de ce que j'appelle l'effet T, cette manière, caractéristique du théâtre contemporain, de nous ramener constamment au théâtre, à sa matérialité même. Dans *Godot*, c'est Vladimir constatant, à l'arrivée de Pozzo et Lucky « Nous commencions à flancher. Voilà notre fin de soirée assurée. » (G, 10 9) Inutile, je pense, d'énumérer ici toutes les répliques d'*En attendant Godot* et de *Fin de partie* rappelant à qui l'aurait oublié que toute la représentation n'est que jeu théâtral. Le procédé est déjà présent dans *Eleutheria* avec le Spectateur[15] et le Vitrier qui, analysant l'action accomplie jusqu'alors déclare à Victor :

> Quant à vous, je n'ai plus rien à vous dire. J'ai vu des amateurs, mais jamais personne aussi mauvais que vous. Vous auriez à cœur de vous faire conspuer que vous ne sauriez mieux faire [...] (E, 88)

Plaisamment, tenant le discours de la sagesse populaire, il lui indique ce qu'il devrait faire, qu'on devrait trouver dans une pièce traditionnelle. Mais il n'oublie pas qu'il est lui-même un acteur, payé pour divertir le public. Ainsi, entendant quelqu'un monter, il bloque la porte de son épaule, puis la lâche brusquement, ce qui provoque inéluctablement une entrée tumultueuse de ceux qui poussaient de l'autre côté. Au docteur qui lui demande s'il est l'auteur de cette plaisanterie, il rétorque. « Faut bien amuser les badauds » (E, 96) Déjà, à la première apparition de ce personnage de médecin, M. Krap se demandait à quoi il allait servir « dans cette comédie » (E, 39)

Au dernier acte, le Vitrier joue à nouveau de cette confusion entre la fiction dramatique et la réalité théâtrale, pour en tirer une profondeur remarquable :

> VITRIER tombant à genoux, joignant les mains. – Monsieur ! Monsieur ! Je vous supplie ! Pitié, pitié pour ceux qui rampent dans les ténèbres. (Il prête l'oreille avec ostentation) Silence I On dirait l'espace de Pascal. (Il se lève avec découragement, époussette les genoux de son pantalon. Au spectateur) Vous voyez (Il réfléchit) Je m'en vais. Vous me remplacez, n'est-ce pas ? Auprès de lui, auprès (geste vers le public) d'eux. Merci d'avance. (E 137)

***

Ainsi, en vertu de l'effet T (qui, d'une certaine manière, n'est pas très éloigné de l'effet de distanciation cher à Brecht), sommes-nous constamment ramenés à l'espace et au temps même de la représentation. Le langage dramatique en est un constituant essentiel. M'en tenant au sujet exposé en introduction, je ne traiterai ici que des éléments qui, dans la lignée du théâtre Dada-surréaliste, marquent une rupture avec la tradition, par le système de décalages infligé au dialogue, par l'usage

15 Évidemment, on trouve un autre Spectateur dans Pas *moi*, et cette incarnation moderne du chœur n'est pas l'exclusivité de Vitrac, mais il y a là une parenté de ton unique.

du rêve, par la mise en cause radicale et définitive du langage comme moyen de communication.

On sait que dans le théâtre surréaliste (plus que dans tout autre genre), les interlocuteurs, dégagés des bienséances, poursuivent, en quelque sorte, un dialogue d'échos, ou encore « à côté », dont la signification subsume les propos effectivement tenus. Après avoir défini le surréalisme comme « dictée de la pensée, en l'absence de tout contrôle exercé par la raison, en dehors de toute préoccupation esthétique ou morale » dans le premier *Manifeste du surréalisme*, Breton écrit à ce sujet : « C'est encore au dialogue que les formes du langage surréaliste s'adaptent le mieux. Là, deux pensées s'affrontent, pendant que l'une se livre, l'autre s'occupe d'elle[...][16] »

Beckett est certainement moins attaché que Breton à la recherche d'une telle expression libre de la pensée. Cependant, il en connaît le principe, comme avec ce bref exemple, pris dans *Fin de partie* où les protagonistes répondent presque systématiquement par la négative à toute question posée, ce qui ne les empêche pas de poursuivre la conversation.

> NAGG. – Tu te rappelles
> NELL. – Non.
> NAGG. – L'accident de tandem où nous laissâmes nos guibolles
> Ils rient
> NELL. – C'était dans les Ardennes. (FP, 31)

Bien plus incohérente, la logorrhée de Lucky, dans *Godot*, articule quelques vérités sur la marche de l'homme au tombeau et le secours que peut lui apporter un Dieu personnel. Elle est précédée d'une tirade du même tonneau (quoique le fil conducteur soit plus précis et le personnage plus conscient de son discours), dans *Eleutheria*, présentée à la façon de Tabarin par le Dr Piouk

> Quelques impressions personnelles sur l'homme. Hem ! Tout en haut il y a les cheveux. C'est la fin, il ne va pas plus loin. Autre chose : son état lui répugne, plus ou moins. C'est trop et c'est trop peu. Mais il s'y résigne, car il porte en lui la résignation, celle de la nuit des temps, audacieuse ellipse ! (E, 159)

De même qu'on peut s'appeler Brun et être blond, le théâtre surréaliste, celui de Vitrac en particulier, met en évidence la discordance qu'il

16 André Breton, *Manifeste du surréalisme* (1924), Paris, Idées/Gallimard, 1967, p 48.

peut y avoir, couramment, entre les actes et les paroles d'un individu. Voici un exemple canonique, extrait des *Mystères de l'amour.* C'est un amoureux qui parle :

> Je t'ai toujours aimée (il la pince). Je t'aime encore (il la mord. Il faut me rendre cette justice (il lui tiraille les oreilles). Avais-je des sueurs froides (il lui crache au visage). Je te caressais les seins et les joues ? (il lui donne des coups de pied). Il n'y en avait que pour toi (il fait mine de l'étrangler). Tu es partie (il la secoue violemment). T'en ai-je voulu ? (Il lui donne des coups de poing). Je suis bon (il la jette à terre) Je t'ai déjà pardonné[17]

Quoique plus court, le trait est analogue dans *Eleutheria*, parsemé de contradictions ·

> Mlle SKUNK, avec amertume. – Il ne se tient plus de joie (E, 41)
> Dr PIOUK, découragé. – C'est un homme remarquable (42)

Il sera élevé à la puissance d'une effigie du théâtre nouveau avec la réplique finale de *Godot*, Estragon proclamant « Allons-y », et le rideau tombant sur les trimardeurs immobiles.

Avec le surréalisme, le théâtre s'est ouvert sur le rêve. Non que celui-ci fût absent des pièces antérieures, où il servait essentiellement à la prémonition. Désormais, le rêve intervient pour lui-même, comme partie intégrante de la vie, avec sa logique propre et surtout son langage mystérieux, laissé irrésolu. Vitrac a composé une pièce enchaînant les rêves de trois personnes, le traditionnel trio du théâtre bourgeois, dans *Entrée libre* (1922), restée inédite jusqu'en 1964, et elle n'a été montée qu'une fois depuis il est peu probable qu'elle ait pu être connue par d'autres dramaturges Je la signale comme un modèle du genre, dont les applications se trouvent dans *Les Mystères de l'amour* et bien d'autres pièces Beckett, quant à lui, ne semble guère s'être intéressé à l'architecture spécifique du rêve. Pourtant, l'acte III *d'Eleutheria* s'ouvre sur un cauchemar de Victor, retranscrit comme tel :

> VICTOR, dans son sommeil. – Non… non… trop haut… rochers… mon corps… papa… sois brave… brave petit… je suis brave… un brave petit… brave petit. (Silence. Il s'agite… Plus fort :) Brasse… profondeur

17 Roger Vitrac, *Théâtre II*, p. 21.

> cinq brasses… à marée haute… mer basse… profonde… profonde, onde profonde (Silence. Entre le vitrier. Il va vers le lit.) Là les yeux mille navires… les tours… circoncises… feu… feu… (Silence) (E, 119)

En dépit des réserves du Vitrier (qui, comme son métier l'indique, est en quête de transparence), ce discours incohérent est expliqué par le rêveur lui-même, quelques moments après :

> VICTOR. – Je rêvais à mon père il était…
> VITRIER. – Non, non, ne le dites pas, je déteste les histoires de rêves.
> VICTOR. – il était dans l'eau et moi j'étais sur le tremplin. C'était…
> VITRIER. – Ne le dites pas !
> VICTOR. – La mer était pleine de rochers. Il me disait de plonger.
> VITRIER. – De plonger ?
> VICTOR. – Moi, je ne voulais pas.
> VITRIER. – Et pourquoi ?
> VICTOR. – J'avais peur de me faire mal. J'avais peur des rochers. J'avais peur de me noyer, je ne savais pas nager.
> VITRIER. – Il vous aurait sauvé.
> VICTOR. – C'est ce qu'il me disait.
> VITRIER. – Vous plongiez quand même. Silence. (E, 153)

DU MANUSCRIT À LA PUBLICATION (AHMADOU KOUROUMA)

Un jeune Ivoirien présente une étude sur le manuscrit d'un écrivain ivoirien célèbre : jusqu'ici, rien d'étonnant, même quand l'auteur en question est sans doute le plus important de l'Afrique francophone.

Pourtant, à bien y réfléchir, tout est surprenant. Au moment où Jean-Francis Ekoungoun entreprit sa thèse (et je crois bien que c'est encore vrai aujourd'hui pour les autres auteurs du même domaine), rien de la proposition initiale n'allait de soi.

Il n'est guère d'usage qu'un auteur vivant mette son manuscrit à la disposition des chercheurs, débutants qui plus est.

À moins d'un legs explicite ou d'une disposition particulière, comme, par exemple, le dépôt de ses propres archives à l'IMEC (Institut Mémoire de l'édition contemporaine) en France, il n'y a pas d'institution publique ou privée dédiée à la conservation des manuscrits africains.

Enfin, à ma connaissance, il n'existait pas d'études génétiques sur la littérature africaine d'expression française, et il s'en est fallu de peu que nous ne passions à côté de cette grande première.

Parce qu'il se souvenait que j'avais autrefois, à l'université nationale de Côte d'Ivoire, il y a des lustres, donné quelques cours sur la génétique des textes et animé un séminaire entre enseignants sur la réécriture, Barthélémy Kotchy m'a demandé de partager avec lui la direction des recherches de l'un de ses plus brillants disciples. Or, celui-ci, venant en France, pensait s'attaquer à l'étude génétique d'un texte récent, de Marguerite Duras je crois bien. Il était loin de songer au héraut le plus manifeste de sa propre littérature nationale.

Je n'ai jamais pensé, pour ma part, qu'il fallait partager la nationalité d'un écrivain donné pour mener des études pertinentes à son sujet. J'ai même bataillé pour que la jeunesse ivoirienne s'empare de l'œuvre de Proust et qu'elle en fasse un auteur de prédilection. Mais il me semblait, justement à propos des *Soleils des indépendances*, qu'il convenait de baliser le terrain, si je puis dire, et de profiter de la présence de son auteur parmi nous pour l'interroger sur sa manière d'écrire et, s'il était possible, d'examiner l'un de ses manuscrits afin de jeter les fondations, justement, d'une étude génétique appliquée aux textes africains.

Chose rare dans la jeunesse, M. Ekoungoun a su m'écouter et, surtout, entrevoir tout le parti qu'il pouvait tirer d'une thèse qui porterait sur les origines inaperçues de l'œuvre d'Ahmadou Kourouma et sur ses transformations. Que risquait-il à s'adresser à son grand ainé ? au pire, une fin de non-recevoir, et un léger retard dans l'avancement de ses recherches. Au mieux, une invitation à le rencontrer, à prendre connaissance d'un ou plusieurs manuscrits.

Il entreprit la démarche. Le résultat fut au-delà de ses espérances. Il a raconté en détail dans sa thèse comment les choses se sont passées et comment, par malchance, Kourouma disparut au moment même où tous deux devaient s'entretenir de la fabrique du texte. Les curieux peuvent s'y reporter. L'essentiel, qu'il convient de souligner tant la chose est rare, est que l'illustre écrivain confia à son jeune frère, comme il disait, la photocopie de son premier roman.

Il ne fait pas de doute, à mes yeux, que, tout comme Victor Hugo léguant l'ensemble de ses manuscrits à la Bibliothèque nationale, ou Aragon transmettant ses papiers au CNRS, Kourouma avait entrevu le rôle capital que ses propres manuscrits devaient jouer pour l'étude de son œuvre. C'est aussi la raison qui conduisit ses ayant-droit à les déposer, le moment venu, à l'IMEC.

Si j'insiste sur un tel geste, s'accompagnant d'une grande confiance en la jeunesse, c'est qu'en règle générale les écrivains n'aiment pas trop que l'on regarde par-dessus leur épaule au moment où ils recherchent une adéquation parfaite entre leur pensée et leur écriture.

« La pensée se fait dans la bouche », affirmait Tristan Tzara, qui étendit cet aphorisme à la peinture et à la main. Aussi exacte soit-elle, la formule ne trouve pas son mode d'application immédiat, surtout dans le cadre d'un genre prédéfini tel que le roman. D'où les plans, les multiples avant-textes précédant la remise d'un manuscrit à un éditeur, puis les corrections, voire les transformations que celui-ci peut suggérer.

L'expérience montre que, sauf intervention externe, les auteurs ont une conscience suffisante de l'intérêt intrinsèque que représente leur travail avant l'édition pour en conserver pieusement les traces. Qu'en font-ils ?

Pour des raisons économiques faciles à comprendre, l'usage s'est répandu, depuis le XIXe siècle, de faire commerce des manuscrits. Ce sont, en majorité, des copies manuscrites auxquelles l'auteur impécunieux se livre pour flatter les goûts de tel ou tel mécène. Quelle que soit leur cote, d'autant plus élevée que les marchands prévoient une préemption par l'État, elles sont d'un intérêt tendant vers zéro pour les chercheurs. Pour eux, ce qui prévaut, ce sont les notes de travail, les brouillons, les mises au net plus ou moins transformées qui constituent le matériau sur lequel ils entendent se pencher, trop heureux quand leur est fournie la possibilité de parcourir toutes les étapes, toutes les transformations qui mènent de l'idée première, de l'illumination initiale, au BAT (Bon à tirer) porté par l'auteur sur les dernières épreuves.

Jean-Francis Ekoungoun a donc eu la chance insigne de recevoir de l'auteur lui-même le manuscrit intégral des *Soleils des indépendances*. À quelle étape du processus créateur se trouve-t-il ? Bien évidemment, le chercheur, doté d'une insatiable curiosité, souhaiterait avoir aussi les brouillons, les notes, les petits carnets à spirale sur lesquels Kourouma notait ses projets, ses pensées. Quant au lecteur, tout aussi curieux, il attend avec impatience une édition critique du roman, vraisemblablement établie par toute une équipe de chercheurs, qui ne saurait tarder. Pour l'heure, il fera son miel des analyses ici développées à partir du manuscrit.

Qu'il ne soit pas rebuté par la terminologie de l'analyse génétique. Autrefois, pour transcrire les différentes modifications du texte apparaissant sur un manuscrit, nos maîtres, nos amis, raffinaient sur les règles de transcription, précisant si tel mot rayé était remplacé par un mot figurant sur la même ligne, au-dessous ou au-dessous, au crayon ou à l'encre, etc. Tout ceci porte sens, incontestablement. Mais la révolution éditoriale introduite par le traitement de texte nous permet de figurer explicitement le mot rayé (rayure simple ou double), l'italique, le gras, et la position par rapport à la ligne, la marge, etc. Souvent, il est plus facile de reproduire la page en fac similé, parallèlement à son décryptage. De sorte qu'on peut se contenter désormais d'une transcription simplifiée, telle que M. Ekoungoun la pratique.

De même, habitué de longue date à scruter les manuscrits des poètes, j'en suis venu à l'idée que toutes les transformations des avant-textes se résument à trois opérations logiques : adjonction, suppression, transformation.

Stupeur ! le manuscrit des *Soleils des indépendances* est bien plus long que le texte finalement publié. On savait, tant par Georges-André Vachon que par Kourouma lui-même, que le manuscrit avait été retravaillé en vue de son édition à Montréal, l'éditeur québécois s'enthousiasmant pour l'ouvrage, tout en souhaitant quelques corrections, pour satisfaire au goût du public postulé. Mais on ne pensait pas les suppressions si nombreuses. Un quart du manuscrit, ce n'est pas peu ! Ahmadou Kourouma s'est prêté de bonne grâce à ces amputations, non sans en réserver la matière, qu'il réutilisera dans *En attendant le vote des bêtes sauvages*. Comme quoi la bonne littérature est à l'instar de la haute cuisine, l'art d'utiliser les restes !

On verra donc, par le détail, comment certains personnages ont été éliminés, comment certains passages ont été adaptés. Ce qui est remarquable, c'est que l'intervention de G.-A. Vachon n'est jamais perceptible. Aussi n'était-il que le conseiller discret, le lecteur et non un romancier soucieux d'imposer ses propres recettes. Certes, des raisons sociologiques et surtout politiques ont prévalu, en raison du contexte historique évoqué par M. Ekoungoun, et notamment les faux complots de 1963 montés par Houphouet-Boigny. Il ne faudrait pas les surévaluer au détriment du sentiment critique. Quasi contemporain de l'auteur qu'il venait de découvrir, bon connaisseur de l'esthétique littéraire moderne, Vachon avait, au moins intuitivement, le sens des attentes du public, dans le sens le plus général du terme. En l'occurrence, l'espace francophone. C'est bien lui qui a poussé l'auteur de ce qui se voulait « récit », et même, plus précisément, témoignage, à élaguer tout ce qui relevait du reportage pour se concentrer sur ce qui est devenu « roman », et quel ! Ce qui, au demeurant, n'exclut pas la valeur dénonciatrice de l'œuvre, mais la porte à un niveau universel.

En s'appuyant sur le manuscrit, en se référant au contexte historique, M. Ekoungoun redonne au texte toute son épaisseur factuelle. Il établit le terreau sur lequel le récit romanesque prend racine, en précisant les événements vécus dans sa chair par l'auteur comme par son héros. Il n'est pas indifférent que ce soit Kourouma, le diseur de vérité, qui ait ouvert la piste lui-même à son petit frère, associant ainsi, très concrètement, la recherche à la création.

À partir de quoi tous les espoirs sont permis. Grâce à M. Ekoungoun, nous savons que Kourouma conservait les dossiers préparatoires de la plupart de ses œuvres. Outre les perspectives sociogénétiques explorées ici-même, on peut rêver à d'autres études qui nous révéleraient comment l'auteur à forgé sa langue, au jour le jour et pas à pas, ce qui devait le mener à cette reviviscence de la langue française dont nous lui sommes tous reconnaissants.

LES HAUTS FONDS DU MONDE INTÉRIEUR

La collection Tristan Tzara à la bibliothèque littéraire Jacques Doucet

J'ai longtemps travaillé dans le bureau, plus exactement au bureau de Tristan Tzara, rue de Lille, peu après sa mort. C'est ainsi que je m'y suis pénétré de son univers mental, de ce qui avait pu cristalliser ses émotions au cours de sa vie.

Tout y était à portée de main. Les éditions originales de ses œuvres sagement rangées dans la vaste bibliothèque, il suffisait d'ouvrir un dossier pour y trouver, outre les manuscrits des poèmes, leurs tirés à part, les lettres soigneusement classées, les documents susceptibles de les éclairer. Me tournant vers la gauche, je pouvais admirer au mur la merveilleuse *Tête d'homme* cubiste de Picasso (1912), acquise par le poète à la deuxième vente Kahnweiler en novembre 1921 ; des dessins et gravures de Chirico, de Hans Arp, de Giacometti ; un pastel de Miró. Plus loin, les trois gravures aquarellées de Max Ernst, un air de leçon de choses, que Tzara avait acquises lors de la première exposition de l'artiste qu'il avait contribué à faire venir à Paris, Au Sans Pareil, et surtout ces raretés qu'étaient les assemblages de Kurt Schwitters, notamment un *Miroir collage* que je ne me lassais pas de décomposer, sans parler d'un lumineux Delaunay de 1913 et du *Paysage avec un château* du Douanier Rousseau. Et partout les fétiches d'Afrique et d'Océanie qu'il avait su reconnaître et situer dès 1917 : « Mon autre frère est naïf et bon et rit. Il mange en Afrique ou au long des îles océaniennes[1]. » De telle sorte qu'il était naturellement devenu un expert, non seulement de l'art africain, mais aussi des îles du Pacifique et même de l'art précolombien. Ici, je voudrais m'élever contre une opinion sottement répandue qui voudrait

1 Tristan Tzara, « Note sur l'art nègre », *Œuvres complètes*, t. I, Paris, Flammarion, 1975, p. 394.

opposer le dadaïsme attaché à l'art nègre en la personne de Tzara, au surréalisme prospecteur de l'art océanien par la volonté de Breton. Il n'est rien de plus faux. Témoin les magnifiques appuie-tête océaniens acquis auprès de Jacques Viot en 1928, le bouclier des îles Trobriand acheté à la vente Rupalley en 1930, la statuette de l'île de Pâques ramenée par Pierre Loti, et le paradoxal tambour en sablier du Détroit de Torrès qui sommait sa bibliothèque. Pour autant, je ne puis m'empêcher d'évoquer la pureté d'un masque Dan, ce qui devait immanquablement me conduire, aussitôt le pied mis en Côte d'Ivoire, à dépenser jusqu'au dernier franc CFA pour en acquérir un qui ne l'égalerait évidemment pas, et aussi cet impressionnant masque Guro-Bété qui allait me rendre à jamais hostile l'ouest du pays. Mais pour moi, la pièce maîtresse de la collection, la plus appropriée à Tzara, restera le masque Kwélé du Gabon, recouvert de kaolin, aux yeux fendus en oblique, si tristes.

Entendant les heures ponctuées, à travers la cour, par l'indicatif de Radio-Luxembourg, je n'imaginais pas, alors, qu'il me faudrait tant batailler pour reconstituer virtuellement un tel ensemble, ou du moins en retrouver trace pour établir les *Œuvres complètes* du poète, et surtout en indiquer la continuité, tant la peinture et la poésie faisaient sens commun dans sa pensée.

La dispersion des collections de l'appartement de la rue de Lille (succédant à l'avenue Junot), c'est un peu la même chose que celle du 42 rue Fontaine pour André Breton. Elle s'est effectuée en plusieurs étapes et n'a pas suscité d'émotion collective. Et pourtant ! Il s'y trouvait toute la mémoire de Dada, une bonne partie de celle du surréalisme et de l'avant-garde du XXe siècle. Avec elle s'affirmait l'unité d'une pensée, d'une œuvre et, si j'ose dire de l'homme dans son époque. À Sacha Pana qui lui proposait d'intituler « Poèmes d'avant Dada » un recueil de ses poésies roumaines, Tzara refusa de laisser « supposer une espèce de rupture dans ma personne poétique [...] due à quelque chose qui se serait passé en dehors de moi (le déchaînement d'une croyance similimystique, pour ainsi dire : dada) qui, à proprement parler, n'a jamais existé, car il y a eu continuité par à-coups plus ou moins violents et déterminants, si vous voulez, mais continuité et entre-pénétration quand même, liées au plus haut degré à une détermination latente[2]. »

2 Tristan Tzara, lettre à Sacha Pana, citée dans les *Œuvres complètes*, t. I, p. 632.

Pourtant, ce n'est pas faute d'avoir alerté les pouvoirs publics sur les dommages qui résulteraient d'un tel éparpillement. Approchée par la famille, qui souhaitait léguer l'ensemble de la collection pourvu que fût portée la mention « Fonds Tristan Tzara », la Bibliothèque Nationale refusa. Un temps, le Musée National d'Art Moderne (qui siégeait alors avenue du Président Wilson), en la personne de Bernard Dorival, assisté par Michel Hoog et fortement encouragé par Jean Cassou, s'y est intéressé au point d'acquérir des meubles à cette fin. Je ne sais pourquoi les négociations entre l'institution, le fisc et les ayants droit du poète échouèrent, sans doute pour la même raison qui, une trentaine d'années après, allait conduire à la vente publique de la collection Breton.

Au bilan, on segmenta en quatre groupes les biens laissés par Tzara. Ses livres et revues furent vendus par Kornfeld et Klipstein à Berne le 12 juin 1968[3]. Et c'est ainsi que le fonds Doucet reste dépourvu de la revue para-dadaïste *Das Bordell* (1921), qui intriguait tant François Chapon lorsque je vins pour la première fois explorer ses trésors en 1962, ou bien de *Stupid* et de la collection complète de *Creacion*, *Trossos*, *Grecia*, et de tant d'autres qui publièrent le poète en pré-originale. Grâce à un don anonyme[4] et à la générosité de son fils Christophe, ses manuscrits et sa correspondance entrèrent, à l'initiative de François Chapon, à la Bibliothèque Littéraire Jacques Doucet de 1967 à 1972, ce qui donne une idée de la quantité de travail nécessaire pour en inventorier le contenu[5]. Ses collections d'art primitif et de peintures modernes furent dispersées à Drouot sous le marteau de Me Guy Loudmer en novembre 1988, et une importante partie de sa bibliothèque quatre mois après[6].

Les archives de Tzara au Fonds Doucet remontent pratiquement aux temps de Dada à Paris puisque c'est en 1922, sur l'entremise d'Aragon et de Breton, que Jacques Doucet lui-même acquit le manuscrit des *Vingt-cinq Poèmes* accompagné d'une note, de trois poèmes inédits et

3 *Dokumentation – Bibliothek III, Teile der Bibliothek und sammlung Tristan Tzara Paris.* Auktion in Bern. Kornfeld und Klipstein, Bern, 1968, 70 p. + 10 p. de gravures.

4 Provenant de la femme d'un ancien ministre socialiste qui avait jadis rendu compte dans *Les Cahiers du Sud* de l'essai de Tzara sur la situation de la poésie, que je peux désormais nommer puisque cinquante ans ont passé : Pierre-Olivier Lapie (1901-1994).

5 L'inventaire définitif ayant été approuvé par toutes les parties le 7 novembre 1972.

6 Voir les catalogues correspondants, très précisément : *Tableaux modernes* le 20 novembre 1988, *Arts primitifs* le 24 novembre 1988, *De la bibliothèque de Tristan Tzara* le 4 mars 1989.

d'une lettre de l'auteur au collectionneur, lui expliquant la fabrique du recueil et surtout les circonstances historiques de son élaboration[7]. Le récit comporte quelque exagération, mais dans l'ensemble de précieuses informations que la postérité a pu authentifier. Plusieurs poèmes avaient été recopiés sur l'édition originale (voir[8] *OC* I, p. 641). Cependant, la conséquence la plus notable de cette acquisition fut la publication en 1946 des *Vingt-cinq et Un Poèmes*, le 26e où reparaissent explicitement les *Centuries* de Nostradamus, ayant été communiqué à l'éditeur par la Bibliothèque Doucet. L'ouvrage, illustré par Arp, fut donné à la bibliothèque par Tzara. On appréciera à sa juste mesure ce retour sur investissement !

Le fonds conserve les lettres ou billets adressés à Tzara par près de sept cents correspondants durant les cinquante années de son activité créatrice. Avant d'être distribué sous le nom de chaque scripteur, le fichier établi par la BLJD permettait de saisir d'un seul regard l'importance numérique de ses interlocuteurs. L'ayant relevé dès sa constitution, je suis en mesure d'en apprécier la quantité.

Parmi ceux qui lui ont écrit plus de quarante fois, je relève, dans l'ordre de fréquence décroissante, les noms des dadaïstes : Francis Picabia, Georges Ribemont-Dessaignes, Philippe Soupault, Walter Serner, Hans Arp, Hans Richter, Max Ernst ; et aussi de ceux qui furent ses compagnons durant la période surréaliste : Théodore Fraenkel, André Breton, René Char, et Joan Miró, qui lui fut très proche.

La tranche suivante (de 30 à 40 lettres) comporte surtout des avant-gardistes comme Kurt Schwitters, le créateur de Merz, plus dadaïste que Dada, Gabrielle Buffet, le Belge E.L.T. Mesens, l'espagnol Guillermo de Torre, le Hollandais Théo Van Doesburg, qui signait I. K. Bonset ses contributions à Dada.

Parmi ceux qui s'adressèrent à lui plus de vingt fois, on compte ses parents, sa femme Greta Knutson, mais aussi Paul Éluard, Pierre Reverdy, Marcel Arland, Sophie Taeuber-Arp, Raoul Hausmann, Richard Huelsenbeck, Man Ray, Pierre de Massot, et pour des raisons

7 Sur les circonstances de cette acquisition, voir : François Chapon, « La bibliothèque littéraire de Jacques Doucet », *Bulletin du bibliophile*, I, 1980, p. 78.

8 Je cite Tristan Tzara dans l'édition de ses *Œuvres complètes* publiées par mes soins en 6 volumes, de 1975 à 1991.

éditoriales, Georges Hugnet, Bernard Fay, Marcel Raval et le peintre Louis Marcoussis.

Lui envoyèrent plus d'une dizaine de lettres, outre Maya Chrusecz, sa compagne de Zurich, son compatriote Marcel Janco et Hugo Ball, le fondateur du Cabaret Voltaire, les Italiens Gino Cantarelli, Julius Evola, Francesco Meriano, Moscardelli, De Pisis, Marone, Prampolini, Raimondi, San Miniatelli ; les Allemands Baader, Walter Mehring, Ferdinand Hardekopf, Christian Schad, Schoenberner et Herwart Walden, l'animateur du *Sturm*, Christian Zervos celui des *Cahiers d'art* ; son cher ami René Crevel, Benjamin Péret, Aragon, et les éditeurs : Jane Heap, Léon Pierre-Quint du Sagittaire, Pierre Betz du *Point*, Wieland Mayr des *Feuilles libres*, les peintres et les poètes Sonia Delaunay, Naum Gabo, Yves Tanguy, Francis Gérard, Vicente Huidobron, Max Jacob, Émile Malespine, Sacha Pana, Clément Pansaers, Joë Bousquet, Jean Cassou, Pierre Robin, Mary Wigmann, Ilya Zdanevitch.

Pour donner une idée de la multiplicité et de la diversité de ses relations épistolaires, voici, dans l'ordre alphabétique, ceux qui lui envoyèrent plus de cinq billets : Apollinaire, Archipenko, Étienne de Beaumont, Pierre André Benoit, Bertelé, Caillois, Cocteau, Maria D'Arezzo, De Ridder, Decaunes, Delteil, Dietrich, Marcel Duchamp, Duthuit, Otto Flake, Pierre-Louis Flouquet, Benjamin Fondane, Giacometti, Goll, Roch Gray, Juan Gris, Paul Guillaume, Hein Bela, Illyes, Matthew Josephson, Kassak, Kiesler, Lacôte, Laporte, Lefebure, René Leibovitz, Michel Leiris, Jacques-Henry Levesque, Malkine, Marcenac, Alice Marcoussis, Henri Matisse, Montandon, Morhange, Moussinac, Neitzel, Parisot, Puel, Zdenko Reich, Jacques Rigaut, G.-H. Rivière, Sadoul, Salacrou, Salgues, Savinio, Segal, Van Hecke, Vigorelli, Vischer, Yamanaka.

Il faudrait aussi préciser les dates extrêmes de chaque relation, certaines brèves, d'autres s'étendant jusqu'à la fin de la vie du correspondant. Bien entendu, ce relevé ne saurait dire la valeur de chaque lettre au regard de l'œuvre ou pour l'histoire littéraire. Ayant pu en lire beaucoup, j'assure qu'une bonne quantité d'entre elles mériteraient la publication. En tout état de cause, elles sont indispensables pour étayer tout discours sur l'histoire des avant-gardes au XXe siècle, sur le rôle de Tristan Tzara au carrefour des poètes et des esthétiques (je pense à la thèse de Catherine

Dufour[9]) et, à plus forte raison, son aventure terrestre, témoin l'usage qui en est abondamment fait dans la biographie écrite par François Buot[10].

Une partie de cette correspondance fut publiée, avant son entrée à Doucet, par Michel Sanouillet en annexe à sa thèse sur *Dada à Paris*[11]. Tous les intéressés avaient donné leur accord, avec une libéralité exemplaire, et André Breton alla même jusqu'à lui confier copie des lettres qu'il possédait de Tzara. Il s'estimait satisfait de la publication, mais conçut un certain courroux des commentaires journalistiques et décida dès lors que la correspondance à lui adressée ne paraîtrait que cinquante ans après sa mort !

Par la suite, bien des chercheurs ont publié, en les commentant, diverses lettres désormais conservées dans ce fonds Tzara. J'en ai dressé la liste dans la bibliographie, au tome VI des *Œuvres complètes.* Il faudrait maintenant s'atteler à l'établissement d'une correspondance générale de Tzara, ce qui implique, bien entendu, de partir à la recherche du millier de lettres qu'il a lui-même adressées aux correspondants recensés dans ce fonds… L'entreprise serait titanesque, demandant la connaissance de plusieurs langues. Mais elle n'est pas inconcevable pour un laboratoire de chercheurs travaillant en équipe, du moins tel que je l'entends[12]. On voit d'ici ce qui en résulterait, ne serait-ce que pour la connaissance précise des rapports de production dans l'avant-garde européenne des années vingt !

Il y a peut-être dans ce goût de la collection quelque chose qui relève de la psychanalyse, comme l'a montré Paolo Scopelliti[13], mais, s'agissant

9 Catherine Dufour, *Le Cosmopolitisme littéraire de Tristan Tzara…*

10 François Buot, *Tristan Tzara, l'homme qui inventa la révolution Dada*, Paris, Bernard Grasset, 2002, 474 p.

11 Michel Sanouillet, *Dada à Paris*, Paris, Jean-Jacques Pauvert, 1965 : correspondances croisées Tzara-Breton et Tzara-Picabia, lettres à Tzara de Cliquennois, Dermée, Guillaume, Max Jacob, Reverdy, Soupault, Zayas.

12 Avec l'aide de G. Doca j'ai recopié et publié en la commentant la correspondance en roumain ou en français de Ion Vinea, Fondane, Costin, Pana, etc. dans « Les amis roumains de Tristan Tzara », *Manuscriptum*, (Bucarest), 1981, n° 2, p. 156-166, n° 3, p. 131-145, n° 4, p. 168-182 ; 1982, N° 1, p. 160-165, n° 2 p. 160-166. (Voir des extraits dans « Tristan Tzara phare de l'avant-garde roumaine », *Revue de littérature comparée*, vol. 57, janvier-mars 1984, p. 89-104. Voir aussi Georges Baal et Henri Béhar : « La correspondance entre les activistes hongrois et Tzara ; 1920-1932 *in Actes du Colloque sur les relations culturelles franco-hongroises des années 1920 à nos jours* organisé à Paris du 2 au 4 février 1989. *Cahiers d'Études hongroises*, n° 2, Paris, 1990, p. 117-133.

13 Paolo Scopelliti, « Tzara et Breton collectionneurs », *Mélusine* n° XVII, 1997, p. 219-232.

de ses propres écrits, une volonté de préserver l'épaisseur temporelle du texte, de marquer toutes les étapes par où celui-ci est passé, du brouillon au manuscrit proprement dit et aux placards d'épreuves pour en arriver à un certain état, celui de la publication, qui marque seulement un moment, capital, certes, mais toujours inachevé, de l'œuvre poétique.

Observons que, sans retourner le fer et le feu contre lui-même et procéder à la *tabula rasa* proclamée par Dada, Tzara aurait pu au moins abandonner à leur sort les différents états manuscrits de ses écrits pour ne conserver que la publication définitive. Il ne l'a pas fait, pour des raisons certes personnelles, mais aussi collectives : la génération à laquelle il appartenait avait une haute conscience des états préparatoires de l'œuvre et ne les jetait pas au panier, comme nous faisons virtuellement aujourd'hui dans nos ordinateurs. J'ai pu dire qu'en quelque sorte Tzara était, du côté des créateurs, le premier partisan de la textologie et de la génétique contemporaines, le second étant Aragon, léguant ses archives au CNRS[14]. On sait de reste à quel travail précurseur il s'est livré en publiant les épreuves d'*Alcools*, acquises par échange avec Sonia Delaunay, qui lui ont servi à établir son édition critique du recueil d'Apollinaire pour le Club du meilleur livre et l'ont conduit à des vues neuves sur le langage poétique (*OC* V).

À l'initiative de Paul Otchakowsky-Laurens et grâce aux choix éditoriaux d'Henri Flammarion, le parti fut pris de tout publier pour constituer les *Œuvres complètes* de Tristan Tzara, en suivant l'ordre chronologique d'apparition en public des 54 recueils parfois confidentiels, répartis chez plusieurs éditeurs, en se privant, malheureusement, des magnifiques illustrations d'Arp, Picasso, Matisse, Ernst, Miró, etc. Cette édition critique n'a pu s'accomplir qu'en exploitant les manuscrits du fonds qui venait d'entrer à la BLJD, soigneusement mis en ordre par Mlle Zacchi et Mme Prévost.

Dès la publication du premier volume, j'ai indiqué aux critiques feignant de s'étonner du soin apporté à la publication des textes poétiques spontanés de l'époque Dada, que cette édition devait tout à l'auteur lui-même, plus exactement à son souci de conserver tous les états de l'œuvre, en dépit des circonstances contraires, des déménagements, du

14 Voir Aragon, « D'un grand art nouveau : la recherche », collectif, Paris, Flammarion, 1979, p. 5-19. Ces archives sont désormais conservées au fonds Aragon-Triolet à Saint-Arnoult en Yvelines.

passage au garde-meubles. En somme, c'est bien Tristan Tzara qui, par le soin qu'il apportait matériellement à ces traces du texte, a construit son monument, ces *Œuvres complètes* auxquelles j'ai prêté la main comme un maçon ne fait que dresser l'édifice conçu sur plans par l'architecte.

En d'autres termes, ces documents accumulés prouvent que Tzara avait une conception personnelle de la spontanéité dadaïste, faite de corrections multiples, non pas sémantiques mais, la plupart du temps, pour des raisons phoniques. Ainsi, j'ai pu montrer, à travers les notes, qu'il avait conçu une véritable stratégie de la variante, relevant de la nécessité poétique et non d'un souci de perfection ni du besoin de mieux dire. Ce faisant, il nous conduisait à revivifier la méthode d'établissement du texte, dans d'autres perspectives. Au positivisme littéraire postulé par Lanson et ses disciples s'oppose désormais la matérialité du faire poétique.

J'ai tenté d'en rendre compte au plus près, sans pouvoir reproduire en trois dimensions le processus créateur. Le plus souvent, on passe d'une liste de mots, jetés sur une feuille volante ou encore au dos d'une enveloppe, à un brouillon sur une feuille pliée en quatre, puis à un texte manuscrit, constamment remanié, tant dans la première campagne d'écriture qu'à la lecture et sur les supports successifs, jusqu'aux épreuves finales. C'est ainsi que j'ai pu, au moment où je donnais le bon à tirer du tome III des *Œuvres complètes* tenir compte des épreuves corrigées de *Grains et issues*, dédicacées à René Char le 8 février 1935, agrégées au fonds Tzara en 1979.

De la même façon, j'ai pu montrer tout le travail de réécriture s'opérant par déplacement ou condensation puis par amplification ou, au contraire, réduction d'un récit de rêve, tel que l'homme à branches dans *Personnage d'insomnie.*

Il est à craindre que les notes de premier jet au crayon, et même l'écriture à la plume ne s'effacent avec le temps. C'est pourquoi je serais tenté d'inviter nos institutions à concevoir une banque de données qui, outre sa fonction de préservation, fournirait au lecteur, en fac-similé, l'image fidèle de chaque document, avec les innombrables croquis, de caractère automatique, accompagnant dans les marges la conception du poème.

Un corollaire de la collection est le catalogage, l'établissement de listes, constamment recommencées. C'est ainsi qu'à partir des différents recensements effectués par Tzara lui-même sur des chemises de papier fort, ornées de ses dessins si caractéristiquement automatiques, j'ai pu reconstituer un volume de ses critiques poétiques, *Les Écluses de la poésie*, et *Le Pouvoir des images*, regroupant ses écrits sur l'art. En somme, le recueil n'est jamais qu'une collection de textes éparpillés dans des revues. Mais Tzara avait déjà sacrifié à ce rite en constituant à trois reprises une anthologie poétique : dans la collection Poètes d'aujourd'hui (Seghers, 1952), *Morceaux choisis* (Bordas, 1947), *De la coupe aux lèvres* (Rome, 1961), et en établissant sa propre bibliographie (Berggruen, 1951).

Une telle conservation des vieux papiers, notamment de l'époque zurichoise, a permis de faire justice de la soi-disant poésie abstraite et de prétendus mots inventés : plus de 80 « poèmes nègres » (*OC* I) sont des transcriptions de chants africains et malgaches recueillis et publiés par des missionnaires.

De la même façon, j'ai pu montrer que *Mpala Garoo*, le livre de poèmes qui devait précéder *La Première Aventure céleste de M. Antipyrine*, existait bien, sous forme de placards, dans les archives du poète qui, s'il avait renoncé à les publier en réorientant sa poétique, n'avait pu se résoudre à les détruire. Il aurait plutôt eu tendance à les confier, ici et là, à divers solliciteurs. J'ai pu aussi reconstituer un fort beau « rêve expérimental » de sa période surréaliste, *Personnage d'insomnie* (*OC* III) ; l'ensemble du dossier concernant l'unique volume de la revue *Inquisitions*, dont l'intégralité de la réflexion de Tzara sur « Le poète dans la société[15] » ; mettre au jour l'édition critique des poésies de Villon préparée pour un Club du livre (*OC* VI, p. 533), et surtout l'interminable travail sur les anagrammes de Villon, intitulé *Le Secret de Villon* (*OC* VI), ouvrage pour le moins surprenant, susceptible de remettre en cause toutes les idées reçues tant sur le poète du *Testament* que sur celui de *L'Homme approximatif*. J'ai privilégié pour l'édition l'état dactylographié le plus achevé à mon sens, mais la place est largement ouverte à d'autres investigations de type génétique, textuel, herméneutique, etc.

Autres richesses de la BLJD, c'est la qualité et la quantité de tirages de tête des éditions originales, ses recueils de coupures de presse et, moins connu, son fonds iconographique.

15 Voir : *Du Surréalisme au Front populaire, Inquisitions*, fac-similé de la revue augmenté de documents inédits présentés par Henri Béhar, Paris, Éditions du CNRS, 1990.

Sur ce point, et sous la cote TZR 734, le fonds Tzara ne conserve pas moins de 140 photographies, tant de petit que de moyen et grand format, montrant Tzara à divers âges, en Roumanie puis en France, dans ses voyages au Tyrol, à Venise ou à Weimar, en compagnie des dadaïstes puis des surréalistes et de ses compagnons de la lutte antifasciste. Mais il y a aussi les photos d'Éluard, Dali, Crevel, Desnos, Man Ray, Buñuel, Reverdy seuls. L'ensemble constitue, on s'en doute, une documentation précieuse pour qui voudrait fixer les traits de ces créateurs durant les années vingt ou 30.

On connaissait déjà les recueils de coupures de presse de Picabia, amplement exploités dans la thèse de Michel Sanouillet déjà citée, auxquels j'avais puisé à mon tour dans une étude sur la réception de Dada[16]. Il faut désormais y ajouter ceux de Tzara, couvrant la période 1916-1933. Tzara était abonné à l'Argus Suisse puis à l'Argus de la presse en France. Il n'avait pas seulement demandé les coupures concernant sa propre personne, mais aussi tout ce qui mentionnait Dada puis le surréalisme. Le lecteur sera saisi par l'abondance des articles et surtout leur provenance de tous pays. C'est dire combien ces coupures sont utiles au chercheur pour cerner la réception dans la presse de l'un et l'autre mouvement, mais aussi pour fixer tel point de détail sur une manifestation, une exposition, une vente publique, l'accueil fait à certains livres, voire la publicité. Un simple exemple, la relation de l'exposition d'art « premier » organisée par Tzara au Théâtre Pigalle en 1930, et le scandale qu'elle suscita. L'inventaire systématique et thématique des recueils factices de Picabia et de Tzara a été publié par l'équipe de la BLJD dans *Mélusine*[17].

La bibliothèque possédait déjà un bon nombre de ces magnifiques recueils élaborés par Tzara avec ses amis peintres, achetés par Jacques Doucet : *La Première Aventure céleste de M. Antipyrine* illustrée par Marcel Janco, *25 Poèmes* ainsi que *Cinéma calendrier du cœur abstrait Maisons* illustrés par Arp. Par le don d'Yves Tanguy et de Kay Sage s'ajouta *Parler seul* travaillé avec Miró. C'est, à mon sens, le plus bel exemple de « dialogue par le livre » pour reprendre l'expression d'Yves Peyré, et ce

16 Henri Béhar, « Fallait-il fusiller Dada ? », *Les Nouveaux Cahiers*, n° 5, juin 1966.

17 Mihaela Bacou, Marilyne Leducq, Florence Palou, « Répertoire des recueils de coupures de presse Picabia-Tzara ». *Mélusine*, n° V, 1983, p. 313-344. Les 18 volumes de coupures de Tzara se trouvent à la cote TZR 861.

n'est pas un hasard si deux de ses pages ont servi d'affiche à l'exposition de la BLJD à la chapelle de la Sorbonne du 10 avril au 12 juillet 2002, et de couverture à son livre-catalogue[18], tant il est visible que s'y accordent les complexions du poète et du peintre.

L'émotion est grande de pouvoir tenir entre ses mains les trois petits volumes de *L'Antitête* dont chacun est illustré par Ernst, Tanguy, Miró. Tout en souscrivant à l'analyse du critique : « Ernst, Tanguy et Miró ont poussé en la circonstance l'art du dialogue à s'approfondir encore, pour chacun le livre fut une vraie gestation, le rendu et la palpitation de l'exact, les carnets préparatoires témoignent de l'ampleur du mûrissement, de l'invention constante qui se donne libre cours tout au long de la montée vers le livre[19] », pour ma part, je parlerais à ce propos de dialogue différé, puisque, si le poète a discuté avec chaque peintre en particulier, les poèmes servant de support à l'illustration sont bien antérieurs à la composition picturale.

À ces sommets artistiques sont venus s'ajouter ces dernières années les tirages de tête, sur papier Japon ou Hollande, avec parfois un double envoi de l'auteur, portant l'ex-libris de D.-H. Kahnweiler, légués par Michel Leiris : *À haute flamme* (Picasso), *La Première* (Janco) puis *La Deuxième Aventure céleste de M. Antipyrine* (Arp), *De Mémoire d'homme* (Picasso), *Entre temps* (Henri Laurens), *Mouchoir de nuages* (Juan Gris), *Parler seul* (Miró), *La Rose et le chien* (Picasso), *Sans coup férir* (Suzanne Léger), *Vingt-cinq Poèmes* (Arp). Et aussi *L'Homme approximatif*, exemplaire truffé provenant de la collection Breton, ou encore *L'Antitête* (Picasso), *L'Arbre des voyageurs* (Miró), *La Main passe* (Kandinsky) légués par l'épouse de Tzara, Greta Knutson.

Comme je l'ai indiqué, ces recueils originaux constituent la plus belle part du patrimoine de la BLJD, certainement la plus sollicitée pour des expositions, à laquelle les organisateurs ont nécessairement recours, comme il nous a fallu faire en 1981 pour le puissant exercice de typographie composé par Iliazd, le rarissime *Poésie de mots inconnus* (1949) lors de l'exposition sur le livre surréaliste à la BPI du Centre Georges Pompidou[20].

---

18 Yves Peyré, *Peinture et poésie. Le dialogue par le livre, 1874-2000*, Paris, Gallimard, 2001, 270 p.

19 Yves Peyré, *op. cit.*, p. 145.

20 Voir le catalogue de cette exposition dans *Mélusine*, n° IV, p. 337-380.

Ainsi le fonds Tzara est loin d'être méconnu des chercheurs et des amateurs. Pour qui le parcourt se dégage une autre image du poète que celle de « l'aventurier aux gestes fins » qu'il rêvait de devenir dans sa jeunesse, une autre idée de sa création poétique et de ses rapports avec la recherche universitaire : il a non seulement pratiqué l'érudition à la manière des médiévistes, mais encore il a pris soin de laisser aux futurs chercheurs la documentation nécessaire à leurs investigations.

On s'y fait une plus juste représentation de ses activités poétiques et de la part qu'il consacra dans sa vie à Dada, laquelle ne constitue qu'un sixième de son travail et de son temps.

Cela dit, il me semble toujours nécessaire de poursuivre le regroupement de sa collection, non pour reconstituer un illusoire « Haut Lieu du dadaïsme » ni un « Atelier Tristan Tzara » comme on a fait pour Brancusi, mais pour parachever la connaissance que nous avons du poète. Il faudrait y joindre les archives sonores, la parole et le geste. Car je crains fort que les enregistrements de sa voix, sa lecture de ses propres œuvres, sa participation aux émissions du Comité National des Écrivains sur la poésie, ne tendent à disparaître, si ce n'est déjà fait, en raison de la fragilité du support magnétique.

Comme les hauts-fonds marins, ces rochers qui affleurent à la surface de l'eau, le fonds Tzara de la BLJD constitue un fort massif, à l'image du monde intérieur de celui qui l'a secrété. Mais qu'on se rassure, s'il est loin d'avoir été totalement repéré sur nos portulans, il ne réserve aucun danger à qui s'aventurera à sa rencontre, sinon du plaisir.

AVENTURE ET DÉS[1]

à un moment où Dada n'a plus d'organe officiel, où *Littérature* a interrompu sa publication, ainsi que *391*, une petite revue, d'aspect très modeste, où vont figurer les noms de plusieurs collaborateurs habituels de ces trois publications, voit le jour.

Elle est animée par un groupe de jeunes qui n'ont pas pu rester insensibles à la Terreur exercée sur les intellectuels parisiens par le Mouvement Dada, de même, ils ne pourront s'empêcher de prendre parti dans la querelle qui opposera les esprits avancés au sujet du « Congrès pour la détermination des directives et la défense de l'Esprit Moderne » c'est à ce titre que leurs revues, *Aventure* puis *Dès*, fort rares, méritent une étude bibliographique et historique.

FICHE SIGNALÉTIQUE

AVENTURE

Revue mensuelle, paraissant le 10 du mois. Trois numéros seulement : novembre, décembre 1921, janvier 1922. Publiée à Paris, gérant de la publication : René Crevel, 6 rue de la Muette, Paris. Direction à la même adresse. Dépositaire général : Picart, 59 boulevard Saint-Michel (le numéro 3 signale un dépositaire à Bruxelles : Decherme, rue du Persil). Imprimée par la Société Générale d'Imprimerie et d'Édition, 71 rue de Rennes à Paris.

---

1 Ce travail a été conçu pour illustrer les travaux que l'Association pour l'étude de Dada et du surréalisme devait mener. Il a été publié dans les *Cahiers Dada Surréalisme*, n° 1, 1966, avant le reprint fourni par les éditions J.-M. Place, qui l'ignorèrent superbement. Je le redonne ici sans l'index et la table des matières.

Format : 22,5 x 14 cm, 32 pages pour les deux premiers numéros, 48 pages pour le troisième. Brochée, pas de tirage de luxe. Aucune indication de tirage (entre 500 et 1000 selon les auteurs interrogés).

Prix : 2 F ; abonnement aux douze fascicules annoncés : 20 F. Fondée par Crevel, Vitrac, Limbour, Arland, Morise, François et Jacques Baron, dirigée collégialement par les fondateurs.

à titre d'exemple, structure du numéro 2 : vingt et une pages de prose et de poésies, le reste étant partagé entre les chroniques (cinéma, musique, revue des livres ou des revues) et les illustrations.

Typographie de caractère classique, composée manuellement en mono gravure, textes en Didot corps 8 et 10, poésies en Elzévir italique corps 12. Titres en Plantin. Peu de variations orthographiques, sauf pour un poème de Tzara ou de Cliquennois, mais nullement comparables aux prouesses des publications dadaïstes, l'aspect linéaire de la composition étant ici toujours conservé.

Aucun manifeste, aucun éditorial ne laisse prévoir les tendances affirmées par la revue qui sollicitera les collaborations de Breton, Aragon et Tzara comme celles de Cocteau et de Morand.

DÉS

Revue succédant à *Aventure*, reprenant les mêmes caractéristiques, et annonçant la même périodicité, avec seulement un changement de direction.

Numéro unique, publié à Paris en avril 1922, 24 x 16 cm, 32 pages plus 4 pages non numérotées sur papier orange ; broché.

Directeur : Marcel Arland ; administration : André Dhôtel, Villa Andréa, Meudon-Val-Fleury. Représentant pour la Belgique : P. Flouquet. Imprimerie des éditions Médicales, 7 rue de Valois à Paris.

HISTORIQUE DES DEUX REVUES

Aventure est née dans une chambrée de militaires. C'est au peloton spécial des étudiants en Lettres et en Droit du 104e R. I, caserné à Latour-Maubourg que René Crevel, Roger Vitrac et François Baron lièrent une amitié forgée par le souci commun d'échapper aux obligations qu'ils jugeaient stériles de la discipline militaire. Attirés par l'alléchant programme des « Excursions et visites Dada », ils s'étaient rendus tous trois en leur tenue d'élèves-officiers, à la Manifestation Dada de Saint-Julien-le-Pauvre, le 14 avril 1921, en compagnie du jeune frère de François Baron, Jacques.

> [...] Interloqués et séduits par la détermination de ces jeunes hommes corrects de tirer à boulets rouges sur la fameuse clarté française et la logique cartésienne, nous fûmes totalement conquis [affirme François Baron] lorsque ces garçons, qui venaient d'insulter, avec une violence sérieuse, ce que chacun, à cette époque, tenait pour sacré, nous accueillirent avec courtoisie[2].

Vitrac, Jacques Baron et Aragon allèrent s'abriter de la pluie et célébrer cette joyeuse rencontre à la Taverne du Palais. Ils y parlèrent de leurs activités respectives et c'est là que naquit chez Vitrac l'idée de lancer une nouvelle revue à laquelle, aux dires du témoin Jacques Baron, Aragon promit « *Air du Temps* », ce poème où il exprime sa lassitude du monde. Cette manifestation Dada, les échanges d'idées qui s'ensuivirent avec des poètes déjà célèbres par leurs scandales furent à l'origine de la naissance d'*Aventure* dont le titre « le plus beau de tous » selon René Crevel[3], était dû à Vitrac.

> Dès ce soir-là, il nous arriva souvent, allongés sur nos lits, d'écouter Roger nous lire de sa belle voix chantante Les Champs magnétiques de Breton et Soupault ou les poèmes d'Aragon dans Feu de joie. Puis Roger et René nous soumirent les leurs ; Jean-François [François Baron] lisant parfois ceux, étonnants, de son très jeune frère [Jacques]. Attirés par la faible et précieuse lueur que nous encerclions, un, puis deux camarades nous proposèrent leurs essais. Des poètes plus connus répondirent à nos lettres et, un beau jour, René, sans peur et sans reproches, fonda une revue qui s'appela *Aventure*, tint contre vents et marées la durée de quatre numéros et de multiples promesses[4].

Il faut nuancer cette dernière phrase : Crevel ne fut pas le seul créateur d'*Aventure*, et la revue n'eut que trois numéros et non quatre, à moins de considérer *Dés* comme le dernier numéro d'une même série, problème sur lequel nous reviendrons bientôt. Le comité de rédaction d'*Aventure*

2 François Baron, *Les Frontières du Bonheur*, Paris, Gallimard, 1954, p. 70.

3 René Crevel, « Chronique : « *Les Mystères de l'Amour* », *Les Feuilles libres*, n° 40, mai-juin 1925, p. 282.

4 François Baron, *op. cit.*, p. 71.

(il n'y avait pas de directeur) était formé d'amis de même condition militaire, à l'exception de Jacques Baron, encore lycéen. Il y avait là Crevel, Vitrac, les deux Baron, Max Morise, Georges Limbour, Henri Cliquennois (qui s'était aussi trouvé à l'origine de *Littérature*), Marcel Arland, André Dhôtel, qui s'étaient cotisés pour apporter le financement, relativement modique, nécessaire à la publication de leur revue.

Si nous ne connaissons pas les intentions des promoteurs d'une telle expérience collective, du mois savons-nous, par une autre publication mensuelle, comment ils se définissaient. Notre meilleure source est en effet, *L'Université de Paris*, revue publiée par l'Association générale des étudiants de Paris. Depuis le mois de janvier 1921, Marcel Arland y avait la responsabilité des pages littéraires qui, auparavant indigentes, avaient enflé avec la participation occasionnelle de littérateurs biens connus : Blaise Cendrars, Eugène Montfort, François Mauriac, ou de leurs jeunes confrères qui allaient se trouver à l'origine *d'Aventure* : Morise, Crevel, Cliquennois, Limbour, Vitrac et Arland lui-même. Le cadre était tout à fait indiqué pour annoncer

> au public universitaire la mise en vente d'une revue sœur, spécialisée en littérature, ce qui fut fait dans le numéro du 25 octobre 1921. On y apprenait qu'Aventure « une nouvelle revue d'avant-garde » allait paraître le 10 novembre ; qu'elle réunissait les collaborations de Pierre Mac Orlan, Louis Aragon, etc. Y compris Giraudoux et Paul Morand dont on cherchera vainement la signature dans le premier numéro.

Dès l'abord, ses rédacteurs dressaient une nette séparation entre Dada et eux, en prônant un modernisme fort clairement réfuté par Tzara auparavant :

> Cette revue, qui n'a d'ailleurs pas partie liée avec le Mouvement Dada, cherche à représenter et à exprimer les tendances les plus modernes de la nouvelle littérature française[5].

5 Anonyme, *L'Université de Paris*, n° 235, 25 octobre 1921 p. 4. Sur la position prise par *Aventure* à l'égard de Dada, nous trouvons quelques indices complémentaires dans le numéro du 25 décembre 1921, p. 11 de la même publication. Un compte rendu signé M. A. [Arland], évoque les articles d'Orion dans *l'Action française* des 12 et 13 décembre. Le 13 décembre, Orion reprochait à Aventure d'être une revue Dada. *« En quoi il se trompe* – répondit Arland. *Dada fut un mouvement très amusant, un peu bruyant, fort utile au demeurant. Il en reste quelques écrivains de valeur. J'ai relu* l'Anicet *de Louis Aragon. D'une manière générale je ne l'aime pas. Mais j'en estime la grande originalité [suivent quelques lignes*

Ils ajoutaient en outre que le titre avait été choisi pour le lyrisme et l'attrait du mystère qu'il exprime.

Pour expliquer cette conjonction arbitraire de jeunes talents, Marcel Arland devait affirmer, dans le numéro suivant de *L'Université de Paris :*

> [les auteurs] seraient reconnaissants à qui leur indiquerait un but, une doctrine à faire triompher, une voie nouvelle à frayer, un scandale à exploiter. Ils sont jeunes et plein de bonne volonté. Ils feront tout ce qu'on leur demandera pour être célèbres. S'ils le deviennent, c'est qu'ils ont de la valeur. S'ils restent ignorés, c'est qu'ils sont trop au-dessus de la foule[6]...

Le ton ironique de Marcel Arland montre bien que refusant de prendre parti pour Dada, ces Jeunes gens n'avaient aucune volonté commune si ce n'est celle de se faire connaître, et qu'ils n'avaient pas l'intention de renoncer à l'hermétisme qui les caractérisait individuellement, au prix de cette notoriété tant recherchée. Il serait donc abusif de penser que, née d'une étincelle Dada, *Aventure* portait en elle la charge électrisante du Mouvement, qui en était alors à son déclin. Le ton général du premier numéro est bien timide et ne fait nullement état de la désorganisation qui s'était emparée d'autres revues après la publication du *Bulletin Dada* à Paris. Ici, chacun fait des grammes pour soi-même. Malgré une phrase trompeuse de Mac Orlan qui, en présentant ses réflexions sur le contenu supposé par le titre déclarait : « *l'aventure est à l'Est* », rien ne reflète les lueurs d'incendie répandues par la révolution soviétique. On se laisse prendre par le ton émouvant d'Aragon, par la fantaisie de Cliquennois, par l'humour du « *Bilboquet* » de Jacques Baron, plus encore par la profonde pureté des vers de Limbour, par l'amoralisme des textes de Vitrac et d'Arland dont la prose soignée, élégante et claire, allait attirer l'attention des messieurs de la *N.R.F.*

L'esprit Dada perçait tout de même dans une enquête sur la faillite de l'humour, initiative collective (présentée par René Crevel) qui avait permis d'inscrire au sommaire certains noms alléchants pour la jeunesse

---

sur Les Champs Magnétiques, *sur Tzara qui a* "autre chose que son monocle et son fin visage."] *Mais de la sympathie que la groupe Aventure peut avoir pour le dadaïsme, il serait puéril de conclure qu'il a adhéré à ce mouvement. Il convient d'aller toujours de l'avant et de ne rien recommencer* ». Cette opinion préfigure celle que le même Arland développera quelques années plus tard dans son article sur Dada : « Sur un nouveau mal du siècle », *N.R.F.*, février 1924, p. 149-158.

6 M. Arland, dans *L'Université de Paris*, n° 236, 25 nov. 1921, p. 12.

du quartier latin, tels que Valéry, Tzara, Jean Paulhan, Max Jacob. P. Dermée et Blaise Cendrars.

Le second numéro nous intéresse mois par sa composition, assez peu homogène, que par l'aventure personnelle poursuivie par chacun des membres du noyau constitutif, auxquels s'étaient joints Jean Cocteau et Paul Morand. Le modernisme de chaque pièce y est évident, à l'exception d'une Poésie d'André Dhôtel, fidèle à l'ordre grec et de style vieillot, mais les plus personnels sont René Crevel et surtout Max Morise qui semble refuser la littérature pour exprimer sa négation des émotions et un goût certain pour la puissance physique, à l'opposé de toute sentimentalité. On y remarque aussi une rêverie de Roger Vitrac sur un film de Jean Epstein. Il propose la création d'un cinéma neuf, où le personnage serait absent de l'écran, où *l'œil* de la caméra se substituerait à celui du spectateur, en quelque sorte selon une technique qui nous est devenue familière du cinéma-vérité. Pour lui, le cinéma serait alors *« un moyen de changer de peau »* qui atteindrait au plus haut lyrisme intérieur.

Le troisième numéro, parfaitement équilibré, proposait une alternative véritable au dadaïsme, tout en faisant une large place à Tristan Tzara qui, avec un long poème de 1914, « Réalités cosmiques vanille tabac éveil », montrait ce que le Symbolisme pouvait devenir lorsqu'il était modulé par un vrai poète.

De même la belle prose de Georges Limbour, « L'Enfant polaire », autorisait tous les espoirs placés dans cette revue qui donnait un sens véritable au mot « avant-garde ». Malgré la valeur des poèmes de Breton, de Baron se donnant des airs de Rimbaud, malgré la fantaisie de Cliquennois et les facéties de Max Morise qui, sous le titre « *Alternative* » alignait, sur deux colonnes, deux séries de mots sans rapport, la partie capitale de ce troisième numéro était « Le Peintre », farce en un acte de Roger Vitrac, d'une cocasserie délirante, qui ébranlait les fondements du vaudeville en ayant recours à ses ficelles habituelles, et qui annonçait déjà la révolte des enfants avant qu'ils ne vinssent au pouvoir avec *Victor.*

Sentant bien les faiblesses du numéro 2, éprouvant le besoin de se démarquer de toutes les autres publications similaires, les dirigeants *d'Aventure* firent publier par l'*Ère nouvelle* du 3 janvier et *L'Université de Paris* le communiqué suivant, rédigé par Marcel Arland, modifié par Vitrac et Cliquennois, qui le signèrent :

> Quelques jeunes gens ont été réunis par une même façon de sentir la vie moderne et cependant éternelle, et par de communes dispositions d'esprit. Ils ont considéré que les revues les plus estimées n'étaient guère aujourd'hui que des anthologies, des apologies ou des entreprises commerciales.
> De la conception d'une revue où les jeunes gens libres écrivent avec leurs nerfs, leur sexe ou ce qu'ils ont d'un peu marquant est née *Aventure*.
> *Aventure* n'est pas une école. Nulle individualité ne s'y sacrifie en vue d'un unique but : le bruit. [...][7]

Pour finir, ils revendiquaient un immoralisme résolu, et, comme seule déesse, l'inquiétude. Désabusés, ils constataient qu'ils s'étaient trompés en publiant trois numéros d'Aventure, mais ne désespéraient pas de se tromper encore. Inquiétude, immoralisme, on voit ici l'influence occulte de Gide, à propos duquel Arland déclarait dans le numéro 2 *d'Aventure* : « [...] qu'on le veuille ou non, André Gide est le premier écrivain d'aujourd'hui. Son influence, qui commence seulement, est considérable. » À d'autres accents, où l'on reconnaît la touche de Vitrac, on comprend que l'antagonisme était latent entre les deux codirecteurs à figure de chef. Au reste, l'opposition n'allait pas tarder à se déclarer dans le compte rendu qu'Arland consacra au troisième numéro *d'Aventure*, dans L'Université de Paris du 25 février 1922 ; il y séparait le bon grain (Crevel, Cliquennois, Limbour) de l'ivraie (Tzara auteur d'un « mauvais poème », Breton et ses « prétentions », Vitrac et sa « farce diffuse, confuse et médiocre », Morise avec « ses deux colonnes de substantifs : la plaisanterie n'est pas amusante »). Il apparaît qu'Arland se ressentait de la lettre du 18 décembre 1921 signée Soupault, Breton, Éluard, Aragon, Tzara, etc.

> Nous sommes décidés à ne plus laisser passer aucune ordure dans le genre de la lettre de M. Fels et de vos divers articles sur M. André Gide et consorts.

qu'il avait dû se résigner à publier dans *L'Université de Paris* du 25 février. On a l'impression que, saisissant n'importe quel prétexte (quelques

---

7 *L'Université de Paris*, 25 janvier 1922, p. 8. La paternité de ce texte nous a été confirmée par Marcel Arland, lettre du 4 janvier 1965. Toutefois ce communiqué ne laisse pas d'être énigmatique. Ses auteurs déclaraient *« Nous avons publié trois numéros »*, or il semble bien dater de l'époque d'union relative du groupe, avant la publication du numéro 3. Il faut croire que, rédigé par Arland à la suite du numéro de décembre, et soumis à Vitrac et Cliquennois, ceux-ci en ont fait retarder la parution et y ont ajouté une précision relative à la troisième livraison, ce qui expliquerait le passage du « je » *(« j'emploie ces termes », « j'ai dit »*, etc.) au « nous ».

lignes extraites de comptes rendus de lecture) les dadaïstes voulaient couper les ponts avec Arland, comme ils l'avaient fait avec Cocteau. Il faut songer aussi que le tempérament d'Arland, fortement imprégné de classicisme, son goût du sérieux, sa quête morale, ne pouvaient que le séparer de Dada et de certains membres *d'Aventure*, tel Vitrac.

Comme l'affirme Crevel[8], après avoir publié « Le Peintre », *Aventure* n'avait plus rien à dire et devait donc disparaître. Toutefois les dirigeants avaient prévu, pour le numéro 4, d'exprimer chacun à leur manière leur vision du monde. Vitrac, pour qui le monde se réduisait singulièrement aux dimensions du corps féminin, voulut faire reproduire une photographie de nu sur papier glacé. Dans l'impossibilité de réunir les fonds nécessaires à l'insertion d'une page luxueuse, on dut renoncer à ce numéro spécial, ainsi qu'à tout autre, et chacun s'en fut de son côté. Cette charmante anecdote, que nous devons à André Dhôtel, esquive les causes réelles d'une rupture qui devait amener la faillite *d'Aventure* et sa reconversion en *Dés*, et qui était due, essentiellement, aux querelles provoquées par le Congrès de Paris.

À l'invitation d'André Breton, le comité de rédaction *d'Aventure* avait désigné Vitrac comme son représentant, avec le titre de Directeur de la revue, au Comité organisateur du Congrès de Paris, en janvier 1922. Le jeune homme devait, sans défection aucune, y soutenir toutes les positions d'André Breton, et il se proposa même de reprendre *Aventure* à son propre compte, par un coup de force dont témoigne un entrefilet anonyme du *Cœur à barbe*[9] où Vitrac, désigné par la seule initiale de son nom, est accusé d'avoir voulu mettre la revue sous la tutelle de Picabia, sui, comme le démontre M. Sanouillet dans son étude *Dada à Paris* (p. 337), s'était rallié à André Breton. Le dossier du Congrés de Paris, conservé à la Bibliothèque Nationale, contient d'ailleurs un certain nombre de lettres de Breton et de Picabia qui certifient la réalité de cette entreprise, Picabia ayant même adressé un article pour *Aventure* qui ne parut pas, le projet de Vitrac ayant échoué[10]. Des bulletins d'abonnement mentionnant Vitrac comme directeur de la publication

8 René Crevel, « Chronique », *Les Mystères de l'Amour*, c. r. cité.

9 *Cf. Le Cœur à barbe*, 1er avril 1922, p. 8.

10 *Cf.* Dossier du Congrès de Paris, B.N. cote N af 14 316, lettres de Breton à Picabia du 15 fév. Et du 13 mars 1922, de Picabia à Breton du 17 fév. 1922, reproduites in : M. Sanouillet, *Dada à Paris*, Pauvert, 1965, p. 515, 516, 517 ; voir aussi : André Breton *Correspondance avec Tristan Tzara et Francis Picabia*, Paris, Gallimard, 2017, 246 p.

furent imprimés, ils annonçaient les collaborations de Louis Aragon, Jacques Baron, André Breton, Christian, René Crevel, André Dhôtel, Marcel Duchamp, Matthew Josephson, Georges Limbour, Pierre de Massot, Max Morise, Francis Picabia et Vitrac.

Marcel Arland qui refusa de se soumettre, décida de reprendre la formule *d'Aventure*, et fît paraître la revue *Dés*, qui n'eut qu'un seul numéro, en avril 1922. Sa position ne lui fut pas seulement dictée par une défiance à l'égard de Vitrac, mais pas un engagement réel aux côtés de Tzara, en faveur de qui il appuya la résolution du 17 février par laquelle les signataires réprouvaient les termes considérés comme injurieux de Breton qualifiant Tzara d'*« imposteur avide de réclame »* et retiraient leur confiance au Comité organisateur du Congrès. Arland fit une place dans sa nouvelle revue à Tzara et à Ribemont-Dessaignes dont il publia respectivement un extrait de « Monsieur Aa l'antiphilosophe » et « Définitions ». Ainsi donc, tandis que *Littérature* avait cessé de paraître depuis mai 1921, Breton cherchait à attirer *Aventure* de son côté ; parallèlement Tzara, qui n'avait plus d'organe où s'exprimer, fondait le très éphémère *Cœur à barbe* et appuyait la création de *Dés*, qui lui aurait été dévouée. C'est ce qu'Aragon appelait la *« politique de Tzara*[11] *»*.

Établissant le bilan définitif d'Aventure, Max Morise[12] constatait que ses fondateurs avaient abouti à « une non préméditée mixture de toutes les littératures contemporaines » et que, incapables de trouver un thème commun de revendication, susceptible d'unir leurs énergies, les uns avaient fini par rejoindre l'art traditionnel (« *la guimauve de vaisselle* » disait-il) et les autres, non résignés, avaient rallié le groupe de Breton, pour de nouvelles aventures spirituelles.

La rencontre dans la même revue d'individualités qui se montreront si diverses illustre bien les années d'immédiat après-guerre. On éprouve le besoin de se grouper, sans vouloir rien perdre de la liberté conquise par le rejet de toute tradition. La guerre, dont Apollinaire disait qu'elle était une splendide fête, déchaînait les passions, transgressait les principes

---

11 *Cf.* Aragon, « Projet d'histoire littéraire contemporaine », *Littérature*, Nouvelle série n° 4, 1er sept 1922, p. 6.

12 *Cf.* Max Morise, « Paix aux morts de bonne volonté », texte manuscrit inséré dans l'exemplaire Gaffé de *Littérature* (B. N. Rés. p. Z 1816) n° 6, nov. 1922, face à la p. 23 ; repris in M. Sanouillet, *Dada à Paris*, p. 575.

moraux ; après elle, des jeunes gens qui n'avaient fait que la subir sans y participer, désiraient aller jusqu'au bout de l'immoralisme ; ils étaient aussi la proie d'une profonde détresse, sentant converger sur eux les canons de la raison triomphante, annonçant le retour du Travail, de l'Honneur, du bon Sens, etc., prêts à organiser un nouveau désastre. Traqués, les poètes cherchent à sortir des chemins bourbeux, à se frayer d'autres routes qui peut-être leur ouvriront les cieux. Leur sincérité, nous la voyons dans leur manière d'écrire « *avec leurs nerfs, avec leur sexe* », expression que nous retrouverons sous la plume d'Antonin Artaud.

Retiré de l'agitation parisienne, s'octroyant une longue permission, Marcel Arland, qui était toujours soldat, avait loué une villa à Meudon en compagnie d'André Dhôtel. C'est de là qu'il sollicita quelques anciens *d'Aventure*, heureux surtout de se faire publier, et les partisans de Tzara, faisant appel aussi à André Malraux qu'il venait de rencontrer et qui ne songeait pas encore au roman.

> Nous étions liés [dit-il à propos de ce dernier] par le même souci d'indépendance, le même mépris des tréteaux littéraires, aussi par notre amour de la peinture. Nous nous répétions : tout ce qui n'est pas essentiel ne compte pas[13]...

Dans les mêmes conditions, il pensa réaliser un second numéro de *Dés*, qui ne vit jamais les presses, mais dont nous restent au moins deux traces : une lettre de Marcel Arland à Éluard pour lui demander quelque poème[14], et une publicité parue dans *Les Écrits Nouveaux* (août-sept. 1922, p. 97) annonçant la poursuite de Dés avec les collaborations régulières d'Artaud, Cendrars, Cliquennois, Crevel, Dhôtel, Éluard, Limbour, Malraux, Maurice Martin du Gard, Paulhan, Benjamin Péret, Georges Ribemont-Dessaignes et Tzara.

La similitude de *Dés* et *d'Aventure* a déjà été remarque (même structure, même typographie, même article liminaire de P. Mac Orlan faisant des variations parfois malicieuses sur le titre : « *les dés sont les maîtres de l'aventure* », écrit-il). Mais force nous est de constater que la publication dirigée par Arland n'atteint pas la vigueur et l'unité acquises par le dernier numéro *d'Aventure*. Celui-ci le sait bien qui, en guise

---

13 J. Duvignaud, Marcel Arland, Paris, Gallimard, « Bibliothèque idéale », 1962, p. 32 ; le présentateur ne cite pas la source de cet extrait.

14 *Cf.* M. Arland, lettre manuscrite in *Littérature* (B.N. rés. p. Z 1816) n° 12, fév. 1920, face p. 25.)

d'éditorial, annonce qu'on ne trouvera dans sa revue que « tentatives et contradictions » (*Dés*, p. 13).

La contradiction est évidente quand on compare les textes de Tzara, de Dhôtel ou de Malraux. Mais cette volonté de mêler les contraires en constitue le principal intérêt ; essayés sur la pierre de touche dada, les textes de Limbour ou d'Éluard rendent un son toujours agréable, tandis que les autres se brisent.

INQUISITIONS[1]

L'unique numéro d'*Inquisitions* paraît en juin 1936. Il a la chance d'avoir été imprimé en dépit des grèves et des occupations d'usines qui ont débuté le 26 mai, avant la constitution du cabinet ministériel présidé par Léon Blum, le 4 juin.

La sortie de la revue eût-elle été retardée pour un tel motif, lequel de ses rédacteurs s'en serait-il plaint ? Aucun, puisqu'ils avaient tous le sentiment profond d'œuvrer pour l'instauration du Front Populaire, de même que les grévistes entendaient conforter la victoire électorale du 5 mai en arrachant aux patrons de sérieuses concessions. De fait, le Ministère Blum n'allait pas chômer : aussitôt après les Accords Matignon (7 juin) il fera voter dans la foulée, les 11 et 12 juin, les lois sur les conventions collectives, les congés payés, la semaine de 40 heures.

C'est une ère nouvelle qui commence. Les collaborateurs d'*Inquisitions* auraient dû la vivre collectivement, peut-être en orienter le cours. Ils auraient applaudi à la dissolution des ligues factieuses (18 juin) ; discuté âprement de la nature de l'aide que, tout naturellement pour eux, il eût fallu apporter au gouvernement légal de la République espagnole, lui aussi porté par la victoire d'un autre Front populaire. Bien qu'ils ne fussent guère familiers des théories économiques, le Groupe d'Études pour la Phénoménologie humaine » qu'ils constituaient aurait pu se prononcer sur la réforme de la Banque de France (24 juillet), la dévaluation du franc (27 septembre)…

Pour maintenir leur cohésion, ils n'auraient rien écrit des Procès de Moscou, de l'exécution de Kamenev et de Zinoviev (25 août) mais n'auraient cessé d'y penser, de même que la politique officielle de non-intervention en Espagne les fit réagir, individuellement du moins,

1 Préface à la réimpression de la revue *Inquisitions* que j'ai produite aux éditions du CNRS en 1990. Voir ma communication au colloque de 1983 à l'université d'Aix-en-Provence : « *Inquisitions* : le surrationalisme, la poésie et l'actualité » publiée par : A. Roche & C. Tarting, *Des années trente*, Paris, Éd. du CNRS, 1985, p. 225-236.

puisque le groupe s'était dispersé, préfigurant, à sa modeste échelle, ce qui allait advenir du gouvernement issu du Rassemblement populaire, pour employer la terminologie électorale de l'époque.

À supposer qu'ils se fussent limités à des débats plus littéraires, que n'auraient-ils écrit sur *Le Retour de l'U.R.S.S.* de Gide, *Le Journal d'un curé de campagne* de Bernanos, *Mort à crédit* de Céline, Le Sang noir de Louis Guilloux, le *Voyage en grande Garabagne* de Michaux, *La Conscience malheureuse* de Fondane, *Les Jeunes filles* de Montherlant, et *Les Beaux Quartiers* de l'un des leurs, Aragon, qui allait obtenir le Prix Renaudot (le Goncourt allant à *L'empreinte de Dieu* de Maxence Van der Meersch) ? De fait, ils en ont écrit, mais ailleurs, dans *Europe*, *Commune*, la *Nouvelle Revue française* ou les *Cahiers du Sud* auxquels je viens de prélever cette liste d'ouvrages parmi les comptes rendus des livraisons de juillet à octobre.

J'évoque un futur improbable, alors que je n'ai encore rien dit du passé et du présent de cette revue dont vous tenez le fac-similé entre les mains. Car elle n'est pas tombée toute seule des presses, pas plus que le gouvernement Blum n'est soudain sorti des urnes ! Pour en arriver à cet immense espoir, il en a fallu des palabres, des débats et même des combats : que socialistes et communistes se donnent la main Place de la Nation le 12 février 1934, au cri unanime d'« Unité », clamé par la foule ; que soit fondé (5 mars 1934) le Comité de Vigilance des Intellectuels Antifascistes (C.V./.A.) à l'appel de Rivet, Langevin et Alain, en d'autres termes un socialiste, un compagnon de route du Parti communiste, un radical ; que le 14 juillet 1935 soit conclu l'accord entre les trois partis constituant le Front populaire, avec l'appui des organisations syndicales, pour rassembler « toutes les forces résolues à défendre la liberté contre l'atteinte du fascisme ». Et qu'à partir de là soit élaboré un programme électoral, servant de référence aux candidats députés, qui leur permettra de l'emporter dix mois après.

C'est dans ce contexte d'union des forces de gauche qu'il faut voir la naissance, en octobre 1935, du Groupe d'Études pour la Phénoménologie humaine, décidé à étoffer idéologiquement la politique culturelle du Front populaire en faisant se rencontrer des intellectuels d'obédiences diverses, pour sortir des voies toutes tracées, et publier une nouvelle revue/ Inquisitions, dont le titre s'entend au sens de « recherches ». Pourtant, la réflexion des intellectuels dans l'orbite du Front populaire ne saurait se comprendre sans une donnée particulière : les rapports qu'entretenaient les surréalistes avec le Parti communiste auquel cinq d'entre eux (Aragon, Breton, Éluard, Péret, Unik) avaient adhéré, au grand jour, en 1927, et dont les principaux meneurs, André Breton et Paul Éluard, s'étaient trouvés exclus, en 1933, de l'A.E.A.R. (Association des Écrivains et Artistes Révolutionnaires, fondée par Paul Vaillant-Couturier en mars 1932).

On sait quel désarroi provoqua, parmi eux, la signature du pacte franco-soviétique du 2 mai 1935, et surtout quelle peine et quelle fureur s'empara d'eux lorsqu'ils furent, de fait, évincés du Congrès International pour la Défense et la Culture, en juin 1935, à la suite d'un incident tout à fait anecdotique (la correction infligée par André Breton à Ilya Ehrenbourg, l'auteur de *Vus par un écrivain de l'U.R.S.S.*, qui traitait les surréalistes d'oisifs et de pervers sexuels). Dans un pamphlet daté d'août 1935, intitulé « Du temps que les surréalistes avaient raison », Breton rappelait les objectifs de son mouvement à l'égard d'une culture ne les intéressant « que dans son "devenir" et ce devenir même nécessite avant tout la transformation de la société par la révolution prolétarienne, Ils demandaient, notamment, que fussent mises à l'ordre du jour du Congrès les questions suivantes : droit de poursuivre, en littérature comme en art, la recherche de nouveaux moyens d'expression, droit pour l'écrivain et l'artiste de continuer à approfondir le problème humain sous toutes ses formes… ».

En dépit du rôle actif joué par René Crevel (dont le suicide allait les ébranler davantage), tout fut mis en Œuvre pour réduire la portée de leurs déclarations. D'où la formule définitive de Breton à l'égard de la Russie soviétique et de Staline : « Ce régime, ce chef, nous ne pouvons que leur signifier formellement notre défiance[2] ».

De fait, une grande partie des membres du groupe surréaliste ne pouvait que rompre les derniers liens qui les retenaient à ce qu'ils avaient toujours considéré comme le seul parti de la classe ouvrière. Pourtant, devant la montée des fascismes, ils se devaient d'exprimer leur position d'intellectuels et d'artistes révolutionnaires ailleurs que dans les luxueuses revues artistiques qui s'offraient à eux, comme *Minotaure* et *Les Cahiers d'Art*. De là l'éphémère, ambiguë et contradictoire tentative du groupe Contre-Attaque, animée par Bataille et Breton de l'automne

2 André Breton : *ibid.*, p. 281.

1935 au printemps 1936. C'est-à-dire jusqu'à sa condamnation par les surréalistes pour ses tendances « surfascistes ». Voir Robert Stuart Short : « Contre-attaque », in, *Entretiens sur le surréalisme sous la direction* de F. Alquié, Paris, Mouton, 1968, p. 144-176 ; José Pierre : Tracts surréalistes, *op. cit.*, p. 281-301 ; Henri Dubief : Témoignage sur Contre-Attaque (1935-1936) in, Textures n° 6, 1970[3]. Ou encore le groupe que Souvarine rassemblait autour de *La Critique sociale* (1931-1934) qui, avec des communistes d'opposition, comprenait les ex-surréalistes Jacques Baron, Michel Leiris, Raymond Queneau. À la disparition de cette revue, leur conjonction avec Georges Bataille conduira à la publication d'*Acéphale* et à son prolongement sous forme du Collège de Sociologie dont on a réuni les textes essentiels[4].

De l'autre côté, les surréalistes qui, depuis 1932 pour Aragon et Sadoul, 1935 pour Crevel et Tzara, avaient quitté le mouvement pour rejoindre, de façon plus ou moins inconditionnelle, les positions du P. C. ou plus exactement de l'Association des Écrivains et Artistes Révolutionnaires, disposaient de la revue *Commune* que dirigeait Aragon, et de la tribune que leur offrait l'institution de la Maison de la culture, animée par le même infatigable mentor.

Ce trop bref rappel laisse entendre combien les uns et les autres ne pouvaient se satisfaire de la situation présente tant pour ce qui concernait l'activité du groupe que pour leur expression collective.

D'où l'idée de rassembler les transfuges du surréalisme, les marxistes avérés et les isolés, dans le cadre d'un groupe d'études œuvrant lui-même pour une définition de la culture dans ses rapports au politique.

***

Qu'était le « Groupe d'études pour la phénoménologie humaine » ? Quels étaient ses principes, sa composition, ses objectifs, ses moyens d'action ?

---

3 Voir Robert Stuart Short : « Contre-attaque », in, *Entretiens sur le surréalisme* sous la direction de F. Alquié, Paris, Mouton, 1968, p. 144-176 ; José Pierre, *Tracts surréalistes, op. cit.*, p. 281-301 ; Henri Dubief, « Témoignage sur Contre-Attaque (1935-1936) » *Textures* n° 6, 1970.

4 Voir : Denis Hollier : *Le Collège de sociologie* (1937-1939), textes de Bataille, Caillois, Guastalla, Klossowski, Kojève, Leiris, Lewitzky, Mayer, Paulhan, Wahl, etc., Paris, Idées/ Gallimard, 1979, 399 p.

L'initiative est, en effet, originale : elle préfigure le fonctionnement du Collège de Sociologie. Il s'agit, à l'invitation de Tristan Tzara qui accueille ses amis dans sa belle maison de l'avenue Junot ou dans le local de l'A.E.A.R., de rassembler divers jeunes gens, tous les quinze jours, autour d'un conférencier dont l'exposé fera l'objet d'une discussion soigneusement prise en note.

Si l'idée, en l'état actuel de nos informations, en revient à Roger Caillois et à Tzara qui y songent dès octobre 1935, les réunions n'ont lieu qu'à partir du mercredi 8 janvier 1936, pour s'achever le 3 mars suivant.

La première séance est introduite par Tzara, indiquant le programme de l'entreprise, qui se résume en cinq points :

1. mettre en lumière les problèmes intellectuels immédiats ;
2. partir de l'actualité pour examiner les différentes théories en ce qu'elles ont de commun ;
3. trouver le courant d'idées théorique aussi bien qu'affectif susceptible d'intégrer les problèmes que se posent les sciences humaines ;
4. ne pas se limiter à l'aspect littéraire de cette problématique et dégager sur le plan intellectuel, une perspective englobant toutes les sciences au service de l'homme, à l'instar du Front populaire sur le plan politique ;
5. situé socialement, ce groupe refuse le sectarisme doctrinal, il ne se préoccupe pas de tactique mais veut repenser les problèmes dans le cadre de la superstructure idéologique qui est le sien[5].

Caillois y présente ensuite son exposé « sur les tâches immédiates de la pensée moderne », intitulé « Pour une orthodoxie militante[6] » à la discussion duquel prennent part Zdenko Reich, Claude Cahen, Nico Calamaris, Luc Decaunes, Étiemble, Raymond Charmet, André Chastel et René Bertelé.

La séance suivante, le 21 janvier, est l'occasion d'un exposé d'Étiemble sur le Mouvement de « La Nouvelle vie » en Chine, discuté par Georges Sadoul, Jules-M. Monnerot et Tzara.

---

5 *Cf.* Tristan Tzara, *Inquisitions*, p. 65.

6 Cet article, reproduit dans *Inquisitions*, p. 6-14, constitue la conclusion de : Roger Caillois : *Le Mythe et l'homme*, Paris, Gallimard, Les Essais VI, 1938, « Pour une activité unitaire de l'esprit », p. 209-222.

Quinze jours après, c'est le physicien Jacques Spitz, par ailleurs collaborateur de la *NRF* comme Étiemble, qui parle « sur la théorie quantique et le problème de la connaissance à qui Caillois et Gistucci font des observations.

Deux semaines après, c'est le tour de Tzara d'exposer sa conception du rôle du « poète dans la société », ce qui suscite une vive discussion à laquelle prennent part Caillois, Pierre Unik, Monnerot, Calamarisi Chastel, Reich et Jean Audard.

Enfin, la dernière séance donne lieu à un exposé de Jean Audard « sur la psychanalyse et le matérialisme historique », qui sera simplement résumé dans la revue (p. 74-75), sans doute parce qu'il ne fait que reprendre une argumentation amplement développée dans la revue belge *Documents* 36 et dans *Les Cahiers du Sud*, discuté par Étiemble, Tzara et Sadoul.

Sur la quinzaine de membres que rassemble le Groupe d'études pour la phénoménologie humaine, au cours des séances énumérées, huit ont été ou sont encore surréalistes. Si Caillois s'est séparé d'André Breton par une lettre du 27 décembre 1934 témoignant de son grand souci de rationalité[7] et Tzara par une lettre aux *Cahiers du Sud* de mars 1935[8] ; si Georges Sadoul et Pierre Unik ont toujours marqué leur fidélité à Aragon et au P. C., il est clair que les autres (Calamaris, qui prendra le pseudonyme de Nicolas Calas, Z. Reich, Monnerot) sont alors des membres actifs du Mouvement.

Certes, leur place sur l'échiquier des groupuscules est mouvante : le premier, qui ne s'est guère affirmé jusqu'alors, ne publiera ses *Foyers d'incendie* qu'en 1938, le deuxième, venu du Grand Jeu, aux préoccupations mystiques, et collaborateur du S.A.S.D.L.R. publie dans *Minotaure*, le troisième, cofondateur de *Légitime défense* en 1932, la première revue des intellectuels noirs, collabora au S.A.S.D.L.R. puis il contribua à la création du Collège de sociologie, (qu'il baptisa) ; mais tous gravitent encore, d'une manière ou d'une autre, autour du surréalisme.

Quant aux restants, dont les noms figurent aux sommaires des revues de l'époque, surtout la NRF et les *Cahiers du Sud* (Jean Audard, René

7 Roger Caillois, *Approches de l'imaginaire*, Paris, Gallimard, 1974. Il y raconte son différend avec Breton à propos des haricots sauteurs mexicains, le premier voulant les disséquer pour trouver ce qui les mouvait, le second souhaitant que l'on propose des solutions explicatives avant de procéder à cette dissection.

8 Tristan Tzara, *Œuvres complètes*, Paris, Flammarion, t. V, 1982, p. 258-259.

Bertelé, Raymond Charmet, André Chastel, Luc Decaunes, Étiemble…), sans doute venus aux réunions par amitié pour tel ou tel orateur, tout indique qu'ils sont déjà avertis du débat d'idées suscité par le surréalisme, et des insuffisances que lui reprochent le plus jeune d'entre eux, Caillois, qui n'a que 23 ans, comme le plus vieux, Tzara, qui fait figure d'ancêtre, à 40 ans ! Mais, à l'exception de Luc Decaunes, le tout jeune animateur de Soutes, aucun de ceux-là n'adhère au Parti communiste. N'étaient l'effectif réduit du groupe, et sa brève durée, je dirais qu'il est, somme toute, assez représentatif de la volonté d'union du Front populaire. L'analyse du contenu de sa publication le confirmera.

Après avoir rassemblé quelques camarades et longuement disserté des thèmes d'actualité, il convient de donner les moyens de faire connaître ce qui les unit. D'où l'idée de cette revue, *Inquisitions*, ainsi baptisée par Caillois, qui pense au sens étymologique du terme, enquête, recherche, au pluriel pour éviter toute confusion avec le tribunal ecclésiastique[9]. Tzara en sera le rédacteur en chef, Monnerot le gérant, et la direction collégialement confiée à Aragon, Caillois, Monnerot et Tzara ; l'administration étant assurée par les Éditions Sociales Internationales (ce qui explique la présence d'Aragon). Caillois rédige le texte d'un bulletin de souscription reprenant les objectifs déclarés par Tzara et soulignant l'originalité de cette revue comme organe d'un groupe d'études (voir ce document p. 113). D'après les manuscrits et dactylographies conservés par Tzara (actuellement déposés la Bibliothèque Littéraire Jacques Doucet), on constate que chaque auteur de communication s'est efforcé de rédiger le résumé des discussions, après échange avec les intervenants.

Pour agir efficacement, la revue devait être bimestrielle mais, prudemment (ou lucidement ?) on annonçait qu'elle paraîtrait « à des intervalles irréguliers », tirée à 2 000 exemplaires, d'après les indications manuscrites de Tzara, qui demande à sa femme, Greta Knutson, de composer la maquette de couverture.

***

9 Roger Caillois note ceci : « *Le Mythe de l'homme* s'ouvre sur un article « Pour une orthodoxie militante » que j'avais d'abord publié dans le premier et d'ailleurs unique numéro de la revue Inquisitions. « Orthodoxie Inquisitions », (même au pluriel) n'étaient pas termes choisis au hasard et j'avais eu du mal à faire accepter le second comme titre de la publication à ses trois autres directeurs. *Approches de l'imaginaire*, Paris, Gallimard, 1974, p. 57.

La revue se compose de quatre sections : la première, théorique, reprend les exposés ; la seconde contient un extrait du *Roman cassé* de Crevel, en guise de document phénoménologique sur la vie imaginative contemporaine ; la troisième est formée de notes de lecture et la quatrième reproduit les discussions des communications initiales.

Elle s'ouvre, en outre, sur un article fondateur de Gaston Bachelard. « Le Surrationalisme » (p. 1-6) dont le titre dit bien l'ambition, en écho au surréalisme. Caillois se flatte d'avoir provoqué la collaboration du philosophe après une joyeuse rencontre dans les Vinarny de Prague[10]. Mais le thème de son intervention a été suggéré à Bachelard par la lecture d'un recueil de Tzara à qui il écrit : « En lisant p. 271 *Grains et Issues*, j'ai pensé à une nouvelle doctrine de la substantialisation que je vous soumettrai dans quelques jours. » (Voir Dossier, p. 155).

L'ensemble de la revue peut se ramener à trois idées-force : le surrationalisme comme doctrine unique de « la superstructure intellectuelle de l'époque » ; la poésie comme fonction de dépassement des contradictions ; l'actualité comme moyen de poser, agressivement au besoin, les véritables problèmes et les hypothèses les plus neuves.

À partir du rêve expérimental de Tzara, Bachelard imagine une raison expérimentale se divisant par dialectique interne sur elle-même, puis par dialectique externe sur l'objet, l'interférence des deux déterminant « des surempirismes d'une étrange mobilité, d'une étrange force novatrice, De la première construction relèvent la pensée mathématique de Lobatchewsky et la philosophie de Hegel. Dans la seconde, la raison doit être mise en jeu, « l'imprudence est une méthode ». Enfin le pluralisme rationnel touche à des domaines si différents métaphysiquement qu'on ne peut espérer lui donner la cohérence par de simples synthèses des contraires » de sorte qu'au rationalisme fermé de la répétition, du déjà connu, succède « le rationalisme ouvert » (p. 6).

Cette aventure nouvelle offerte à l'esprit contemporain, la communication de Jacques Spitz vient la corroborer par référence à la constante de Plank, aux thèses de Niels Bohr sur la matière. L'indéterminisme quantique replace le physicien dans le monde qu'il observe. De la même façon, la théorie de la connaissance doit aboutir à l'impossibilité « d'analyser un concept et de simultanément l'employer » :

10 Roger Caillois, *Approches de l'imaginaire*, p. 57.

le phénomène de l'introspection en est un exemple. Il résume ensuite le débat soulevé par Caillois :

> avec la théorie quantique, on se trouve en présence d'une certaine marge d'indétermination dans l'enchaînement causal. Deux attitudes sont alors possibles : ou bien l'on dit, avec Caillois, que derrière cette indétermination se trouve un déterminisme que l'on ne peut pas constater ; et il n'y a rien de changé dans la situation philosophique ancienne. Ou bien l'on dit : tâchons d'interpréter cette indétermination, cette lacune qui nous est laissée, d'une façon qui améliore la situation philosophique. Dans l'un et l'autre cas, il ne s'agit que d'hypothèses. La seconde est celle que j'adopte, parce qu'elle ouvre les perspectives les plus vastes (p. 71).

Postulant « une orthodoxie militante », Roger Caillois définit les tâches immédiates de la pensée moderne » avec le même enthousiasme que Bachelard, en partant d'un constat de faillite généralisé. « Les formes avancées de la littérature et de l'art qui s'étaient données pour tâche la libération de l'esprit », tel le surréalisme, aboutissent à l'esthétisme, à un pur rituel. La philosophie conduit à l'éparpillement et à l'absence de théorie. La science même remet en cause ses propres principes. Mais une telle critique, par le fait qu'elle s'exprime, laisse entrevoir une direction nouvelle, des éléments de réforme. L'espoir se fait jour il sera possible, par la vigueur des décisions, par la sévérité des réalisations, d'explorer les nappes d'ombre des réactions affectives et les démarches de l'imaginaire. Par la généralisation, telle que la propose Bachelard dans son *Nouvel Esprit Scientifique* (1934), la géométrie de Riemann englobe et dépasse celle d'Euclide. De la même façon « Sur tous les points en conflit, le litige s'est soldé par la capitulation du rationnel devant les exigences de la systématisation » (p. 10), Ainsi peut-on concevoir une orthodoxie militante comme « réforme intellectuelle généralisable à tous les domaines de l'activité humaine » (p. 12). Si Baudelaire, Rimbaud, Lautréamont conservent une valeur d'exemple, il ne suffit pas de les imiter, il faut passer à l'offensive, fonder un ordre nouveau. L'orthodoxie est alors une entreprise unitaire idéale, concernant « la totalité de l'être » (p. 13).

On le voit, quel que soit le concept invoqué, surrationalisme chez Bachelard, physique quantique et théorie de la connaissance chez Spitz, orthodoxie militante chez Caillois, l'ambition est toujours la même ; fonder une nouvelle appréhension de l'univers englobant tous les phénomènes, rationnels ou non, à partir d'une morale exigeante et joyeuse.

En arrière-plan se dessine une commune critique de la poésie qui doit tout à l'expérience de Tzara.

Celui-ci s'en est longuement expliqué dans sa communication du 18 février, dont Inquisitions ne publie que la première partie (voir le complément dans le Dossier, p. 136 *sq.*). Le texte lu aux membres du Groupe d'Études pour la Phénoménologie Humaine était plus vif que ce qui est imprimé à l'égard du surréalisme – accusé de confusion au sujet de l'automatisme, du rêve, du hasard objectif et surtout considéré comme dualisme.

À partir des prémisses posées par l'« Essai sur la situation de la poésie », s'explicite l'activité de l'esprit dont on sait que, pour Tzara, rien ne la distingue, extérieurement, de la vie quotidienne. La poésie moyen d'expression (correspondant au penser-dirigé) et la poésie-activité de l'esprit (résultant du penser non-dirigé), sont les discriminants qui permettent de retracer l'histoire de l'activité humaine, et particulièrement de la littérature considérée comme fonction, cette superstructure n'étant pas en dépendance directe de la structure sociale. Ici Tzara met son auditoire en garde contre les « marxistes pressés » qui assimilent abusivement l'évolution de la superstructure aux déterminations indirectes auxquelles elle est soumise. II examine alors quelques points de rupture caractéristiques : le Romantisme, la Pléïade. Ce qui définit l'attitude du poète, c'est la « lycanthropie », la révolte inhérente à toute expression authentique, « un mouvement affectif violent qui tend à prendre la forme sociale de clan ou de culte, il est lié à la représentation d'un monde différent du monde ambiant ou à une réalisation des désirs projetés sur un avenir hypothétique ». Deux comportements sont alors possibles : l'isolement, la fuite hors de la famille et du groupe social, ou bien la révolte et la constitution d'un clan tendant à briser le cercle de la société bourgeoise. Les exemples abondent des Bousingos aux poètes maudits, à Dada et au surréalisme. Tzara leur trouve des ancêtres au Moyen Âge avec les Goliards et les Coquillards, et même dans les sociétés primitives comme en Polynésie. En somme, l'activité artistique, par le processus de symbolisation, caractéristique du primitif, de l'enfant, du fou, suit à son rythme propre l'évolution de la pensée et des conditions sociales d'existence. Les ruptures évoquées plus haut ne sont que des transformations qualitatives. L'actualité laisse présager une part plus grande du penser non-dirigé, donc de la poésie. Et de conclure : « Plus importante que la détermination de la poésie est la détermination du poète en tant que phénomène social ».

C'est précisément le sujet que traite Jules-M. Monnerot dans son article « Remarques sur le rapport de la poésie comme genre à la poésie comme fonction. » Le futur essayiste de *La Poésie moderne et le sacré*, fortement influencé par les analyses de Tzara, part de Dada et du surréalisme, montrant le détour paradoxal par lequel sont passés ces deux mouvements, la plus grande obscurité étant nécessaire pour atteindre la plus grande clarté. Mais le risque de tromperie et de mystification est grand. Introduisant la vitesse de la pensée, comme le cinéma celle des images, le surréalisme photographie l'esprit humain mais, faute de rigueur, il n'est qu'une technique. Or la poésie est avant tout expression de l'affectivité, un stupéfiant qui n'a que faire des genres dans lesquels on la catalogue. « Le besoin de poésie existe à l'état brut chez tous les hommes » (p. 18). La poésie comme genre n'y satisfaisant pas, l'individu a recours à d'autres formes de substitution tels le cinéma, la mode, la publicité, le roman policier. On reconnaît là des idées maintes fois exprimées par Tzara. Monnerot poursuit :

« La famine poétique est dans le peuple. Il semble qu'à considérer les choses quantitativement et fonctionnellement, la poésie échappe au poète. » De fait, « la poésie n'est pas morte, mais le poète est malade. » Et l'auteur d'en appeler à un sursaut collectif, afin que de jeunes hommes objectivent le besoin affectif de tous, même s'ils déclinent le titre d'auteur ou de poète. « Il ne faut pas que le courage nous manque » conclut-il.

Quelles que soient les critiques qu'ils lui adressent, la poésie demeure une fonction vitale pour Tzara et ses amis. C'est, semble-t-il, la raison de la publication d'un fragment du Roman cassé de Crevel, en dépit du genre affiché. Tzara en avait recueilli le manuscrit à la mort de son ami. Il s'agit d'une sorte de monologue, totalement décousu, où défilent ironiquement tous les lieux communs de la bourgeoisie, ses vertus d'ordre, d'économie, de simplicité, ses préjugés racistes et xénophobes, son âpreté au gain, son sens aigu du secret, sa bêtise revancharde, etc. Tout y passe, particulièrement dans l'épisode publié où se mêlent la visite du Tzar, la rencontre de Pierre Loti fardé comme un pierrot, le ruban de la Légion d'Honneur et l'emprunt russe de 1906. La verve iconoclaste de Crevel est bien l'expression d'un besoin collectif de mise en cause de la banalité quotidienne, une forme de la poésie. Pour ce qui concerne l'actualité la plus immédiate, le groupe écoute une communication d'Étiemble sur le Mouvement de la « Nouvelle vie » en Chine, décrit à travers sa réception en France, où il est démontré que les quatre vertus mythiques prônées par Tchang Kai Chek sont une adaptation du fascisme. La discussion de l'exposé, inédite, montre qu'aussi bien Sadoul que Monnerot minimisaient les mots d'ordre du futur chef de la Chine nationaliste et appréciaient mal leur portée dans le contexte chinois (voir Dossier p. 120-121).

Le débat du moment est incontestablement le problème des rapports entre psychanalyse et marxisme. Jean Audard tente à nouveau de les rapprocher, à l'ultime séance du groupe, après l'avoir fait dans *Les Cahiers du Sud* (septembre 1933) et dans *Documents* (1935), en dépit de la comminatoire mise en garde de G. Politzer dans *Commune* (novembre 1933). Non seulement une conciliation serait possible, puisque les principes psychanalytiques de refoulement, sublimation, etc. relèvent du monde matériel, de l'être social, mais encore la psychanalyse peut compléter le matérialisme historique en lui fournissant la psychologie concrète qui lui fait défaut, pour l'étude des illusions collectives de la bourgeoisie ou encore des mécanismes de l'invention. Si Étiemble et Tzara nuancent l'exposé en ce qu'il a de trop systématique, on ne s'étonnera pas de voir Sadoul en prendre le contre-pied, dénonçant la famille bourgeoise à laquelle se réfère Freud, ainsi que son roman mythique qu'est *Totem et tabou*, auquel s'opposent les observations de Malinowski. Du moins peut-on constater que la controverse sur les rapports de ces deux systèmes de pensée n'a pas été esquivée L'actualité, ce n'est pas seulement le débat d'idées, mais aussi l'activité éditoriale, les spectacles. On rend compte des films, d'une conférence de Dali au Vieux Colombier. *L'Anthologie des poètes* de la NRF est rigoureusement pesée par Tzara ; André Chastel montre les poètes anglais (Herbert Read, Stephen Spender, C. Day Lewis) pris entre leurs aspirations révolutionnaires et leur dit poétique. Alain Girard rend compte du Rimbaud d'Étiemble et Yassu Gauclère, qui, déjà, combattait les mythes. Raymond Charmet reproche à La Sociologie allemande de Raymond Aron son approche trop philosophique, non sans en souligner les mérites. Les notules mordantes de Caillois ménagent une place honnête au Nietzsche de Thierry Maulnier et à l'éthique salubre du Service inutile de

Montherlant. Une longue note de A. Steplianopoli fait l'éloge de /Ironie de Jankelevitch, auquel on reproche cependant de ne pas donner une véritable phénoménologie husserlienne. Enfin Claude Cahen critique un ouvrage marxiste sur lequel je reviendrai. La personnalité et même le *se*xe de cet auteur posent problème. Lisant sa signature Cahun, avec un « u » à la place du < e *, certains y reconnaissent le pseudonyme de Lucie Schwob (1894-1954), une surréaliste membre de l'A.E.A.R., qui avait publié un ouvrage fort critique à l'égard des vues poétiques d'Aragon : *Les Paris sont ouverts* (José Corti, 1934). D'autres, sur le moment, s'en tenant à la lettre, comme Étiemble et Aragon, en font un homme. Aujourd'hui (par une lettre du 17 février 1990), Étiemble me confirme qu'il s'agit d'un Normalien, de la promotion 1928. Tout ceci est de fort bonne tenue, et on ne peut s'expliquer l'arrêt de la publication, les éditeurs sachant bien qu'on ne décide pas du sort d'une petite revue d'après les ventes de la première livraison. Dans l'état présent de nos informations, deux causes viennent à l'esprit : une discorde interne, le retrait des bailleurs de fonds. L'examen des textes écartés du premier numéro (notes d'Alain Girard, Roger Caillois, Tzara, Monnerot) et de la correspondance les accompagnant (voir Dossier, p. 151), montre qu'il n'y avait là aucun motif de conflit. La seule querelle est venue à propos d'un film soviétique, *Tchapaïcv.* Marcel Arland en avait rendu compte dans la NRF d'avril en des termes qui choquèrent Étienne Léro (l'un des Antillais de Légitime défense). Celui-ci éprouva le besoin de retoucher l'analyse. Mais, de son côté, Étiemble apportait une note approuvant entièrement Arland. Devant ces deux articles contradictoires, la rédaction essaya la conciliation : publier le texte de Léro et la première partie de celui de Étiemble, traitant du Faiseur monté par Dullin à l'Atelier. Le tempérament bouillant d'Étiemble est connu : il refusa tout net, accusant la revue d'inquisition, au singulier. Le résultat est qu'aucun des textes incriminés ne parut (voir Dossier, p. 126-127 et 148-149) Pour fâcheuse qu'elle soit, une telle tension ne me semble pas de nature à justifier l'éclatement du groupe ni la fin de la revue. Un second phénomène me paraît plus grave. Dans son article de présentation, intitulé « Entre nous », Aragon indique les raisons de sa présence dans ce groupe dont il souligne l'éclectisme, entendant forger l'unité de la revue par le mouvement. Mais cet éclectisme n'est pas sans risque de confusion. Aussi prend-il à partie Claude Cahun, dont la « note sur le matérialisme dialectique » lui paraît critiquer le recueil collectif *À la lumière du marxisme* d'une manière par trop convergente avec celle des intellectuels, de tendance socialiste, de *Vigilance*, l'organe du Comité de Vigilance des Intellectuels antifascistes. Dans les commentaires accompagnant son *Œuvre poétique* (t. VII), il avoue n'avoir conservé aucun souvenir de cette revue. Republiant sa contribution, il indique : « l'intérêt réside essentiellement dans l'idée critique que je pouvais avoir alors des groupements nés du triomphe du Front populaire [...] mais il suffit de lire ces quelques pages d'inquisitions pour se faire une idée du caractère assez peu idyllique des rapports entre les hommes qui se réclamaient d'une victoire électorale récente. Et de la nature des questions entre intellectuels dont la destinée par la suite n'a pas toujours été la même... ». Le fait que ces divergences de vues s'expriment dans le même numéro de la même revue m'incline à penser qu'il n'y avait pas là motif suffisant pour mettre fin à la publication. Au contraire, on pouvait en tirer argument pour prouver la largeur de vues du comité de rédaction, sa capacité au débat démocratique. Mais telle n'était pas l'opinion d'Aragon[11] ! *A posteriori*, une autre cause a été avancée par Caillois : « La scission était inévitable, et elle ne tarda pas, entre les deux dirigeants membres du Parti communiste (Aragon et Tzara) et les deux autres qui, indépendamment de toute attitude politique, ne souhaitaient pas introduire les questions relevant de ce domaine dans un organe consacré, comme le soulignait son sous-titre, à l'étude de la « phénoménologie humaine[12] » ». Dans une lettre du 10 août 1937, il écrivait déjà à Jean Paulhan : « Je suis tout à fait de votre avis pour la politique : j'ai justement préféré, comme vous savez, faire cesser Inquisitions à l'y laisser entrer[13] ». Cependant, il n'était pas le seul à décider, et sa défection n'aurait pas entravé la poursuite de la revue si la publication n'en avait été compromise pour d'autres raisons. En d'autres termes, ce serait une question d'orientation générale de la revue qui aurait décidé de sa fin, comme du groupe qui la nourrissait. Au demeurant, celui-ci ne s'était plus réuni depuis mars 1936 ; chacun de ses membres étant requis par la campagne électorale ou la préparation des examens, comme Caillois, qui obtiendra l'agrégation

11 Voir : Aragon, *L'Œuvre poétique*, l. VII, 1936-1937, Livre Club Diderot, 1977, p. 169.

12 Roger Caillois, *Approches de l'imaginaire*, *op. cit.*, p. 58.

13 *Cahiers Paulhan*, t. 6, correspondance Jean Paulhan–Roger Caillois, 1934-1967. Éd. établie et annotée par Odile Felgine et Claude-Pierre Pérez, Paris, Gallimard, 1991.

de grammaire la même année. De sorte que la première revue littéraire née du Front populaire, et dans son esprit, me paraît en avoir été la première victime. Il y avait trop de sollicitations immédiates, de toutes parts, pour songer à poursuivre une telle expérience[14]. La diversité d'opinion manifestée par les membres du groupe, leur indépendance à l'égard du Parti communiste, les fluctuations de sa politique à l'égard des intellectuels, leur propre engagement dans la guerre d'Espagne, me semblent expliquer (sinon justifier) la fin de la revue, sans doute au nom de considérations économiques. En effet, son éditeur, les Éditions Sociales Internationales, finançaient *Commune* et, indirectement, *Europe* dont Aragon venait de se porter acquéreur pour 20 000 francs. Succédant à Jean Guéhenno, Jean Cassou, membre du Cabinet du Ministre de l'Éducation Nationale Jean Zay, un radical-socialiste, en était le rédacteur en chef, à la tête d'un comité de douze écrivains. Dans ces conditions, était-il nécessaire de laisser subsister à tout prix une revue de laboratoire quand d'autres, mieux établies, pouvaient développer les mêmes propos, en direction d'un public plus nombreux et plus populaire ? Quelles que soient les causes réelles de sa disparition, il reste qu'Inquisitions donnait l'exemple d'une revue de débat et de combat, nécessaire en cette période comme en témoignent les comptes rendus immédiats (voir Dossier p. 163), rassemblant des jeunes préoccupés de liberté et de justice sociale. Reprenant certains thèmes défendus par le Front populaire, ils entendaient aller de l'avant. Leur échec est aussi celui du vaste mouvement qui les avait portés à se rencontrer en voulant concilier les recherches surréalistes avec l'idéologie marxiste telle que les partis de l'époque l'interprétaient.

14 Cependant celle-ci s'est continuée, sous une forme à peine modifiée mais avec d'autres participants, au Collège de Sociologie.

PHILIPPE SOUPAULT COFONDATEUR DU SURRÉALISME

Il était l'un de ceux que Paul Valéry appelait ses « mousquetaires » : André Breton, Louis Aragon, Philippe Soupault. À eux trois, ils ont fait entrer la littérature française dans le XXe siècle. Avec sa mort, le 13 mars 1990, disparaissait le dernier témoin direct du surréalisme, celui qui l'avait fait naître, celui qui, tout au long de son existence, s'était efforcé de porter témoignage sur le mouvement, ses dégoûts, ses aspirations, ses réalisations. Car, l'un des premiers exclus du groupe, indifférent à l'anathème, il n'a cessé de se considérer comme un poète surréaliste, ayant voué sa vie au feu primitif, même lorsque ses activités l'en ont éloigné, montrant par-là combien l'esprit surréaliste est éternel, indépendant de sa réalisation historique à un moment donné, au sein d'un rassemblement d'individus, dans un pays déterminé.

LA TRAVERSÉE DU SIÈCLE

« MA VIE EST UN ENFANT À QUATRE PATTES »

Philippe Soupault naît le 2 août 1897 à Chaville, dans une famille de la grande bourgeoisie. Son père est professeur de médecine, sa mère l'une des « jeunes filles en fleurs » qui jouait avec le jeune Marcel Proust ; ses oncles ont fondé les usines Renault. À sept ans, la mort de ce père aimé l'affecte durablement. La lecture est son refuge : *Les Belles Images, Les Jeudis de la jeunesse*, les *Lundis* de Sainte-Beuve, *Les Voyages de Gulliver*, les contes d'Andersen, de Grimm, *Salammbô* de Flaubert, et la Bible qu'il compare aux légendes de l'Inde. Élève d'une institution religieuse, tout lui semble gris. Trop rêveur, il ne suit pas le programme et s'enferme dans une solitude maladive.

En 1912, il entre au lycée Condorcet, où il noue de solides amitiés intellectuelles. Des inimitiés aussi : Jean Cocteau. À la fin de l'année scolaire, sa famille l'envoie pour les vacances en Allemagne. « Mon enfance se cassa d'un seul coup comme une larme batavique » dit-il en découvrant le charme du pays rhénan, la légende de la Lorelei. Sa boulimie de lectures s'alimente de Balzac, Stendhal, Goethe, Gide et surtout Rimbaud dont Les *Illuminations* le bouleversent. Au cours de ses vacances à Cabourg, il fréquente Marcel Proust. L'année suivante, on l'envoie en Angleterre. « Le Rhin m'avait émerveillé. Londres me donna le vertige. Le port. J'étais décidément ivre. Je devins poète ». Le jour même de son anniversaire, la guerre est déclarée. Il est à Saint-Jean de Luz. Recalé en juillet, en octobre, il passe avec succès l'oral du premier baccalauréat. L'année de philosophie, il s'épanouit sous la conduite de Lachelier, un idéaliste. Son diplôme en poche, il s'inscrit simultanément en Droit et à la Faculté des Lettres.

« FILS DE LA GUERRE »

Six mois après, il est déclaré bon pour le service, comme cuirassier à Tours, puis artilleur à Angers. Un vaccin expérimental contre la typhoïde le met à l'article de la mort. Alité, déplacé d'hôpital en hôpital, il échoue, pour six mois, dans un établissement temporaire, Bd Raspail. Un jour de neige, une phrase tourne dans sa tête. Il écrit son premier poème, « Départ », qu'il adresse à Guillaume Apollinaire. Celui-ci le fait paraître dans *Sic* et l'invite à le rencontrer. Au Café de Flore où le poète d'*Alcools* réunit ses amis le mardi, Soupault fait la connaissance de Cendrars, Reverdy, Max Jacob, et d'un jeune militaire de son âge, André Breton. Apollinaire leur a dit : « Soyez amis ». Le 24 juin 1917, on joue *Les Mamelles de Tiresias* d'Apollinaire. Soupault est dans le trou du souffleur : il ne voit rien. Il publie de nouveaux poèmes dans *Nord-Sud*, la revue de Reverdy. D'emblée, il a trouvé un ton moderne, fait de simplicité et de spontanéité, caractérisant sa première plaquette de poésie : *Aquarium* (1917). Breton lui fait connaître Louis Aragon. Les discussions vont bon train lorsqu'ils se retrouvent, surtout depuis que Soupault a découvert *Les Chants de Maldoror*, de Lautréamont, et qu'il leur a fait partager son enthousiasme.

Après sa convalescence, Soupault est versé au Commissariat aux Essences : bientôt, il dirige une flotte pétrolière. Fonctionnaire le jour. Poète la nuit. Il s'enivre de cinéma et crée un nouveau genre, le poème cinématographique. Les trois amis rêvent de lancer une revue pour défendre leurs idées et rassembler la nouvelle génération, depuis qu'Apollinaire est mort. Grâce à un héritage de Soupault, le premier numéro de *Littérature* paraît en mars 1919, sous leur triple direction. « Revue de bon ton », dira-t-on plus tard, elle réunit les aînés (Gide, Valéry, Fargue, Max Jacob, Cendrars, Reverdy) et leurs jeunes émules. La suite contiendra les *Poésies* d'Isidore Ducasse, un inédit de Rimbaud, acquis grâce à Soupault, et, à partir d'octobre, des fragments des *Champs magnétiques* de Breton et Soupault.

« Ce livre par quoi tout commence », dit Aragon, marque la naissance du surréalisme, compris non pas comme un mouvement d'idées mais, plus simplement, comme une formule expérimentale, une manière de dénoncer le bluff du génie. À l'écoute des phrases perçues dans le demi-sommeil, Breton, familiarisé avec la technique freudienne de l'association des idées, qu'il a pratiquée au Centre neurologique de Saint-Dizier, pendant la guerre, et Soupault, plus sensible, pour sa part, aux vues du psychiatre Pierre Janet dans son traité sur *L'Automatisme psychologique*, ont décidé, début juin, de se donner une quinzaine de jours pour se livrer, isolément ou à deux, à ces exercices d'écriture rapide, à vitesse de plus en plus accélérée, sans souci du résultat. Soupault se jette à l'eau le premier : « Prisonniers des gouttes d'eau, nous ne sommes que des animaux perpétuels. Nous courons dans les villes sans bruit et les affiches enchantées ne nous touchent plus. À quoi bon ces grands enthousiasmes fragiles, ces sauts de joie desséchés ? Nous ne savons plus rien que les astres morts ; nous regardons les visages et nous soupirons de plaisir… » À la fin, ils sont exténués, en proie à des hallucinations. Il est certain que sans la disponibilité de Soupault, sans son enthousiasme et son refus de toute retouche, ce livre (publié en mai 1920) n'aurait point vu le jour. Mais il était loin de marquer la fin de toute littérature. Au même moment, Soupault fait paraître *Rose des vents*, mince plaquette de poésies brèves, syncopées, tout en surprises, attentives à la vie présente. Dans la foulée des *Champs magnétiques*, il a écrit avec Breton une pièce en quatre actes disparates, *S'il vous plaît*. Traduisant leur désespoir, à cette époque, ils seraient venus, au dernier acte, jouer leur vie à la roulette russe, braquant un revolver sur leur tempe, au dire d'Aragon. Cependant, le texte publié en 1967 n'en laisse rien paraître, puisqu'il met en scène des spectateurs réagissant contre les élucubrations des auteurs au nom du clair génie français. D'ailleurs les deux auteurs songeaient, à l'origine, publier un recueil de quatre pièces de théâtre, dont aurait fait partie le sketch *Vous m'oublierez*, composé pour une soirée Dada.

DADA

En effet, depuis la fin de 1918, Soupault et ses amis de *Littérature* sont en correspondance avec Tristan Tzara, à Zurich, dont le « Manifeste Dada 1918 » et les *Vingt-cinq Poèmes* les ont particulièrement stimulés. Avec le jeune poète roumain, ils comprennent qu'il est possible de sortir la littérature de ses ornières, de lui faire rejoindre la vie dans tous ses états, de transformer la surprise d'Apollinaire en scandale, de « balayer, nettoyer ». En janvier 1920, ils accueillent Tzara à Paris, et se rangent collectivement sous la bannière Dada. Depuis le « Premier Vendredi de *Littérature* » (23 janvier 1920) jusqu'au procès Barrès (13 mai 1921) où il tiendra le rôle de la défense, en passant par la Manifestation Dada (27 mars 1920) et le Festival Dada (26 mai 1920) où seront représentés *S'il vous plaît* et *Vous m'oublierez*, Soupault sera de toutes les activités publiques de Dada et tiendra sa partie comme illusionniste, lanceur de ballons multicolores, mangeur d'allumettes, Président du Libéria. Il donnera de ses poèmes dans les feuilles dadaïstes. Un jour, par dérision, chacun se donnera un surnom : Breton sera « Royer-Collard jeune » (un ancien directeur de l'asile des fous de Charenton), Picabia « nénuphar de gogno » et Soupault se baptisera « Cresson de pissotière ». L'atmosphère est à la blague. Soupault interroge les concierges pour savoir si ce n'est pas dans leur immeuble qu'habite un certain Philippe Soupault. Le jour de son anniversaire, il allume un feu de joie sur la Place de la Concorde. Pour une exposition Dada, il accroche un miroir, qu'il intitule : « Portrait d'un imbécile ». La plaisanterie ne va pas sans amertume ni désarroi. Il imprime *L'Invitation au suicide*, en détruisant tous les exemplaires sauf deux, l'un pour lui, l'autre pour la jeune fille qu'il aime et qui lui conseille de l'épouser.

Désolé, il assiste impuissant à l'agonie des amitiés. S'il déteste Picabia il aime autant Breton que Tzara et ne veut pas prendre parti dans leur différent, à propos du Congrès de Paris, où Breton prétendait définir les directives de l'esprit moderne, comme à la Soirée du Cœur à barbe (6 juillet 1923) qui marque la fin de Dada à Paris. Sceptique à l'égard des séances de sommeil provoqué, il abandonne à Breton la direction de *Littérature*, restant, pour sa part, l'un des derniers fidèles à l'esprit Dada.

Il prend de la distance, commence à voyager, publie un long poème, *Westwego*, disant les soifs de l'ouest, à la manière de Cendrars. Il collabore à diverses revues, dirige *Les Écrits nouveaux* puis *La Revue européenne*, qui lui succède, où il accueillera ses amis de toujours, Aragon, Breton, Éluard, Desnos, Péret, Tzara, Ribemont-Dessaignes. Il y explore le domaine étranger, rapportant des traductions de Gorki, Sherwood Anderson, E.C. Cummings, les frères Thomas et Heinrich Mann, Essenine, Alfonso Reyes, Gomez de la Serna… Il inaugure la « Collection européenne » avec *Le Bon Apôtre*. Un roman d'atmosphère, où il tente de retracer son évolution et son état d'esprit jusqu'à l'heure présente. C'est aussi la liquidation de Dada : « Tout est fini maintenant. J'écris des romans, je publie des livres. Je m'occupe. Et allez donc ! »

LE SURRÉALISME

À l'automne 1924, André Breton publie le *Manifeste du surréalisme*, dans une collection que Soupault supervise, au Sagittaire. La définition du terme repris à Apollinaire est célèbre : « Surréalisme, n. m. Automatisme psychique pur par lequel on se propose d'exprimer, soit verbalement, soit par écrit, soit de toute autre manière, le fonctionnement réel de la pensée, en l'absence de tout contrôle exercé par la raison, en dehors de toute préoccupation esthétique ou morale. Encycl. *Philos*. Le surréalisme repose sur la croyance à la réalité supérieure de certaines formes d'associations négligées jusqu'à lui, à la toute-puissance du rêve, au jeu désintéressé de la pensée. Il tend à ruiner définitivement tous les autres mécanismes psychiques et à se substituer à eux dans la résolution des principaux problèmes de la vie… » On ne dira jamais assez ce qu'elle doit à l'expérience initiale des *Champs magnétiques* et à l'exemple même du comportement de Soupault, nommé parmi ceux qui « ont fait acte de surréalisme absolu ». Loin de se limiter à la littérature, le surréalisme est une manière d'être, englobant toutes les facultés créatrices, une attention particulière portée à des mécanismes mentaux négligés jusqu'à lui. D'autres formulations viendront compléter et transformer cette définition. Mais c'est à celle-ci que Soupault restera attaché dès lors qu'il a rejoint le groupe constitué par Breton.

Comme pour tout ce qu'il fait, il s'y adonne avec intensité. Il contribue, par un article incendiaire, au pamphlet surréaliste, *Un cadavre*, à propos des funérailles d'Anatole France. Suspendu au lustre de la Closerie des Lilas, il est l'un des plus actifs lors de la bagarre opposant ses amis à la vieille génération symboliste lors du Banquet Saint-Pol Roux offert en l'honneur d'un poète dont ils admirent l'intransigeante solitude. Il contresigne les tracts sur-réalistes contre Paul Claudel, contre la guerre du Rif, puis la proclamation « La Révolution d'abord et toujours » : « Nous sommes la révolte de l'esprit : nous considérons la Révolution sanglante comme la vengeance inéluctable de l'esprit humilié [...] ». Pendant deux ans, il confie essais, poèmes, écritures automatiques à l'organe du groupe, *La Révolution surréaliste.*

Mais en avril 1927, un tract, « Lautréamont envers et contre tout » signé par le triumvirat Aragon, Breton, Éluard, s'attaque à Philippe Soupault qui, en préfaçant une édition des œuvres de Lautréamont, a eu le tort de confondre Isidore Ducasse avec un Communard, Félix Ducasse, et qui, surtout, commet l'erreur de vouloir vulgariser une œuvre pour un public auquel elle doit rester à jamais interdite. En filigrane, on peut comprendre que Soupault se ferait le défenseur du socialisme français, contre le communisme, modèle soviétique, auquel ils viennent d'adhérer. Le mois suivant, la brochure *Au Grand Jour* révèle qu'Artaud et Soupault ont été exclus du groupe en novembre 1926 pour avoir voulu poursuivre isolément « la stupide aventure littéraire ». Entendons : pour n'avoir pas accepté l'orientation politique du mouvement. Secondairement, il lui est reproché d'avoir confié un texte à la revue italienne *900* considérée (à tort) comme fasciste.

Soupault n'était certes pas le seul surréaliste à vivre de sa plume et à écrire des romans, de même qu'il ne fut pas le seul à refuser d'adhérer au Parti Communiste. Il avait adopté la devise de Goethe : « Dès qu'un poète veut faire de la politique, il doit s'affilier à un parti et alors en tant que poète il est perdu. Il lui faut faire adieu à sa liberté d'esprit, à l'impartialité de son coup d'œil et tirer au contraire jusqu'à ses oreilles la cagoule de l'étroitesse d'esprit et de l'aveugle haine » (*Conversations avec_Eckermann*). De fait, Soupault, toute sa vie en témoigne, prendra parti contre les idéologies totalitaires. Révolté contre la bourgeoisie, son cœur est résolument ancré à gauche. Mais il n'entend pas aliéner sa liberté, à aucun prix.

À trente ans, en 1927, il publie *Histoire d'un blanc*, en manière d'autobiographie, évoquant son cheminement depuis les grands domaines de l'enfance jusqu'à cette situation où il écrit par faiblesse, considérant la littérature comme un moyen, jamais comme un but. Ce texte contient un magnifique hymne à « la liberté à tête d'étoile ».

L'exclusion de Soupault marque la fin d'une longue amitié. Fait remarquable, il n'écrira jamais un mot contre ses plus chers camarades, fort injustes envers lui, ajoutant ceci en 1956 : « Quand ils avaient vingt ans, on les appelait les trois mousquetaires puisqu'ils étaient des amis irréprochables. Trente ans plus tard, ils ne se « voyaient plus ». Ils se nommaient Louis Aragon, André Breton et Philippe Soupault. « Quel dommage ! » pensaient-ils tous les trois. Mais aucun d'eux ne fit un geste pour retrouver leur ancienne amitié ».

« ÉTRANGE VOYAGEUR SANS BAGAGES »

« C'est une façon de ne pas tourner en rond, et ceux qui prétendent que l'on emporte avec soi les mêmes soucis, les mêmes joies ou les mêmes tristesses qu'au point de départ ne savent pas que le voyage est quand même une délivrance et que celui qui revient n'est jamais le même que celui qui est parti » confie Soupault à l'un de ses biographes.

Depuis 1926, il voyage et entreprend une série de grands reportages en Europe, aux États-Unis (1929) en U.R.S.S. (1930), en Allemagne et en Italie (1931-1935). Pour des journaux, des magazines, des revues (*Le Petit Parisien*, *Vu*, *Excelsior*, *Miroir du Monde*, *L'Europe nouvelle*, *L'Intransigeant*, *La Revue de Paris* il décrit la démocratie américaine, l'élan constructeur des soviétiques, la dangereuse montée du fascisme au centre de l'Europe. En 1933, il analyse le nazisme, dénonce le bellicisme d'Hitler. En 1936, il quitte le journal *Excelsior*, favorable à la rébellion franquiste en Espagne. Il entre à la radio, où il tient l'une des premières chroniques littéraires.

En 1938, le gouvernement l'envoie à Tunis, pour y monter une radio destinée à faire contrepoids aux informations de l'Italie mussolinienne. Il est mis à pied par le régime de Vichy. De mars à septembre 1942, il est incarcéré à Tunis pour ses opinions favorables à la Résistance. Il en profite pour écrire un essai sur le théâtre de Labiche. À rebours des idées reçues, il y montre la cruauté des personnages, la bassesse de leurs sentiments, toujours déterminés par l'argent. Plus tard, il publiera à New York le récit de sa captivité : *Le Temps des assassins* (1945), refusant de le laisser réimprimer, par pudeur face à l'immense martyre collectif.

Lors du débarquement allié en Afrique du Nord, il parvient à gagner Alger. Il y dirige Radio Alger, poste dont il est évincé lors de l'assassinat de l'amiral Darlan. Il écrit une *Ode à Londres bombardée* qui, traduite en anglais, sera largement diffusée. Le Gouvernement Provisoire de la France Libre le charge de réorganiser à New York les réseaux d'information. Il parcourt l'Amérique latine, donne des cours de littérature française dans un collège de Pennsylvanie et regagne Paris en 1945. Il note ses impressions de revenant dans le *Journal d'un fantôme* (1946). Directeur des émissions pour l'étranger de la Radiodiffusion française, chargé par l'Unesco d'une enquête sur les moyens d'information, il parcourt de nombreux pays. De 1951 jusqu'à sa retraite en 1977, il produit des émissions, principalement consacrées à la poésie (« Chansons de poètes », « Prenez garde à la poésie », « Poètes oubliés, amis inconnus ») recueillant le trésor des comptines et légendes du monde entier.

Il s'efface alors de la scène publique, consentant, à de rares intervalles, à donner des interviews sur les amis disparus, à rassembler ses souvenirs (*Profils perdus*, 1963), ses *Poèmes et poésies* (1973), ses *Écrits sur la peinture* (1980). Peu à peu, la plupart de ses œuvres sont rééditées, auxquelles s'ajoutent des entretiens : *Vingt mille et un jours* (1980), cinq pièces de théâtre radiophonique : *À vous de jouer* (1980) et ses *Mémoires de l'oubli*.

L'ŒUVRE

Prétextant de la réussite inégalée des *Champs magnétiques*, on en est venu à circonscrire Philippe Soupault à ce seul acte méritoire, rejetant tout le reste de son œuvre littéraire, vite assimilée à du journalisme, à une littérature alimentaire. Or il est à la fois un très grand poète et un prosateur qui, tous comptes faits, restera dans l'histoire pour son style moderne, percutant, sans fioritures. Un modèle toujours nécessaire à l'époque où la vitesse d'acheminement des messages voisine celle de la lumière.

LA POÉSIE

« Je ne sais ce que je serais devenu si je n'avais pas connu la poésie ; j'ai voué ma vie à la poésie. Je sais que c'est une libération, que, grâce à elle, je me détache, je m'évade… je rencontre un ami qui, j'en suis sûr, est sincère, naturel, sans arrière-pensées, lorsque je puis, sans circonstances atténuantes, rencontrer la poésie » déclare Soupault en 1953. Par-delà les différentes étapes de sa carrière poétique (cubisme, Dada, surréalisme, etc.) et plutôt que de suivre l'ordre chronologique de publication des plaquettes, maintes fois reprises et ré-articulées dans un ordre différent, on distinguera trois grandes orientations dans sa poésie, qui d'ailleurs s'entremêlent parfois.

a) *Poésie spontanée.* Parlant de l'écriture automatique, on a généralement pris l'effet pour la cause, considérant que la réussite de l'expérience était due aux conditions extérieures posées par les deux sujets. On oubliait le facteur individuel, autrement dit le cheminement qui avait conduit Soupault en particulier à cet état de disponibilité, à cette spontanéité qui lui faisait refuser toute rature. Ses recueils antérieurs (*Aquarium* 1917, *Rose des_vents*, 1919) témoignent, d'emblée, d'un ton tout à fait personnel. Mais une oreille exercée peut y percevoir la leçon d'Apollinaire, de Reverdy, de Cendrars, de Valéry Larbaud, par l'utilisation de l'espace, les jeux typographiques, la thématique de la modernité, les accents nouveaux du jazz américain, les notations morcelées, le discours intérieur, le goût des voyages, l'exotisme, les départs annulés. Mais tout cela est vite dépassé par l'art de la syncope, la juxtaposition de mots-images, l'ellipse engendrant la surprise, le désaccord des temps verbaux. C'est tout cela que Soupault apporte à l'écriture automatique, outre sa scrupuleuse franchise. Or on sait, avec l'Aragon du *Traité du style*, que si vous écrivez de tristes imbécillités, elles le resteront, surréalistes ou pas. Soupault est comme un sismographe, enregistrant d'une plume rapide les soubresauts de la conscience contemporaine, que ce soit en 1920 :

SERVITUDES

Il a fait nuit hier
mais les affiches chantent
les arbres s'étirent
la statue du coiffeur me sourit
Défense de cracher
Défense de fumer [...] »
ou bien en 1945 :

À toutes les portes

Qu'il est lourd ce soir
et qu'il est lent
ce parfum de feuilles sèches
que chacune des secondes
chasse et reprend
ce bruit dans ma tête
est dur
quand chaque écho
de ce qui est lointain
ou inconnu
frappe à toutes mes portes »

comme dans les derniers poèmes de *Crépuscules* :

GRAND INCENDIE

L'arc-en-ciel de la souffrance
de l'aube à l'aurore à midi
et jusqu'à la nuit depuis le crépuscule
Chaque minute compte chaque battement de cœur
chaque lueur chaque geste chaque souvenir
en attendant le sommeil insaisissable
ce fauve qu'on ne peut rejoindre
et qui va disparaître dans le brouillard
qu'il faudra poursuivre sans espoir de le rejoindre
Et tout à coup l'incendie de la haine »

b) *Chansons* : depuis les *Chansons des buts et des rois* dites ensuite *Chansons des buses et des rois* jusqu'au recueil de *Chansons* (1949) et aux poèmes de *Sans phrases* (1953) en passant par les *Épitaphes* de l'époque dada, et peut-être même depuis sa prime jeunesse, Soupault compose ce qu'il nomme des chansons, poèmes qu'il n'est pas nécessaire de mettre en musique, variations sur des nursery rhymes que lui fredonnait sa gouvernante anglaise. Il en retient le caractère populaire, jouant sur les mots, cachant, par l'humour des manipulations verbales le fond d'angoisse et d'inquiétude qui le caractérise. En voici deux exemples :

POUR UN DICTIONNAIRE

Philippe Soupault dans son lit
né un lundi
baptisé un mardi
marié un mercredi
malade un jeudi
agonisant un vendredi
mort un samedi
enterré un dimanche
c'est la vie de Philippe Soupault

et cette variante des Compagnons de la Marjolaine :

MORT SANS PHRASE

C'est la mort qui passe ici si tard
compagnons de misère et frères de la joie
nous la saluons au passage
qu'elle passe passe qu'elle s'éloigne [...]

Soupault ne cache pas que ces poèmes lui ont souvent été dictés durant son sommeil, revenant comme une phrase obsédante s'il ne s'était pas aussitôt réveillé pour les noter.

c) *Odes* : à côté de ces poèmes généralement brefs, et souvent dans le même temps, se déploie une veine plus ample, plus soutenue, relevant de la tradition de l'ode, sans qu'il y ait pour autant retour à une forme périmée. *Westwego* (1922), *Georgia* (1926) *Bulles Billes Boules* (1920-1930), *Étapes de l'enfer* (1932-1934), *Sang Joie Tempête* (1934-1937), *Odes* (1943-1946), *Message de l'île déserte* (1944) disent avec gravité le chagrin, la tristesse, les élans et les retombées de qui doute de l'homme. Le ton s'élève, outré de la marche défaillante du monde. Le noir et le rouge dominent, couleurs de la nuit, de la mort. Le rythme de la litanie gagne, parfois relayé par les accents du negro-spiritual :

Je ne dors pas Georgia
je lance des flèches dans la nuit Georgia
j'attends Georgia
je pense Georgia

Le feu est comme la neige Georgia
la nuit est ma voisine Georgia
j'écoute les bruits tous sans exception Georgia...

Du murmure, de la répétition lancinante monte soudain la voix d'un prophète scandalisé, interprète des générations futures :

[...] Il y aura enfin les années qui feront leur entrée
dans la ville déserte
dépouillée des souvenirs désinfectée désolée
et nous reviendrons visiter les ruines fouiller les décombres
renifler comme des animaux tous les parfums de la mort
toutes les odeurs du désespoir et de l'infidélité
Ce n'est pas nous qui chargés d'une couronne
verserons des larmes sur ce qui fut et ne sera jamais plus
qui guetterons les corbeaux et tous les animaux parasites
Tout ne sera pas fini allons donc
on trouvera encore ces grands vers qui fouillent les sols sanglants
et les infâmes qui seront gonflés de la vase qui les nourrit
Nous n'oublierons pas nous n'oublierons pas nous n'avons pas oublié
Paris
et toutes ses souillures
et toutes ses gloires
et tous ses deuils
et tous ses sourires
et la rengaine de la vie de la ville » (*Ode à Paris*).

Par-delà la pudeur de sa poésie, son ton faussement enjoué, son apparente facilité, gagne le chant profond de la nuit, l'appel des grands espaces, le souffle du vent dévastateur, la révolte devant l'injustice du monde et l'insolence de la mort.

LE TÉMOIGNAGE

« Tous mes romans sont des témoignages, déclare-t-il. Non pas pour se défendre de l'oukase surréaliste d'André Breton, qui refusait la fiction, mais, plus simplement, parce qu'il estime n'avoir jamais rien inventé de son propre chef. De sorte que ses proses, d'ailleurs parsemées de pépites poétiques, peuvent aussi bien être classées dans la catégorie du roman que de l'essai ou parfois même du reportage (bien qu'il se soit toujours refusé à recueillir ses articles de journaux, par trop éphémères à ses yeux). Souvent, au cours des rééditions et reprises, plusieurs fragments glisseront d'un genre à l'autre, sans que personne ne trouve à redire.

Le témoignage de Soupault porte sur trois domaines : le « mal du siècle », cet état d'esprit caractérisant les jeunes gens de sa sorte, au sortir de la guerre ; le mal bourgeois, (les mœurs carnassières d'une société qu'il connaissait bien par sa famille) ; le face à face du créateur avec soi-même.

LE MAL DU SIÈCLE

Cette expression, utilisée jadis pour dépeindre l'attitude romantique, a été reprise à propos de la jeune génération qui avait fait la guerre de 1914-1918, celle que Drieu La Rochelle dépeindra sous les traits de *Gilles* et Aragon dans *Aurélien*. Jeunesse désorientée, prête à tout rejeter, sans projet, hantée par l'acte gratuit gidien et davantage encore obsédée par l'idée de suicide. *Le Bon Apôtre* (1923) est ainsi l'histoire d'une éducation sentimentale dépourvue de toute sentimentalité, de toute morale. Le héros, Jean, camarade du narrateur, Philippe Soupault, a laissé accuser injustement une jeune bonne dont il abusait. Démasqué, après cinq ans de prison, il tente diverses expériences et finit par disparaître en Amérique. Roman à clefs, on peut y reconnaître le boxeur-poète Arthur Cravan, que Cendrars avait connu, ainsi que des personnages épisodiques comme Aragon, Breton, Éluard, et leurs aînés : Apollinaire, Cendrars, Max Jacob, Francis Carco, le collectionneur Jacques Doucet. Le plus intéressant n'est pas dans le refus de la psychologie, mais dans l'usage de techniques variées, inspirées de l'*Ulysse* de Joyce : autobiographie, journal intime, jargon juridique, lettres, monologue intérieur, collages. Publié la même année, *À la dérive* relate les aventures d'un voisin de Soupault dans l'Île Saint-Louis qui, plusieurs soirs de suite, au comptoir d'un bistro, lui avait fait part des étapes de sa déchéance. Après avoir couru le monde sur toutes les mers, joué les pionniers en Australie, il avait tâté de l'opium et, tôt vieilli, se laissait porter par le courant. De la même façon, *Horace Pirouelle* (1925) est l'histoire d'un étudiant noir que Soupault avait connu à la Sorbonne. Il ne rêvait que du Grand Nord et d'épouser une esquimaude. Un jour, il s'esquiva sans laisser de traces. Le narrateur imagine son périple, dans le désert neigeux, où il rencontre des êtres impossibles, un vieillard alcoolique, un esquimau pédéraste. *En joue* (1925) est la confession d'un enfant du siècle. Soupault devient le Musset de sa génération. Son héros, Julien, résume à la fois les traits de Jacques Rigaut, de Drieu, de Crevel, tous ceux qui témoigneront d'une impuissance à vivre dans leur siècle et, pour une raison ou pour une autre, se donneront la mort. Écrivain sans allant, sportif amateur, amoureux avec détachement, Julien traverse une maladie qui le plonge dans un état second, faisant remonter à lui tous les souvenirs d'enfance (comme Soupault à l'hôpital). Il est obsédé par la mort. Le roman l'abandonne au bord du suicide. Par des épisodes discontinus, des phrases brèves au présent, l'auteur fait sentir ce vide total que ses jeunes compagnons côtoyaient dangereusement. En revanche, il évoque dans *Le Cœur d'or* (1927) sa propre fébrilité, l'intensité de son amour, sa découverte d'autres horizons, puis la crise nerveuse qui le conduit dans une maison de santé où il rencontre Nijinsky, le danseur étoile des Ballets Russes, emmuré dans un silence éternel. Autre témoignage, à la limite de la crédibilité, *Le Nègre* (1927) prélude par la courte biographie de Faustin Soulouque, empereur d'Haïti trahissant son peuple en imitant les fastes napoléoniens. Puis c'est, dans une suite discontinue, l'évocation d'un certain Edgar Manning, que le narrateur a rencontré à Londres en 1913, qu'il retrouve à Paris comme batteur dans un orchestre de jazz. Doué de capacités physiques et intellectuelles hors du commun, ce noir est d'une totale immoralité. De trafics de drogue en crime gratuit, il fuit de pays en pays, frôlant avec délices les situations les plus dangereuses. Là encore, l'intérêt réside moins dans l'anecdote invraisemblable que dans le style poétique, extrêmement tendu, générateur de mythes. Lesquels se déploient en toute liberté dans *Les Dernières Nuits de Paris* (1928), un récit éclaté, plus proche d'Eugène Sue, de *Fantômas* et d'*Arsène Lupin* que de Restif de la Bretonne dont il s'inspire par le titre. C'est le Paris des surréalistes, où le rêve surgit à chaque carrefour, où les énigmes s'enchaînent autour d'un marin vagabond, d'une putain au grand cœur attirant à elle toute la pègre, d'un chef de bande incompréhensible. « La nuit de Paris devenait un domaine inconnu, un immense pays merveilleux plein de fleurs, d'oiseaux, de regards et d'étoiles ». Dans ce monde interlope transfiguré par la nuit, les objets prennent une dimension incertaine, les êtres se démultiplient, la cité touche à sa fin par le délire.

LA BOURGEOISIE

Soupault la connaît bien, la grande bourgeoisie. *Les Frères Durandeau* (1924) présente quelques spécimens de cette classe qu'il déteste pour sa brutalité, sa sécheresse de cœur, son appât du gain. Histoires de succession, séances de conseil, pénibles dîners dominicaux, portraits des trois frères, c'est l'irrésistible ascension industrielle, que complète *Le Grand Homme* (1929) entièrement consacré à Louis Renault, sous les traits de Gavard. *A posteriori*, Soupault trouvait qu'il en avait tracé un portrait d'une indulgence coupable : alors que son incurie avait causé la mort de plusieurs ouvriers, c'est lui que sa famille plaignait au lieu de le condamner.

Enfin, dans *Les Moribonds* (1934), le mal du siècle rejoint la critique de la bourgeoisie en la personne d'un fils de famille qui tente d'échapper à son milieu d'origine. Il s'embauche comme travailleur manuel, rencontre une jeune fille qui l'aime et l'aide à trouver un autre emploi. Il réussit si bien qu'il dirige une succursale à Berlin. Sa compagne ne s'y plaît pas. Peu à peu, ils s'éloignent l'un de l'autre. Daniel visite la campagne rhénane, fréquente les lieux mal famés de Berlin et se dégoûte de sa réussite. Il voyage, retourne auprès de sa famille. À la mort de sa mère, il vend tous ses biens et s'éloigne, découvrant dans la misère générale une raison de vivre. Avec cet ouvrage, qui passe du populisme à l'expressionnisme (on y sent l'influence du cinéma allemand), Soupault tourne le dos à sa jeunesse et s'oriente vers la vie unanime. C'est le thème qu'il aurait développé dans *Les Moissonneurs*, roman écrit en 1940 et certainement brûlé par la police de Vichy. Il y montrait la camaraderie entre cinq jeunes chômeurs, trois garçons deux filles, installés dans une sorte de phalanstère près de Toulouse. La technique romanesque, comme dans les ouvrages précédents, mêlait le récit au journal tenu par chacun des personnages et au rapport journalistique. Lorsque J.-H. Dupuy lui demanda pourquoi il ne le récrivait pas, Soupault répondit : « Je ne suis plus sûr que le roman, à notre époque, soit un genre défendable. Le meilleur est bien pâle à côté du récit de choses vécues. Je n'écrirai plus de romans. Ceux qui ont lu *Le Temps des Assassins* m'ont conseillé d'écrire mes mémoires. [...] J'ai l'impression que si je me remets à vivre le passé, je signe ma condamnation à mort. »

MÉMOIRES DE L'OUBLI

Impression fallacieuse, puisque déjà l'*Histoire d'un blanc* (1927) était une autobiographie, à l'âge de trente ans. L'auteur y concluait un pacte avec lui-même : être absolument sincère, dire toute la vérité. S'il ne cache rien de sa formation intellectuelle, de ses dégoûts, de ses aspirations, de ses admirations, on apprendra peu de choses sur sa sensualité, sur l'amour à quoi il prétendait sacrifier sa vie. L'intérêt d'un tel examen de conscience est qu'il est ponctué de remarques sur l'acte d'écrire des mémoires, de se regarder écrivant. Dans les années 80, ce texte a été inséré dans la trilogie des *Mémoires de l'oubli*, dont il constitue le premier volume. Ce titre générique dit bien la relation complexe que Soupault entretient avec sa mémoire. Reprenant la formule classique de Théodule Ribot, il considère que l'oubli est une des conditions de la mémoire. Aussi ne prétend-il pas à l'exactitude des dates et des détails, s'efforçant plutôt de recréer l'atmosphère de sa jeunesse, de retracer les émotions vécues au moment des événements, de reconstituer le visage des amis désormais disparus. Du lycée Condorcet jusqu'à son exclusion du surréalisme, les deux derniers tomes suivent, avec quelque nonchalance, la chronologie intime, apportant quelques précisions, ressuscitant des figures oubliées, témoignant, à nouveau, pour l'histoire, figeant, en quelques instantanés précis ce qu'il a repêché de l'oubli.

LES ESSAIS

Autre forme de témoignage, les écrits que Soupault consacre à certains peintres, à des écrivains, à des artistes qui ont formé sa sensibilité. Créateurs contemporains ou passés qu'il ressuscite d'un trait vif, sans littérature. Certains pourraient figurer dans ses *Mémoires* (et d'ailleurs ils s'y retrouvent, Soupault pratiquant l'art du collage, ne laissant jamais perdre une page jugée parfaite) : Apollinaire, Reverdy, Proust, Cendrars, Joyce, Crevel, Bernanos, dont il ramasse les *Profils perdus* en 1963, y ajoutant un essai sur Baudelaire, une évocation de Dada, un nouveau portrait du Douanier Rousseau.

De même qu'il s'est pris de passion pour *Charlot* (1931), c'est-à-dire le personnage de cinéma, tel qu'il a pu en reconstituer la vie légendaire, et qu'il a suivi avec attention le développement du film (*Écrits de cinéma*, 1979) disant ses préférences pour *Le Chien andalou*, *Monkey business*, etc. ; de même il s'est attaché à expliquer les raisons de ses enthousiasmes pour les peintres. S'il n'a pas découvert Paolo Uccello et William Blake, que les spécialistes connaissaient déjà, c'est peut-être lui qui a dit le mieux les raisons de les admirer aujourd'hui et d'intégrer leurs préoccupations artistiques dans l'esthétique contemporaine.

Parfois, son émotion le pousse jusqu'à imaginer, dans un intense mouvement lyrique, le créateur dans son atelier. Ainsi fait-il du Douanier Rousseau, recevant ses amis avec simplicité, ou encore d'Isidore Ducasse qu'il voit composant ses *Chants de Maldoror* en tapant des notes sur un piano dans sa chambre de la rue Vivienne. Ici l'essayiste passe les bornes du genre, pour mieux faire saisir son propre témoignage de créateur. Car l'intuition domine l'intelligence. Il faut d'abord sentir : c'est ce qui lui permet de saisir l'essentiel du théâtre de Labiche ou de Musset. Au-delà des faits, qu'il faut bien respecter, il y a leur interprétation, leur retentissement dans la conscience collective, et c'est là que Soupault met son talent.

LE THÉÂTRE

Du *Théâtre dans un fauteuil* de Musset à celui de Soupault, il n'y a qu'un pas. Outre les deux pièces écrites en collaboration avec Breton à l'époque Dada, usant de l'automatisme et de la provocation – et qui n'ont jamais été représentées intégralement – Soupault a composé plusieurs œuvres pour la radio, qui sont comme autant d'exercices, de tentatives pour s'approprier une technique nouvelle. Mises à part les traductions de Shakespeare (*Comment on dresse une garce*, *Les Joyeuses Épouses de Windsor*), on retiendra ce *Rendez-vous* dans le recueil *À vous de jouer* (1980) qui est une sorte de *Huis-clos* sartrien, constitué de dialogues absurdes à force de banalité, où l'on passe du coq à l'âne, où les mots n'ont plus de signification explicite, où enfin l'univers est refermé sur lui-même, sans issue possible, sans la moindre espérance. Et encore *La Jeune Fille qui fait des miracles*, savoureux vaudeville en quatre actes, où le don de voyance, tout à fait involontaire, de la jeune fille, permet de développer une satire à l'eau-forte des milieux journalistiques, ecclésiastiques, métapsychiques.

***

Plus attentif aux jeunes poètes qu'à ses propres œuvres, Soupault laisse l'image d'un dilettante d'une curiosité universelle. En vérité, il avait une sensibilité d'écorché vif, qui lui a fait ressentir avant tout le monde les soubresauts de son siècle, sur lequel il porte témoignage dans sa poésie comme dans sa prose. Sa facilité apparente, sa discrétion, son art de la litote et de l'ellipse ont trompé ses contemporains sur sa véritable profondeur. Dans les années quatre-vingt, il a assisté à sa propre réhabilitation aux yeux du public, comme un gage de pérennité. Avec le temps, il reprend sa place parmi les trois mousquetaires, comme soucier de la poésie, inventeur d'une prose tendue, nerveuse, efficace.

IL N'Y A QUE DEUX GENRES, LE POÈME ET LE PAMPHLET

On sait l'interrogation de M. Aa l'antiphilosophe, se demandant vers 1920 « comment il pourrait multiplier sa vie en quelques pages de livre, il n'y a que deux genres dit-il, le poème et le pamphlet[1] ». Inspiration, expiration, voilà à quoi se résumait la littérature pour Tristan Tzara.

De la même façon que l'auteur de *L'Antitête* réorganisait l'histoire de la poésie selon les deux catégories de la « poésie moyen d'expression » et de la « poésie activité de l'esprit », il serait intéressant, et certainement pertinent, de situer la littérature française par rapport à ces deux genres[2]. Toutefois, l'idée d'éclatement, qui préside à nos travaux, entraîne l'idée d'explosion insonore, de rupture soudaine, de fragmentation, ou bien encore d'extension, d'épanouissement. Elle suppose une multiplication des genres telle qu'il convient de se livrer à un examen préalable de la production littéraire et des usages génériques courants au XXe siècle.

Soumis aux injonctions des avant-gardes telles que Dada et le Surréalisme, nous pensons, *a priori*, que la notion de « genre littéraire », si elle n'est pas tout à fait caduque, n'a plus grand sens à notre époque, ou, plus précisément, que les différents genres encore nommés ne recouvrent plus le même contenu que dans les classiques traités de rhétorique.

Or, un rapide regard panoramique sur la production littéraire du XXe siècle montre que l'indication générique, sur les ouvrages ou leur

---

1 Tristan Tzara, « Prosélyte à prix fixe » (1920), *L'Antitête, Œuvres complètes*, Paris, Flammarion, 1977, t. II, p. 268. Essai initialement paru dans *L'Éclatement des genres au XXe siècle*, sous la direction de Marc Dambre et Monique Gosselin, Paris, Presses de la Sorbonne nouvelle, 2001, p. 61-80.

2 Ils ne sont évidemment pas sur le même plan, et n'ont pas fait l'objet d'études de même ampleur. Pour ce qui concerne le pamphlet, on pourra consulter : Marc Angenot, *La Parole pamphlétaire. Contribution à la typologie des discours modernes*, Paris, Payot, 1982, 432 p. Celui-ci considère le pamphlet et ses équivalents comme un élément du discours agonique, issu de la catégorie de la « littérature d'idées », au même niveau que l'essai.

paratexte, est toujours en vigueur. Davantage, il semble que, dans la pratique, on ne se soit jamais autant servi de la classification par genres et des distinctions qu'elle induit, sur tous les plans. Est-ce à dire que rien n'a changé depuis des siècles ? Si le vocabulaire critique utilisé dans ce domaine est toujours le même, désigne-t-il les mêmes choses ?

En d'autres termes, dans quelles conditions, et jusqu'où, les limites se sont-elles déplacées depuis qu'Isidore Ducasse intitulait *Poésies* ses « prosaïques morceaux » ?

Qu'en est-il au regard de l'histoire de la littérature, sur une longue période ? Pour tenter de répondre à cette question, je me servirai des données fournies par les deux banques de données, comme leur nom l'indique, susceptibles d'apporter une aide appréciable à nos travaux, dans la mesure où elles utilisent un système ordonné de classification générique. L'une, textuelle, l'autre factuelle : FRANTEXT d'une part, et la Banque de données d'histoire littéraire (BDHL)[3] d'autre part.

LE SYSTÈME DE FRANTEXT

DEUX NIVEAUX DE DESCRIPTION

Il n'est pas dans mon propos de présenter la base de données textuelles FRANTEXT, la plus riche du monde en ce qui concerne la littérature française. Toutefois, je rappellerai, pour ceux qui en ignorent l'histoire aussi bien que pour les utilisateurs présents et futurs, qui ne peuvent percevoir le classement méthodique des œuvres par genres, sur quels principes s'est constituée cette banque.

Destinée, au premier chef, à fournir des attestations pour les lexicographes chargés d'élaborer le « Trésor de la langue française » (TLF, devenu désormais TLFi) destiné à remplacer le Littré, elle était, à l'origine, essentiellement constituée de « textes littéraires » des XIXe et XXe siècles. La notion de « texte littéraire » s'entend par opposition au texte de

3 Ces systèmes ne sont toujours pas satisfaisants ; du moins ont-ils le mérite d'exister. Après Henri Meschonnic, Dominique Combes a fort bien dénoncé l'incohérence terminologique dans ce domaine : la prose et la poésie sont deux catégories hétérogènes, qui ne s'opposent pas sur le même plan (*Poésie et récit. Une rhétorique des genres*, Paris, José Corti, 1989, p. 32).

caractère fonctionnel, essai ou traité. Aujourd'hui la banque annonce quatre-vingts pour cent de textes littéraires, et donc vingt pour cent de textes de caractère pratique, juridique, médical, etc.

J'ai entre les mains un fascicule, non daté, fourni par ce qui, à l'époque, se nommait encore l'I.L.F. (Institut de la Langue Française), vers les années quatre-vingt, qui distingue trois sortes de « genres » ou plutôt, puisque le terme n'est jamais employé, trois niveaux de descripteurs, juxtaposés et non hiérarchisés. Ce sont :

N. 1	Prose ; Vers.
N. 2	Romans ; Théâtre ; Poésie ; Mémoires ; Récits de voyage ; Correspondance ; Éloquence ; Presse ; Traités ou Essais ; Mélanges littéraires ; Pamphlets.
N. 3	Administration publique ; Arts ; Astronomie ; Bâtiment ; Biologie ; Chimie ; Critique littéraire ; Droit ; Économie ; Énergie ; Ethnologie ; Histoire ; Industries ; Information ; Linguistique ; Loisirs ; Mathématiques ; Occultisme ; Philosophie ; Politique ; Psychologie ; Religions et sociétés secrètes ; Sports.

TAB. 1 – Niveaux de genre dans Frantext.

S'intéressant au contenu des ouvrages, le troisième niveau rejoint, on le voit, la classification méthodique de Dewey ou, mieux, la classification décimale universelle. Les écrits concernés échappant, en grande partie, au domaine « littéraire », je ne le mentionne que pour mémoire. Toutefois, il convient de noter qu'y figurent, entre autres, dans la catégorie « arts » ou « critique littéraire », l'*Essai sur les romans* de Marmontel (1799), *Le Génie du christianisme* de Chateaubriand (1803) et, pour en venir au XXe siècle, *L'Argent* de Péguy (1913), le *Manifeste Dada 1918* de Tzara ainsi que les *Manifestes du surréalisme* de Breton (1930) ou encore *Le Théâtre et son double* (1938) d'Antonin Artaud, dont il faudrait tenir compte pour mesurer l'évolution des genres littéraires dans la banque.

Sur Internet, ces « genres » apparaissent dans un menu déroulant qui offre le choix suivant : indifférent ; correspondance ; éloquence ; mémoires, pamphlet ; poésie ; récit de voyage ; roman ; théâtre ; traité ; essai.

Discutable, prêtant à mainte critique de la part des concepteurs eux-mêmes, ce nouveau classement est le seul dont on puisse se servir pour opérer une sélection par « genre » dans la banque, avant d'aborder l'analyse des textes eux-mêmes. Alors qu'à l'origine il était possible de faire une requête par tri croisé portant, par exemple, sur « Prose/Théâtre », cela ne semble plus possible avec le logiciel actuel. En revanche, Il est toujours possible de rechercher toutes les œuvres d'un genre donné parmi les dix reproduits ci-dessus (la catégorie « indifférent » signifie que la sélection portera sur l'ensemble des genres).

TRAITS DU XXe SIÈCLE

Commençons par établir la statistique des œuvres du XXe siècle actuellement enregistrées dans la banque, pour chaque genre :

Genre	XXe	Total	%.
Indifférent	1 368	3 632	37,6
essai	540	1 079	50,0
roman	430	1 074	40,0
traité	517	1 068	48,4
théâtre	112	482	23,2
poésie	97	333	29,1
mémoires	76	243	31,2
correspondance	9	158	5,7
récit de voyage	8	63	12,6
éloquence	0	23	0,0
pamphlet	0	15	0,0

TAB. 2 – nombre de textes enregistrés par frantext

À parcourir ce dénombrement, le moins qu'on puisse dire est qu'on n'est pas agressé par l'éclatement des genres à l'époque moderne ! Et pourtant, les textes du XXe siècle représentent un peu plus du tiers de la banque. En dépit des apparences, on ne peut se prévaloir de ce tableau pour en conclure que l'éloquence ou le pamphlet ont disparu depuis 1900, ni, inversement, que le traité ou l'essai sont en forte croissance (d'autant que, faute d'une définition précise de chacun de ces genres, les œuvres correspondantes figurent dans les deux catégories à la fois). Ces chiffres ne représentent que le contenu de FRANTEXT. Toutefois, ils révèlent des tendances que les administrateurs de la banque n'ont pas éprouvé le besoin de corriger.

TENDANCES

Il faut savoir que FRANTEXT considère comme « texte » une certaine quantité de caractères, de telle sorte qu'un titre tel que *Le Système des beaux-arts* d'Alain (1920) constitue deux entrées bibliographiques dans la banque. Compte tenu de cette donnée, j'observe que la correspondance est en baisse à l'époque contemporaine avec les noms de Bernanos, Alain-Fournier, Claudel, Gide et Valéry. Est-ce à dire que le genre (si genre il y a) tendrait à disparaître, en raison de l'évolution des pratiques de communication ?

La catégorie des « mémoires », statistiquement bien traitée, regroupe le « journal » (Bloy, Renard, Du Bos, Green, Mauriac, Larbaud, Gide) ; les « mémoires » proprement dits (Foch, De Gaulle) ; les « cahiers » (Barrès) et des titres plus spécifiques (Joë Bousquet, *Traduit du silence*) relevant bien de cet ensemble.

Tout bien pesé, le trait le plus notable, concernant le vingtième siècle, est l'apparition massive de la poésie en prose. C'est l'équivalent du passage du récit en vers à la prose, au XIVe siècle, et cela regarde les œuvres de Saint-John Perse, René Char, Aragon, Breton, Tzara, Ponge, etc. On ne s'est pas contenté de toucher au vers, comme le clamait Mallarmé, on l'a bel et bien répudié. Il y a là plus qu'un éclatement de genre, le franchissement d'une frontière absolue. Bien entendu, il faudrait examiner dans le détail les transformations induites. N'étant pas étranger à la présence de plusieurs de ces noms et de ces poèmes en prose dans FRANTEXT, j'y reviendrai plus bas[4].

---

4 L'unité de recherche que je dirigeais à l'INALF aussi bien que le centre de recherche Hubert de Phalèse de l'université Paris III, qui a repris l'essentiel des activités antérieures, ont, à mon initiative, fourni à FRANTEXT les œuvres complètes numérisées d'Aragon, Breton, Crevel, Tzara, vérifiées par mes soins.

Simultanément, le théâtre en vers disparaît, à quelques exceptions près, telles qu'une tragédie de Moréas (*Iphigénie*, 1904) ou les pièces d'Apollinaire (*Casanova*, *Couleur du temps*, *Les Mamelles de Tirésias*) et de Tristan Tzara. En vérité, il s'agit moins, chez ces poètes aventuriers, de maintenir la tradition que d'une exploration des possibilités du vers libre alternant avec la prose, au sein du dialogue théâtral.

Ces approximations premières demandent à être étayées par des données plus précises et plus nombreuses. C'est pourquoi je me tournerai vers la BDHL, qui utilise une classification par genres méthodique.

LA COMBINATOIRE DES GENRES OU LE SYSTÈME DE LA BDHL

LES 4 NIVEAUX

Conçue en 1985 à l'université Paris III, la Banque de données d'histoire littéraire (BDHL) a voulu, dès l'origine, prendre en compte la notion de genre littéraire comme l'une des catégories sur quoi s'appuie l'histoire de notre littérature. Le classement adopté reflète en l'intégrant dans la diachronie, on le verra, l'influence des théories linguistiques dominantes ces années-là.

D'une façon toute pragmatique, il s'agit d'abord de considérer l'ouvrage sous son aspect le plus matériel. La manière dont la page est remplie et justifiée répond au premier niveau : la prose est alignée à droite et à gauche, la poésie, qu'elle soit régulière ou non, ne l'est pas. Par mixte on entend tout recueil, toute œuvre comprenant à la fois des vers et de la prose, comme, par exemple, *Psyché* de La Fontaine. Par « autre », on entendra toute occupation différente de la page blanche, comme le calligramme ou la bande dessinée.

De fait, à l'image de l'indexation de l'INALF, et s'appuyant sur les résultats fournis par les machines, le niveau 2 correspond, très grossièrement, au système grammatical des personnes : le « tu » caractérise le théâtre ; le « il » la fiction, le « je » la poésie[5] ou le discours intime.

---

5 Ces considérations se fondent sur la statistique fournie à l'origine par FRANTEXT qui, ne l'oublions pas, numérisait essentiellement des ouvrages du XIXe et du XXe siècles. Le

Le troisième niveau correspond davantage à la problématique nous réunissant ici. Il s'agit, sur ce point, de rendre compte des faits littéraires qui se sont produits au cours de onze siècles de littérature française, et, par conséquent, de trouver une terminologie capable de recouvrir les phénomènes les plus divers, quelle que soit l'étiquette qu'ils recevaient à l'époque de leur avènement. Ce niveau, très composite, intègre à la fois les critères formels et des éléments du contenu ou encore des dénominations historiquement déterminées.

Je passe sur le quatrième niveau, qui tient compte, quand elles existent, des indications portées sur l'ouvrage lui-même (collection, sous-titre, page de titre, mention publicitaire au dos de la couverture, etc.).

NIVEAU 1			
Vers	Prose	Mixte	
Autre	(Indéfini)		
NIVEAU 2			
Théâtre	Poésie	Discours intime	
Fiction	Idées		
NIVEAU 3			
Autobiographie	Drame	Journal	Recueil
Bande dessinée	Éloquence	Lai	Religion
Biographie	Épopée	Lyrique	Roman
Chansons	Essai	Mémoires	Satire
Comédie	Fabliau	Mystère	Théâtre
Conte	Farce	Nouvelle	Tragédie
Correspondance	Fiction	Opéra	Voyage
Critique	Geste	Philosophie	(etc.)
Dictionnaire	Histoire	Poésie	
Didactique	(Indéfini)	Politique	
NIVEAU 4			
Genre indiqué sur l'ouvrage :			

TAB. 3 – niveaux de genre dans la BDHL

« je » ainsi identifié proviendrait du lyrisme personnel de la poésie à l'époque traitée.

S'agissant d'une banque de données susceptible de fournir matière à des calculs statistiques et à des observations d'ensemble, les concepteurs se sont gardés de créer des catégories pour des objets discrets, n'ayant qu'une seule occurrence ou, du moins, une faible fréquence. L'important est ici la combinaison des trois (ou quatre) niveaux, laissant place à des genres hypothétiques, que l'historien est en droit de constituer, même s'ils n'ont jamais été pensés par les écrivains ni les poéticiens.

COMBINAISONS OUVERTES

De fait, le jeu des permutations recouvre la pratique littéraire traditionnelle. Ainsi une œuvre en vers, de fiction, peut être soit un lai, soit un roman en vers, tel que ceux auxquels s'est intéressé naguère Michel Décaudin[6]. Il en va de même pour le théâtre, recouvrant au cours des temps les catégories suivantes : tragédie, comédie, drame, farce, mystère, mais aussi la moralité, la tragi-comédie, le vaudeville, le mélodrame, etc.

Plus complexe, le genre du récit de voyage, que nous concevons essentiellement en prose, pourrait se réaliser dans toutes les catégories du deuxième niveau, aussi bien Idées que Fiction ou Poésie.

Un bon usage des différentes possibilités ouvertes par la permutation de ces catégories permettra de rendre compte de pratiques littéraires circonscrites dans le temps, comme le poème en prose, codé Prose/Poésie ; ou bien le roman par lettres, tant prisé au XVIIIe siècle, codé Prose/Fiction/Correspondance.

Imaginons une combinaison telle que celle-ci :

N1 = Prose ; N2 = Discours intime ; N3 = Roman.

Qui ne voit que je viens de désigner « l'autofiction » chère à Doubrovsky, et sur laquelle je reviendrai ci-dessous. De la même façon, il est facile de concevoir un ensemble présentant les caractéristiques suivantes :

N1 = Prose ; N2 = Récit ; N3 = Poésie.

Ne serait-ce pas là le « récit poétique » théorisé par Jean-Yves Tadié ?

---

6 Voir : Michel Décaudin, « Le roman en vers au XXe siècle » *Romanica wratislaviensia*, n° XXII, 1984, p. 225-233.

GENRES VIRTUELS

En croisant ces différents niveaux avec le critère temporel, on constate, ce qui n'a rien de surprenant, que certains genres, nettement identifiés, ne sont plus pratiqués à une époque donnée. Allons plus loin. Dans une perspective strictement oulipienne, l'ensemble des permutations nous permet de prévoir des genres qui, à ce jour, n'ont jamais été envisagés, tel le récit de voyage ou bien le journal intime ou encore les mémoires *en vers* (alors que la correspondance versifiée est enregistrée). Sans parler de toutes les œuvres qui gagneraient à être mises en bandes dessinées !

La libre combinatoire de toutes ces catégories ouvre exactement 1 020 possibilités. De fait, pour les 2 774 œuvres actuellement enregistrées dans la banque, on constate que seulement 221 combinaisons génériques ont été réellement utilisées, ce qui laisse place à de nombreux agencements !

Voici un tableau présentant les vingt « genres » les plus représentés dans la banque, par ordre de fréquence décroissante :

On serait tenté d'analyser ce tableau qui, en somme, ne fait que reproduire dans sa classification, en le systématisant, l'usage courant, ou, plus exactement, la pratique des poéticiens.

Genre 1	Genre 2	Genre 3	XVIe	XVIIe	XVIIIe	XIXe	XXe
Prose	Fiction	Roman	5,7 %	8,5 %	16,5 %	35,8 %	41,9 %
Vers	Poésie	Poésie	17,2 %	2,7 %	1,7 %	7,5 %	6,9 %
Prose	Idées	Essai	1,6 %	5,0 %	5,8 %	4,6 %	4,8 %
Prose	Théâtre	Comédie	1,6 %	5,8 %	9,0 %	3,6 %	2,8 %
Prose	Théâtre	Drame	0,0 %	0,0 %	2,9 %	3,9 %	5,0 %
Vers	Poésie	Lyrique	16,4 %	1,5 %	0,9 %	4,3 %	0,8 %
Vers	Théâtre	Tragédie	5,7 %	16,9 %	4,3 %	0,4 %	0,1 %
Prose	Idées	Critique	2,5 %	4,2 %	3,8 %	3,1 %	1,3 %
Prose	Idées	Philosophie	4,9 %	3,1 %	7,8 %	1,5 %	0,7 %
Prose	Fiction	Nouvelles	2,5 %	0,4 %	1,2 %	3,4 %	2,3 %
Prose	Théâtre	Théâtre	0,0 %	0,0 %	0,6 %	1,3 %	3,6 %
Vers	Théâtre	Comédie	1,6 %	10,8 %	4,6 %	1,1 %	0,1 %

Prose	Fiction	Contes	0,8 %	0,8 %	3,5 %	2,5 %	1,5 %
Prose	Discours intime	Auto-biographie	0,8 %	0,0 %	2,3 %	0,7 %	2,6 %
Prose	Idées	Histoire	3,3 %	1,9 %	2,9 %	2,4 %	0,5 %
Mixte	Poésie	Poésie	0,0 %	0,8 %	0,0 %	0,1 %	2,6 %
Prose	Discours intime	Journal	0,8 %	0,0 %	0,0 %	1,0 %	1,7 %
Prose	Idées	Politique	1,6 %	0,0 %	2,3 %	1,5 %	0,3 %
Prose	Poésie	Poésie	0,0 %	0,0 %	0,0 %	0,7 %	1,3 %
Prose	Discours intime	Corres-pondance	0,8 %	1,2 %	1,4 %	0,8 %	0,3 %

TAB. 4 – Évolution des 20 combinaisons génériques les plus productives

Pour fixer les idées, je porterai mon attention sur les phénomènes perceptibles au XXe siècle.

ÉVOLUTIONS AU XXe SIÈCLE

PERSISTANCES ET MUTATIONS

Loin de me complaire à l'examen de données statistiques (d'autant moins pertinentes qu'elles concernent des « populations » peu nombreuses), il me faut bien regarder les chiffres, dans leur grande masse, afin de répondre à la question initiale : savoir d'où provient « l'éclatement » des genres littéraires au XXe siècle, et de quelle nature il est. Tout d'abord, voici quelques graphiques montrant la part croissante que se taillent certains genres, au niveau 2, celui des grandes catégories discursives, au cours du temps :

Libellé	Ensemble
Discours intime	163
Fiction	1 125
Idées	515
Indéfini	50
Poésie	442
Théâtre	508
Libellé	XVIe
Discours intime	8
Fiction	11
Idées	31
Indéfini	4
Poésie	53
Théâtre	15
Libellé	XVIIe
Discours intime	7
Fiction	36
Idées	86
Indéfini	3
Poésie	26
Théâtre	106
Libellé	XVIIIe
Discours intime	22
Fiction	90
Idées	119
Indéfini	10
Poésie	24
Théâtre	88
Libellé	XIXe

Discours intime	34
Fiction	323
Idées	127
Indéfini	12
Poésie	122
Théâtre	105
Libellé	XXe
Discours intime	88
Fiction	627
Idées	136
Indéfini	20
Poésie	187
Théâtre	183

TAB. 5 – proportion des genres de niveau 2
selon les siècles.

On remarquera combien ces graphiques reflètent l'image collective, transmise par l'École en particulier, de l'évolution des genres dans notre littérature, le XVIIe siècle se caractérisant par le théâtre, le XVIIIe par les idées, etc. En ce sens, on peut dire que la BDHL offre une bonne représentation de la perception collective de l'histoire littéraire.

Mais il convient d'entrer un peu dans le détail. Sur 221 combinaisons génériques utilisées du XVIe au XXe siècle, plus de la moitié servent à caractériser des œuvres du siècle passé. En voici une rapide illustration :

Siècle	Combinaisons réalisées	Nombre d'œuvres	Moyenne
XVIe	43	122	2,8
XVIIe	63	260	4,1
XVIIIe	75	345	4,6

XIXe	108	716	6,6
XXe	113	1 231	10,9
Total	221	2 774	12,6

TAB. 6 – combinaisons – réalisations

Si, maintenant, on regarde l'évolution des combinaisons les plus productives au cours des temps, celles qui servent à qualifier le maximum d'œuvres, comme l'indique le tableau suivant :

Genre 1	Genre 2	Genre 3	XVIe	XVIIe	XVIIIe	XIXe	XXe
Prose	Fiction	Roman	5,7 %	8,5 %	16,5 %	35,8 %	41,9 %
Vers	Poésie	Poésie	17,2 %	2,7 %	1,7 %	7,5 %	6,9 %
Prose	Idées	Essai	1,6 %	5,0 %	5,8 %	4,6 %	4,8 %
Prose	Théâtre	Comédie	1,6 %	5,8 %	9,0 %	3,6 %	2,8 %
Prose	Théâtre	Drame	0,0 %	0,0 %	2,9 %	3,9 %	5,0 %
Vers	Poésie	Lyrique	16,4 %	1,5 %	0,9 %	4,3 %	0,8 %
Vers	Théâtre	Tragédie	5,7 %	16,9 %	4,3 %	0,4 %	0,1 %
Prose	Idées	Critique	2,5 %	4,2 %	3,8 %	3,1 %	1,3 %
Prose	Idées	Philosophie	4,9 %	3,1 %	7,8 %	1,5 %	0,7 %
Prose	Fiction	Nouvelles	2,5 %	0,4 %	1,2 %	3,4 %	2,3 %
Prose	Théâtre	Théâtre	0,0 %	0,0 %	0,6 %	1,3 %	3,6 %
Vers	Théâtre	Comédie	1,6 %	10,8 %	4,6 %	1,1 %	0,1 %
Prose	Fiction	Contes	0,8 %	0,8 %	3,5 %	2,5 %	1,5 %
Prose	Discours intime	Auto-biographie	0,8 %	0,0 %	2,3 %	0,7 %	2,6 %
Prose	Idées	Histoire	3,3 %	1,9 %	2,9 %	2,4 %	0,5 %
Mixte	Poésie	Poésie	0,0 %	0,8 %	0,0 %	0,1 %	2,6 %
Prose	Discours intime	Journal	0,8 %	0,0 %	0,0 %	1,0 %	1,7 %
Prose	Idées	Politique	1,6 %	0,0 %	2,3 %	1,5 %	0,3 %
Prose	Poésie	Poésie	0,0 %	0,0 %	0,0 %	0,7 %	1,3 %

Prose	Discours intime	Corres-pondance	0,8 %	1,2 %	1,4 %	0,8 %	0,3 %

TAB. 7 – Évolution des 20 combinaisons génériques les plus productives

On constate qu'au XXe siècle, l'usage de l'étiquette générique roman (Prose/Fiction/Roman) va croissant, non seulement en valeur absolue, mais aussi en valeur relative, ainsi que l'essai (Prose/Idées), le drame (Prose/Théâtre) et le théâtre indifférencié (Prose/Théâtre/Théâtre). Si la poésie versifiée et le drame se maintiennent par rapport à la moyenne des siècles, on note surtout la croissance du poème en prose sous deux variables (Prose/Poésie/Poésie ; Mixte/Poésie/Poésie), du journal intime (Prose/Discours intime/) et de l'autobiographie (Prose/Discours intime), comme on l'a vu ci-dessus à propos des textes enregistrés dans FRANTEXT. De là vient peut-être le sentiment d'un éclatement des genres, au sens d'épanouissement, voire de saturation.

Une nouvelle combinatoire

Cependant, l'éclatement, je l'ai dit, c'est aussi l'émergence, le bourgeonnement, la floraison de combinaisons inédites. Voici un tableau présentant celles qui se font jour au XXe siècle :

Nom	Titre	Date	Genre 1	Genre 2	Genre 3	Genre indiqué
Forton	Les Pieds Nickelés	1908	Autre	Fiction	Bande dessinée	
Roussel	Comment j'ai écrit certains de mes livres	1935	Mixte	Discours intime	Critique	
Jaccottet	La Semaison	1984	Mixte	Discours intime	Poésie	Carnets 1954-1979
Montherlant	Première Olympique	1924	Mixte	Idées	Roman	
Gide	Les Nouvelles Nour-ritures	1935	Mixte	Discours intime	Lyrique	Poésie
Prévert	Choses et autres	1972	Mixte	Indéfini	Poésie	
Jacob	La Défense de Tartufe	1919	Mixte	Poésie	Autobiographie	
Tzara	Grains et issues	1935	Mixte	Poésie	Essai	
Pichette	Apoèmes	1948	Mixte	Poésie	Lyrique	
Reverdy	La Lucarne ovale	1916	Mixte	Poésie	Poésie	Poèmes
Desnos	La Liberté ou l'amour !	1927	Mixte	Poésie	Roman	
Péguy	Le Mystère de la charité de Jeanne d'Arc	1910	Mixte	Théâtre	Drame	Mystère
Leiris	La Règle du jeu	1948	Prose	Discours intime	Autobiographie	
Breton	Nadja	1928	Prose	Discours intime	Récit	
Toulet	Comme une fantaisie	1918	Prose	Fiction	Nouvelles	Roman
Psichari	Le Voyage du centurion	1916	Prose	Fiction	Religion	Roman
Quignard	Le Lecteur	1976	Prose	Idées	Roman	Récit

Leiris	À cor et à cri	1988	Prose	Indéfini	Recueil	
Péret	Mort aux vaches et au champ d'honneur	1953	Prose	Poésie	Contes	
Maeterlinck	Ariane et Barbe-bleue ou la délivrance inutile	1901	Prose	Théâtre	Contes	Conte en 3 actes
Cayrol	Poésie-Journal	1969	Vers	Discours intime	Journal	
Audiberti	Race des hommes	1937	Vers	Poésie	Poésie	

TAB. 8 – Combinaisons nouvelles au XXe siècle.

On aimerait avoir le loisir de discuter ou d'expliquer ces désignations. Elles témoignent et de l'ambiguïté d'une détermination générique (dans la mesure où celle-ci porte à la fois sur le fond et la forme) et de l'étonnement ou de la difficulté ressentie par les manœuvres de la BDHL devant des objets désorientant. Soit l'étrange association de « théâtre » et « conte » qualifiant la pièce de Maurice Maeterlinck, *Ariane et Barbe-Bleue*. Elle est doublement justifiée, par la référence explicite au conte populaire d'une part, par l'inscription que porte l'auteur en page de titre, d'autre part. Il en va de même pour *La Défense de Tartufe* de Max Jacob, dont le titre original se prolonge ainsi : « extases, remords, visions, prières, poèmes et méditations d'un juif converti ». À la limite, on pourrait postuler que toute la poésie du XXe siècle, celle, du moins, qui compte à nos yeux, est un hapax générique, je veux dire une combinaison de niveaux de genre inédite.

En vérité, l'embarras des scoliastes ne fait que traduire la complexité des œuvres nouvelles. Pour *Nadja* d'André Breton, que d'aucuns n'hésitent pas à considérer comme un roman, en dépit des mises en garde de l'auteur, on serait tenté de qualifier cet ouvrage de « récit surréaliste », si l'on pouvait introduire une dénomination adaptée à chaque cas particulier. Considérant la juxtaposition de la prose et des photographies, partie intégrante de la narration, on devrait indiquer au niveau 1 : Autre ; au niveau 2 : Idées ; au niveau 3 : Autobiographie ou bien Journal intime. Ayant parcouru de nouveau, pas à pas, le chemin qui mène de la rue Fontaine à la rue de Chéroy puis à l'île de la Barthelasse sous Avignon, je suis, avec un certain nombre de critiques, de ceux qui pensent que Breton s'est tenu au plus près de la réalité vécue. Mais tout récit n'exige-t-il pas un minimum d'arrangement, de mise en forme narrative, comme en témoigne la révision de 1962, n'y a-t-il pas ici une énigme telle qu'on peut, à bon droit, se dire en présence d'une fiction[7] ?

Même difficulté avec les *Grains et issues* de Tristan Tzara, ici codés : Mixte/Poésie/Essai, où l'on pourrait tout aussi justement inverser les

7 *Nadja* illustre très précisément le récit à la première personne comme genre mixte, tel que l'analyse Käte Hamburger dans sa *Logique des genres littéraires*, trad. française, Paris, Seuil, 1986, p. 274 *sq.* ; ce qui n'autorise pas à en conclure que c'est « un énoncé de réalité feint ». Son préfacier, Gérard Genette, en est, me semble-t-il, suffisamment convaincu pour laisser la porte à demi ouverte (ou fermée) : « et si nous ne disposions d'aucun fondement rationnel pour accorder, disons, au *De natura rerum*, aux *Essais*, aux *Confessions*, au *Neveu de Rameau*, à *La Vie de Rancé*, à *La Sorcière*, à *L'Amour fou*, leur statut d'œuvres littéraires ? » (*ibid.*, p. 15). Il va de soi que *L'Amour fou* et *Nadja* ont le même statut.

deux dernières catégories, ce qui donnerait : Idées/Poésie. S'agissant de rendre compte du « rêve expérimental », concept avancé et défendu par le poète dans ce recueil où il développe un long récit de rêve en y greffant des remarques théoriques et des notes poético-critiques, on ne peut que tenter de classer l'ouvrage, sans être jamais sûr d'y parvenir de façon satisfaisante. L'important est, me semble-t-il, que la taxinomie ne réduise pas l'originalité du texte.

Il faut croire que les réalisateurs de la BDHL y sont parvenus, puisque de tels exemples sont ressortis automatiquement, je veux dire sans intervention de ma part.

Genre indiqué

Au vrai, le problème pourrait être résolu avec les mentions génériques indiquées sur l'ouvrage lui-même, soit à la page de titre, ou encore par la collection, ou bien sur la quatrième page de couverture. La moitié seulement des œuvres du XXe siècle recensées dans la BDHL déploient une telle annonce. Voici, à titre indicatif, dans l'ordre alphabétique, les dénominations rencontrées :

Album de croquis villageois ; Anthologie ; Anti-pièce ; Autobiographie ; Aventure ; Aventures ; Aventures extraordinaires ; Biographie ; Biographie passionnée ; Carnets ; Carnets de route ; Chantefables ; Chronique ; Comédie ; Comédie-ballet ; Comédie avec des chansonnettes ; Comédie en X actes ; Comédie parodique ; Conte ; Conte en trois actes ; Contes ; Contes africains ; Contes et nouvelles ; Contes et récits ; Correspondance ; Critique et interprétation ; Cycle romanesque ; Dialogue philosophique ; Dictionnaire ; Diptyque romanesque ; Discours ; Drame ; Drame comique ; Drame en X actes ; Drame en prose ; Drame en X tableaux ; Drame héroï-comique en X actes ; Essai ; Essai sur l'absurde ; Essais ; Farce ; Farce en X actes ; Farce paysanne ; Farce pour marionnettes ; Farce tragique ; Fiction ; Histoire ; Histoire d'un amour ; Histoires ; Historiette ; Journal ; Journal de voyage ; Journal intime ; Mémoires ; Mystère en X tableaux ; Notes ; Notes et réflexions ; Nouveaux poèmes ; Nouvelle ; Nouvelles ; Nouvelles villageoises ; Œuvre poétique ; Œuvres poétiques complètes ; Pamphlet ;

Parapsychocomédie ; Philosophie ; Pièce ; Pièce en X actes (scènes, tableaux) ; Poème ; Poème dramatique ; Poème javanais ; Poèmes ; Poésie ; Poésies ; Portrait de ville ; Premiers écrits ; Recueil de contes ; Récit ; Récit autobiographique ; Recueil ; Recueil d'articles (lettres, nouvelles, pièces de théâtre, poèmes, textes, essais, poétique) ; Roman ; Roman en X parties ; Roman et vérité ; Roman historique ; Roman policier ; Roman psychologique ; Souvenirs ; Souvenirs d'enfance ; Spectacle en X parties ; Texte autobiographique ; Théâtre ; Tragédie ; Tragédie bouffe ; Tragédie en X actes ; Traité ; Trilogie romanesque ; Trois dialogues philosophiques ; Vaudeville ; Vaudeville attristant ; Vaudeville en X actes.

TAB. 9 – mentions génériques au XXe siècle.

Indications formelles pour la plupart, elles précisent le contenu de l'ouvrage, sa longueur (ou, pour le spectacle, sa durée), mais aussi sa profondeur, et enfin le ton de l'ensemble. Comme les titres[8], elles attirent et informent le lecteur potentiel, en lui permettant de classer l'ouvrage dans une série déjà identifiée, ou, au contraire, en soulignant son originalité.

Et chacun de faire assaut de singularité : « comédie parodique » dit Apollinaire de son *Casanova*, après avoir qualifié *Les Mamelles de Tirésias* de « drame surréaliste en deux actes et un prologue » ; « anti-pièce » écrit Eugène Ionesco pour *La Cantatrice chauve*, qui va le conduire à développer toute une dramaturgie. Dans la même veine, Audiberti qualifie *L'Effet Glapion* de « parapsychocomédie ».

Dans d'autres cas, il s'agit de marquer le caractère oxymorique de l'œuvre : *La Leçon* d'Ionesco est un « drame comique » ; *Les Chaises* fabriquées par le même monsieur une « farce tragique » ; *Pantagleize* de Michel de Ghelderode, un « vaudeville attristant » ; ses *Fastes d'enfer* une « tragédie bouffe ». Avec ces exemples, on conçoit que leurs auteurs aient pu, un moment, être classés dans la catégorie du « Nouveau théâtre ». Mais ceci nous conduirait à traiter d'un tout autre sujet qui préoccupe l'histoire littéraire, celui des mouvements ou groupes littéraires.

8 Pour une étude plus précise d'un cas spécifique, voir mon article « Lieux-dits : les titres surréalistes », *Mélusine* n° IV, 1984, p. 77-99.

Revenant à la combinatoire des genres et à leur dénomination au XXe siècle, deux groupes dominent : le théâtre, de moins en moins défini, devient « pièce » dans la terminologie des auteurs, et l'étiquette « roman » recouvre de plus en plus d'objets indéfinis.

LA « PIÈCE » DE THÉÂTRE

La BDHL enregistre 175 titres d'œuvres théâtrales au XXe siècle. Au premier niveau, la combinaison générique la plus fréquente, et la plus évidente, si je puis dire, est Prose/Théâtre. Toutefois on compte encore quelques œuvres en vers, comme *Chantecler* (comédie) et *L'Aiglon* (drame) de Rostand, l'*Iphigénie* (tragédie) de Moréas ou *Miguel de Manara* (mystère) de Milosz. L'étiquette Mixte s'applique particulièrement à Pichette, pour *Les Épiphanies* et *Nucléa*, qui sont, effectivement, des poèmes dramatiques, tout comme le *Mystère de la charité de Jeanne d'Arc*, de Péguy.

Au troisième niveau, on compte, entre autres, 63 drames, 33 comédies, 18 tragédies (le genre n'a pas sombré !), et 7 farces. Cependant, le trait le plus remarquable est, au niveau 4, l'indication « pièce » (ou « pièce en X actes, scènes, tableaux, etc. ») portée, avec l'aval de leurs auteurs, sur 35 œuvres publiées[9]. Ce concept indéterminé s'applique également à ce que nous considérons comme tragédie, drame, ou comédie et, plus généralement, à ce qu'on n'a pu définir plus précisément, au troisième niveau, que comme théâtre. C'est là, me semble-t-il, la marque d'un « éclatement » des genres, dans le sens où les frontières génériques, pourtant fort vivaces dans le domaine théâtral, ont été franchies, où, comme le voulait le Théâtre Alfred-Jarry animé par Artaud et Vitrac, on passe sans transition du rire aux larmes.

LE « ROMAN » TOTALITAIRE

Peut-être est-ce dû au manque de recul historique, à la difficulté que nous avons à ne retenir que l'essentiel d'une production qui nous est proche, toujours est-il que, toutes proportions gardées, le nombre de romans croit considérablement au XXe siècle sous le regard de l'histoire littéraire. C'est sans doute l'indice d'un épanouissement du genre, d'une extension triomphante, mais aussi d'une transformation, comme le montre

9 Par principe, la BDHL n'enregistre que les monographies, à la date de leur première publication, telle qu'elle est indiquée par le dépôt légal.

la variation des niveaux de genre précédant cette détermination. À s'en tenir aux seuls ouvrages dont le genre est indiqué, on voit combien le roman repousse les limites traditionnelles. Ce sont, au premier chef, les nouvelles catégories apparues au cours du siècle, du roman psychologique au roman historique, policier, etc.

Puis c'est Jarry, qualifiant chacune de ses œuvres en prose, donnant, en quelque sorte, des instructions de lecture : *Le Surmâle, roman moderne* (1901) ; *Messaline, roman de l'ancienne Rome* (1901) ; *Gestes et opinions du Docteur Faustroll, pataphysicien roman néo-scientifique* (1911). Dans la même perspective, la seule marque du pluriel, chez Georges Perec, ouvre de vastes perspectives à la lecture de *La Vie mode d'emploi, romans* (1978), où se trouvent, si l'on veut, plusieurs récits constituant autant de puzzles d'une œuvre expérimentale.

Tandis que le roman est majoritairement codé Prose/Fiction/Roman, on relève quelques exceptions, indices d'une perturbation du genre. Ainsi, au premier niveau, le roman poétique qu'est *Le Voleur de Talan* (1917) de Pierre Reverdy, avec son usage si particulier de l'espace blanc, et son caractère discrètement autobiographique.

Ce même trait autobiographique, nettement exprimé, s'ajoutant à l'absence d'intrigue, est ce qui perturbe nos classificateurs. Que faire de tous ces ouvrages portant l'étiquette « roman », dont on voit bien qu'ils sont le récit d'une vie, celle de l'auteur lui-même ? Du roman, ils ne gardent que l'expansion temporelle. Ainsi en est-il de *Marie-Claire* de Marguerite Audoux (1910) à *Climbié* de Bernard Dadié (1956) ou *La Deltheillerie* de Joseph Delteil (1968) ou bien *Mon corps et moi* de René Crevel (1925), qui tient du journal intime, de l'introspection quotidienne, du « pamphlet contre soi-même », de l'épure d'une vie qui se réalisera exactement comme elle est écrite plus que de l'affabulation romanesque, et ne prend aucune distance à l'égard du personnage central, narrateur de lui-même. Avec cet exemple, nous rejoignons la problématique signalée à propos de *Nadja*, à cette différence près que Crevel a lui-même porté la mention « roman » sur son livre.

***

Pour rapide et partiel qu'il soit, ce survol des genres littéraires au XXe siècle aura, je l'espère, aidé à mieux cerner l'éclatement postulé par ce colloque. Les instruments auxquels j'ai fait référence, construits par des hommes, n'ont rien d'infaillible. Comme d'habitude, ils posent certainement autant de problèmes qu'ils en résolvent.

Ils permettent néanmoins de confirmer le sentiment que nous avons d'une explosion des genres au cours du siècle, d'une manière interne par le grand nombre de combinaisons génériques opérées ; d'une façon externe par la multiplicité des termes à valeur typologique employés par les auteurs eux-mêmes pour caractériser leurs ouvrages.

À travers notre représentation de l'histoire littéraire (dont je n'ai pas assez dit qu'elle s'appuyait sur une synthèse des propositions contenues dans les manuels scolaires et divers ouvrages d'usage courant), on constate la mutation profonde de la poésie, qui n'est plus dans l'usage d'une structure régulière mais, pour parler comme Henri Meschonnic, dans une forme-sens, chaque fois redéfinie. De même, les deux catégories théâtrales initiales s'estompent au profit du drame d'abord, de la « pièce » ensuite, comprise comme une œuvre suscitant toutes les émotions durant la durée du spectacle, refusant toute recette, innovant constamment, non pas contre les règles mais à côté, s'ouvrant aux autres genres, poésie, fiction, idées, discours intime. De la même façon, le roman, devenu le genre majeur et dominant, oublie qu'il n'est qu'une forme dégradée de l'épopée (selon Lukacs) pour accueillir tous les autres genres, dont il fait son miel, intégrant, en particulier, au niveau supérieur, la classe du récit intime, qui vient, en quelque sorte, ancrer la fiction dans une réalité sans rivages.

De telles conclusions seraient pour contredire M. Aa l'antiphilosophe, qui ne concevait que deux genres antagonistes. Pourtant, à bien y réfléchir, je me demande s'il n'avait pas raison en se plaçant au point de vue du créateur. Mais c'est là un autre aspect du débat, qu'il nous faudra reprendre.

ANNEXE

Les 220 combinaisons effectivement présentes dans la BDHL, par ordre de fréquence décroissante :

Niveau 1	Niveau 2	Niveau 3
Prose	Fiction	Roman
Vers	Poésie	Poésie
Prose	Idées	Essai
Prose	Théâtre	Comédie
Prose	Théâtre	Drame
Vers	Poésie	Lyrique
Vers	Théâtre	Tragédie
Prose	Idées	Critique
Prose	Idées	Philosophie
Prose	Fiction	Nouvelles
Prose	Théâtre	Théâtre
Vers	Théâtre	Comédie
Prose	Fiction	Contes
Prose	Discours intime	Autobiographie
Prose	Idées	Histoire
Mixte	Poésie	Poésie
Prose	Discours intime	Journal
Prose	Idées	Politique
Prose	Poésie	Poésie
Prose	Discours intime	Correspondance
Prose	Théâtre	Tragédie
Prose	Fiction	Fiction
Prose	Idées	Didactique

Prose	Idées	Religion
Vers	Fiction	Roman
Mixte	Poésie	Recueil
Autre	Fiction	Bande dessinée
Prose	Discours intime	Roman
Vers	Poésie	Recueil
Vers	Poésie	Religion
Prose	Discours intime	Voyage
Prose	Indéfini	Roman
Prose	Idées	Dictionnaire
Vers	Poésie	Chansons
Prose	Idées	Éloquence
Prose	Idées	Correspondance
Prose	Idées	Voyage
Prose	Théâtre	Farce
Vers	Théâtre	Drame
Prose	Fiction	Histoire
Vers	Poésie	Geste, épopée
Mixte	Fiction	Roman
Vers	Fiction	Geste, épopée
Prose	Indéfini	Histoire
Prose	Idées	Roman
Prose	Théâtre	Satire
Vers	Idées	Philosophie
Prose	Discours intime	Essai
Prose	Idées	Autobiographie
Mixte	Théâtre	Comédie
Prose	Idées	Satire
Prose	Poésie	Recueil

Prose	Fiction	Autobiographie
Vers	Poésie	Satire
Vers	Théâtre	Opéra
Prose	Fiction	Voyage
Prose	Idées	Indéfini
Prose	Fiction	Satire
Vers	Théâtre	Théâtre
Mixte	Poésie	Lyrique
Vers	Théâtre	Farce
Vers	Théâtre	Mystère
Prose	Fiction	Correspondance
Vers	Poésie	Didactique
Vers	Théâtre	Satire
Prose	Idées	Recueil
Prose	Indéfini	Indéfini
Vers	Poésie	Philosophie
Vers	Idées	Didactique
Mixte	Théâtre	Théâtre
Prose	Idées	Journal
Prose	Idées	Poésie
Prose	Discours intime	Recueil
Autre	Théâtre	Comédie
Prose	Fiction	Indéfini
Prose	Discours intime	Histoire
Vers	Fiction	Contes
Vers	Idées	Religion
Mixte	Idées	Critique
Prose	Fiction	Recueil
Autre	Fiction	Roman

Prose	Fiction	Poésie
Prose	Poésie	Lyrique
Prose	Fiction	Journal
Prose	Théâtre	Recueil
Prose	Théâtre	Indéfini
Prose	Fiction	Farce
Vers	Fiction	Poésie
Prose	Discours intime	Philosophie
Mixte	Fiction	Contes
Vers	Idées	Satire
Vers	Poésie	Contes
Mixte	Indéfini	Recueil
Prose	Fiction	Drame
Mixte	Idées	Essai
Prose	Théâtre	Histoire
Prose	Idées	Fiction
Prose	Fiction	Philosophie
Prose	Fiction	Comédie
Prose	Idées	Nouvelles
Prose	Indéfini	Journal
Prose	Indéfini	Religion
Prose	Discours intime	Éloquence
Prose	Idées	Contes
Prose	Fiction	Didactique
Autre	Idées	Journal
Mixte	Idées	Recueil
Vers	Théâtre	Histoire
Prose	Discours intime	Lyrique
Vers	Poésie	Roman

Indéfini	Idées	Religion
Vers	Idées	Critique
Vers	Idées	Politique
Vers	Discours intime	Poésie
Vers	Poésie	Autobiographie
Vers	Idées	Recueil
Mixte	Poésie	Didactique
Vers	Poésie	Histoire
Vers	Poésie	Critique
Vers	Théâtre	Poésie
Vers	Idées	Histoire
Prose	Indéfini	Dictionnaire
Prose	Indéfini	Recueil
Autre	Idées	Roman
Autre	Idées	Essai
Mixte	Indéfini	Poésie
Vers	Discours intime	Journal
Mixte	Poésie	Théâtre
Autre	Indéfini	Bande dessinée
Mixte	Discours intime	Recueil
Vers	Poésie	Théâtre
Prose	Poésie	Contes
Mixte	Poésie	Philosophie
Mixte	Discours intime	Autobiographie
Prose	Poésie	Voyage
Mixte	Idées	Indéfini
Vers	Poésie	Fiction
Mixte	Discours intime	Critique
Mixte	Indéfini	Lyrique

Mixte	Poésie	Essai
Vers	Idées	Essai
Prose	Indéfini	Autobiographie
Prose	Discours intime	Fiction
Mixte	Poésie	Roman
Autre	Poésie	Roman
Indéfini	Indéfini	Philosophie
Prose	Poésie	Nouvelles
Mixte	Poésie	Autobiographie
Mixte	Indéfini	Roman
Vers	Fiction	Nouvelles
Prose	Poésie	Philosophie
Prose	Fiction	Religion
Mixte	Théâtre	Drame
Autre	Idées	Bande dessinée
Prose	Théâtre	Contes
Prose	Poésie	Drame
Prose	Fiction	Lyrique
Autre	Discours intime	Autobiographie
Vers	Théâtre	Chansons
Prose	Indéfini	Drame
Prose	Idées	Chansons
Mixte	Idées	Histoire
Prose	Discours intime	Contes
Indéfini	Idées	Politique
Prose	Poésie	Geste, épopée
Autre	Idées	Didactique
Prose	Discours intime	Critique
Prose	Indéfini	Nouvelles

Prose	Indéfini	Farce
Mixte	Poésie	Indéfini
Vers	Idées	Chansons
Autre	Idées	Histoire
Prose	Discours intime	Nouvelles
Mixte	Théâtre	Recueil
Mixte	Théâtre	Tragédie
Mixte	Théâtre	Mystère
Vers	Poésie	Drame
Autre	Idées	Politique
Vers	Théâtre	Critique
Vers	Théâtre	Philosophie
Vers	Théâtre	Politique
Prose	Indéfini	Geste, épopée
Prose	Théâtre	Roman
Prose	Indéfini	Éloquence
Vers	Fiction	Didactique
Vers	Poésie	Politique
Indéfini	Idées	Journal
Prose	Fiction	Chansons
Prose	Poésie	Chansons
Mixte	Théâtre	Opéra
Prose	Idées	Drame
Autre	Indéfini	Chansons
Prose	Discours intime	Indéfini
Autre	Idées	Dictionnaire
Prose	Fiction	Essai
Autre	Indéfini	Indéfini
Mixte	Idées	Éloquence

Mixte	Indéfini	Contes
Autre	Idées	Voyage
Vers	Idées	Poésie
Vers	Idées	Correspondance
Mixte	Idées	Satire
Indéfini	Théâtre	Tragédie
Prose	Idées	Comédie
Vers	Poésie	Éloquence
Prose	Indéfini	Voyage
Prose	Discours intime	Poésie
Prose	Théâtre	Religion
Vers	Idées	Autobiographie
Vers	Discours intime	Didactique
Mixte	Poésie	Histoire
Mixte	Idées	Didactique
Mixte	Poésie	Politique
Vers	Théâtre	Fabliau
Prose	Fiction	Politique
Vers	Fiction	Fiction
Vers	Discours intime	Lyrique
Mixte	Théâtre	Religion
Vers	Fiction	Lai
Vers	Fiction	Satire
Mixte	Discours intime	Drame

LA PRÉSENCE ET LE RÔLE DES ÉCRIVAINS ROUMAINS DE LANGUE FRANÇAISE

Je ne sais plus qui est l'auteur du titre de cette communication. Est-ce l'organisateur du colloque, est-ce moi-même ? Je n'en ai pas souvenance. En revanche, je puis dire quelles difficultés j'ai rencontrées à définir mon sujet à partir d'un titre aussi ambigu et incomplet. Car il s'agit d'abord des écrivains roumains de langue française dont la présence s'est manifestée en France au XXe siècle.

Il ne m'est pas possible, dans le cadre imparti, de retracer toute l'histoire, déjà fort longue, des contacts et des échanges littéraires franco-roumains, depuis l'illustre européen que fut Dimitri Cantemir, en passant par Vasile Alecsendri, auteur de ballades populaires roumaines écrites directement en français (1855), jusqu'à Alexandru Macedonski, auteur de *Bronzes* (1897) ou la comtesse de Noailles, la princesse Bibesco, Hélène Vacaresco, etc. Dans la même perspective, il ne m'est pas possible d'envisager les travaux de Pius Servien, Matila Ghyka, Stéphane Lupasco, E. M. Cioran, Mircea Eliade, qui ont largement influencé la pensée française. Je m'en tiendrai aux seuls écrivains d'origine roumaine qui se sont exprimés en français, soit qu'ils aient abandonné leur langue maternelle au profit d'une langue qu'à tort ou à raison ils considèrent comme universelle ; soit qu'ils aient décidé de s'installer définitivement en France, s'agrégeant ainsi à notre patrimoine.

De fait, le critère de la nationalité d'origine n'est guère pertinent dans l'histoire de notre littérature. Il n'est pas toujours marqué – ainsi pour Jean-Jacques Rousseau, « citoyen de Genève » dont on n'a pas conscience qu'il n'a jamais pris la nationalité française – et il n'est pas nécessairement opératoire puisque ce n'est pas le passeport qui détermine l'originalité ou la valeur d'un écrivain. Dans la plupart des cas, il est difficile de cerner ce qui appartient en propre à la culture d'origine et ce qui relève de la culture universelle. Finalement l'acuité du regard, la sensibilité, l'ouverture à autrui, la réflexion intellectuelle ont plus d'importance qu'un certificat de naissance. Si la langue est un marquage important, celui-ci ne saurait suffire à l'analyse littéraire.

Dans ces conditions, il faut se demander s'il est opportun de faire un sort particulier à des écrivains dont la seule particularité est d'être nés dans l'espace carpato-balkanique.

J'aurais tendance à répondre par la négative, si je n'avais conscience de décevoir votre attente. Au vrai, la question soulevée est d'ordre culturel. Certains auteurs, quelle que soit la langue dans laquelle ils s'expriment, traitent d'une civilisation spécifiquement moldo-valaque : on parlera alors de Roumains d'expressions française, comme Panaït Istrati. À l'autre extrême, certains se sont totalement fondus dans la culture française, de sorte qu'on ne mentionne plus leur patrie d'origine que pour mémoire, afin d'expliquer certaines réactions du public chauvin, comme ce fut le cas pour Tristan Tzara. Entre ces deux extrêmes, les modalités d'insertion dans notre patrimoine culturel sont tellement diverses qu'on s'autorise à les classer en trois catégories : le transfert, la reviviscence, l'intrication. Ces trois aspects de l'apport des écrivains roumains pouvant coexister dans une même œuvre.

La plupart des écrivains formant mon corpus se sont, en quelque sorte, exilés en France, et plus précisément à Paris, où ils ont pensé trouver un terrain à la mesure de leur énergie créatrice. Mais ils ne sont pas nés à la littérature en France, ils s'y sont accomplis. Qu'apportaient-ils dans leur valise de carton bouilli ? Vers quoi sont-ils allés ? C'est ce que je voudrais montrer à travers trois aspects successifs du phénomène de transfert : l'adjonction, la greffe, l'explosion.

Je ne connais pas de traduction des poèmes roumains de Fondane ni de Sernet. Sans doute avaient-ils un caractère symboliste prononcé, si j'en juge par leurs premières publications en français. Mais je sais que Tzara, lorsqu'il est arrivé à Zurich, a contribué à la publication du très moderniste *Cabaret Voltaire* (1916) en exhibant un poème de 1913 « traduit du roumain » : « « Soir », dont voici le début :

> Les pêcheurs reviennent avec les étoiles des eaux
> ils partagent du pain aux pauvres
> enfilant des colliers aux aveugles

les empereurs sortent dans les parcs à cette heure qui
ressemble à l'amertume des gravures[1]

Une certaine mièvrerie symboliste se trouve transformée par des images explosives qui deviennent autant de scandales pour la tradition poétique. À comparer cette traduction à celle qu'en a fourni Claude Sernet[2] bien plus tard, on constate que le poète, traducteur de lui-même, a renversé certaines images. Passant d'une langue à l'autre, il a aiguillé la poésie vers d'autres voies. Ce n'est pas encore la subversion dadaïste, mais déjà quelque chose pointe, à quoi le lecteur du temps n'était pas préparé.

On retrouve un ton semblable, quelques années plus tard, quand Ilarie Voronca fait traduire *Ulysse dans la cité* (1933) par Roger Vailland :

Le funiculaire des jours monte le sang dans le sable
Chaque parole apporte sa saison son climat
Les aventures les chandails de laine glissent dans la vitrine
Sur les murs la nuit te guette te saute au cou[3].

C'est un poète déjà fait qui parle, assuré de ses moyens, conscient de pouvoir apporter du nouveau. La thématique des voyages d'Ulysse autorise une construction du recueil par accumulation, particulièrement adaptée aux exils successifs de Voronca, Fondane, Sernet, qui y trouvèrent un substitut du juif errant.

Le mythe d'Ahasverus, comme celui d'Ulysse, est bien le symbole d'un dire poétique original, nourri d'une expérience personnelle, venu s'enter sur la poésie française, lui apportant non pas une veine nationale, folklorique, populiste, mais plutôt une dimension internationale, des préoccupations nouvelles, ce que je nommerais volontiers l'humanisme des temps difficiles.

Un poème de Fondane, « L'Exode », l'illustre parfaitement,

C'est à vous que je parle, hommes des antipodes,
je parle d'homme à homme,
avec le peu en moi qui demeure de l'homme,

1 Tristan Tzara, « Soir », *Œuvres complètes*, Paris, Flammarion, t. I, 1975, p. 195.
2 *Ibid.*, p. 39.
3 Ilarie Voronca, *Ulysse dans la cité*, traduit du roumain par Roger Vailland, Paris, Éd. Sagittaire, 1983, p. 45.

avec le peu de voix qui me reste au gosier,
mon sang est sur les routes, puisse-t-il ne pas crier
vengeance[4] !...

Plus tardif, un poème sans titre de Claude Sernet confirme que la greffe roumaine a pris définitivement sur le tronc français, pour donner des fruits d'une saveur inconnue :

Il m'est venu soudain, comme un amour (ou presque)
Un grand désir, un grand besoin de rompre
De rompre avec mon nom, de rompre avec moi-même
Avec ma vie aux jours souvent vécus d'avance
Avec le monde autour de moi qui me défie
Son ordre aveugle et sa rigueur trompeuse[5]...

Ce refus de la stabilité est sans doute une constante de ce groupe de poètes, si peu rassemblés et pourtant étrangement semblables. Peut-être parce qu'exilés volontaires, ayant au cœur certaines nostalgies, une insatisfaction permanente, ils incarnent la rupture.

Rupture, explosion, c'est toute la problématique de Dada que nous pose Tzara lorsqu'il lance ses poèmes et ses manifestes au visage de l'Europe. Est-ce qu'il procède à la destruction des codes littéraires parce qu'il est étranger ? Est-il iconoclaste dans la mesure où il n'est pas affectivement attaché au français, qui n'est pas sa langue maternelle ? On l'a souvent prétendu. Je n'en suis pas convaincu, croyant plutôt à la vertu du métissage culturel. N'ayant pas le même rapport à la langue qu'un Français de naissance, il en perçoit mieux et autrement les facultés diverses : rythmes, jeux de mots... Son attitude procède de l'étonnement, de la manipulation naïve qui lui fait mêler les *Centuries* de Nostradamus à ses propres vaticinations.

De sorte que deux lignes mélodiques alternent et s'opposent dans un poème comme « la grande complainte de mon obscurité I » : l'une relevant de l'abstrait-universel, l'autre du sentimental-personnel[6]. Le résultat en fut un choc puissant sur les jeunes poètes contemporains, qui me paraît être la raison fondamentale de l'empire dadaïste, par-delà un

4 B. Fundoianu, *Poezii*, Editura Minerva, Bucuresti, 1983, t. I, p. 142.

5 Claude Sernet, poème daté 30 décembre 1967, in Michel Gourdet, *Claude Sernet, choix de texte établi par Denys-Paul Bouloc*, Rodez, Éd. Subervie, 1981, p. 74.

6 Voir « la grande complainte de mon obscurité » in Tzara, *Œuvres Complètes*, t. I, p. 90-91.

scandale nécessairement éphémère. Et c'est de là qu'est issu, en France, tout le mouvement moderne, bien plus que des mots en liberté futuristes.

Au transfert, suscitant toute une littérature, peut s'adjoindre un autre mode d'action de la littérature roumaine sur la littérature française, de l'apport des écrivains roumains, c'est la reviviscence. J'emploie à dessein ce terme de vocabulaire bergsonien pour qualifier ce retour à la vie de certains traits culturels roumains apparaissant dans telle ou telle œuvre des écrivains dont je traite.

La plupart d'entre eux, une fois installés à Paris, ont apparemment oublié leur terre natale, ou n'ont plus entretenu que des relations privées avec leurs anciens compatriotes. Non par ingratitude des poètes, mais parce qu'ils appartenaient désormais au mouvement actif de l'avant-garde, parce qu'ils étaient en pleine effervescence poétique et que, vues de Paris, leurs expérimentations initiales, leurs hardiesses leur paraissaient timorées.

Il convient de nuancer sérieusement un tel tableau : explorant la correspondance de Tzara avec ses amis roumains, j'ai pu montrer[7] combien les relations entre les deux avant-gardes poétiques étaient fréquentes et précises à tel point que j'ai pu affirmer, non sans provocation, que Tzara était demeuré un phare pour la poésie roumaine de lancée jusqu'en 1939. Exagération peut-être, les poèmes roumains de Tristan Tzara n'étaient pas très nombreux, encore moins les poèmes traduits en roumain. Mais il ne faut pas s'arrêter à cet aspect purement linguistique, la plupart des interlocuteurs de Tzara, ses pairs en poésie, lisent fort bien le français.

Sous l'angle de la reviviscence, je prendrai deux exemples extrêmes. D'abord celui de Panaït Istrati, ce « Gorki balkanique » selon l'expression de Romain Rolland, son parrain dans les lettres, qui le poussa à devenir un écrivain roumain de langue française.

Les récits d'Adrien Zograffi nous apparaissent comme une épopée des peuples occupant la delta danubien. Elle fait découvrir au lecteur français les mœurs simples, naturelles, vigoureuses et parfois violentes des populations mêlées se délivrant du joug ottoman. Elle chante les vertus et les défauts des héros parfaitement typés qui s'identifient et se fondent à leur terre qui les a vus naître.

---

7 Voir Henri Béhar, « Tristan Tzara et ses contemporains roumains », *Manuscriptum*, 1981, n° 2 à 1982, n° 4.

Davantage : Panaït Istrati ne se contente pas d'apporter à un genre exsangue, empêtré dans les méandres de la psychologie, l'ardeur de ses récits vivement menés, la chaleur des terres lointaines où ils se déroulent. L'exotisme de surface est submergé par l'humanité de ses créatures, par le sentiment très vif que l'on a de leur existence concrète.

Je ne sais pas, je ne veux pas savoir si ce que Panaït Istrati raconte, il l'a véritablement vécu ou vu de ses propres yeux. Ce qui compte c'est qu'en écrivant il fait comme s'il revivait – n'est-il pas un miraculé de la vie, sauvé par l'écriture – et qu'en lisant je suis dans la condition d'un témoin réel.

Car Istrati, entremêlant fiction et témoignage vécu, renvoyant, dans ses récits, d'un genre à l'autre, parvient à me faire croire à l'authenticité de ce qu'il raconte, Adrien n'étant que le visage roumain de l'écrivain Istrati.

Avec le recul du temps, et grâce surtout au recueil de récits autobiographiques rassemblés par A. Talex, j'aurai tendance à placer Istrati dans la famille Rousseau plus que du côté russe. Mais pas n'importe quel Rousseau : celui des *Confessions* et des *Rêveries*, celui qui construit une œuvre avec son existence, qui en fait l'anamnèse.

Qu'y-a-t-il de plus émouvant que ces *Dernières paroles* jetées comme une bouteille à la mer à l'adresse de Romain Rolland, et qui ont bien failli demeurer les ultimes mots écrits en français ?

> Aujourd'hui commence l'année 1921, mais pour les autres. Pour moi, c'est le commencement de la fin. Est-il besoin de s'expliquer, lorsqu'on se décide à quitter ce monde ? Non, on peut partir en silence, et ce serait, je crois, la meilleure preuve de sincérité.
>
> Mais pour ceux de mes amis qui penseront, peut-être, que ce fut à cause de quelques difficultés matérielles que j'ai commis cet acte désespéré, je les prie de se rassurer. J'ai des raisons bien plus sérieuses, et la plus forte de toutes c'est la faillite de l'amitié, de leur propre amitié ! Ils ne l'ont pas sentie au point de lui sacrifier leur orgueil et leur intérêt, et ce n'est que par ce côté que l'amitié est un sentiment noble, car celui qui croit que l'amitié ne coûte rien n'a qu'à regarder ce qu'elle me coûte à moi : la vie ! Le reste on ne le saura jamais[8] !

Certes, ces pages d'une haute valeur morale, cet ultime appel à mettre les paroles en accord avec les actes évoquent plutôt les vagabondages de cet éternel errant, et ses rencontres en Égypte, que les individus roumains

8 Panaït Istrati, « Dernières paroles », in *Le pèlerin du cœur*, éd. établie et présentée par Alexandre Talex, Paris, Gallimard, 1984, p. 93.

dont il fera la matière de son œuvre. Mais tout ceci est nourri, on le sent bien, de tous ses bonheurs et de ses souffrances depuis l'enfance à Braïla, comme au cours d'un accident on repasse tout le film de sa vie.

De la même façon, au moment de prendre une grave décision, sur laquelle je reviendrai (la publication de *Vers l'autre flamme*), il hésite et projette un nouveau cycle, intitulé « Les chercheurs de foi » où il commence par se remémorer son premier emploi, aux Docks de Braïla – et l'effet que produisit la première mécanisation sur la vie des manœuvres :

> Un jour de ce début d'automne, – au moment des grands arrivages de céréales qui constituent l'espoir de toute la population laborieuse, – une terrible nouvelle traversa la ville, avec la rapidité d'un éclair :
> – Deux élévateurs flottants sont arrivés devant le débarcadère de Galatz !
> En moins d'une heure, les banlieues se vidèrent de tout ce qu'elles contenaient comme âmes. De chiens, de chats et de pourceaux même, n'ayant jamais vu un tel exode, avaient suivi leurs maîtres, aboyant, miaulant, grognant. La place du port, devant la débarcadère, n'étant plus qu'un océan humain multicolore, hurlant, jurant, maudissant, pleurant. Les femmes s'arrachaient les cheveux. Les hommes faisaient la navette entre les bistrots et les quais, le couteau à la main, et ivres de rage plus que d'eau de vie[9].

Peut-être faudrait-il être plus précis, montrer ce que la langue d'Istrati, en dépit de quelques scories, a apporté à notre pratique littéraire, à l'art narratif. C'est affaire de techniciens. Reste que Romain Rolland avait vu juste : l'expression istratienne se défendait d'elle-même. Je suis persuadé que les réécritures de Jean-Richard Bloch, d'Henri Poulaille, de Robertfrance, au demeurant minimes, ont suffi à mettre le texte de plain-pied avec le goût de l'époque. Elles n'avaient pas d'autre nécessité littéraire : la preuve en est que le texte original, publié sans retouche aujourd'hui, nous convient parfaitement.

Si la Roumanie est toujours présente, d'une manière ou d'une autre, chez l'auteur des *Chardons du Baragan*, on a tendance à oublier la part qui lui revient dans la formation d'Eugène Ionesco.

Je ne parle pas ici des ouvrages écrits et publiés en Roumanie, dont a traité C. Cleynen[10], et dont la dactylographie est conservée, si

9 Panaït Istrati, *ibid.*, p. 55.

10 Catherine Cleynen, « Eugène Ionesco disciple d'Adoré Floupette ? », *Revue des Sciences Humaines*, 1974, n° 1, p. 63-76 ; « Une saison en poésie, Itinéraires d'Eugen Ionescu, jeune critique roumain », *les Valenciennes*, n° 6, Hiver 1981, p. 35-41.

je ne m'abuse, au Musée roumain de la littérature : *Élégies pour des êtres minuscules, Non*, ni de ses polémiques littéraires avec les critiques roumains, qui préfigurent assez celles qu'il entretiendra en France avec les brechtiens et autres théoriciens du théâtre. Il serait utile de voir d'un peu plus près le rôle que ces premières expériences ont joué dans son œuvre – d'une façon générale, les premiers écrits sont déterminants pour le futur.

Par exemple, il me semble impossible de détacher *Rhinocéros* de son contexte roumain, au dire d'Ionesco lui-même. Je crois qu'on a tort, en commentant cette pièce de portée universelle, de ne pas revenir aux indications de l'auteur sur l'atmosphère roumaine avant la Deuxième Guerre mondiale, la prégnance du fascisme, la domination de la Garde de Fer. Ce faisant, on comprend mieux la pièce… et on cesserait de classer son auteur dans la catégorie de l'absurde ou de la dérision. *Rhinocéros* est, à mes yeux, la meilleure analyse du processus totalitaire, à partir d'une expérience intimement perçue, et dans un langage dramatique adapté à notre époque, se refusant les facilités d'une leçon morale.

Mais cette reviviscence du passé roumain, à laquelle je fais référence ici, Ionesco ne cesse de l'appeler ouvertement dans ses essais, ses récits et ses drames. Là encore, je ne prendrai qu'un exemple bref; dans le dernier volume paru du Théâtre : *Voyage chez les morts*.

JEAN

> Je suis maintenant plus âgé que toi. Pourtant quand je te vois, vis-à-vis de toi, je suis toujours l'enfant malheureux que tu opprimais, que tu battais. Tu m'injuriais à cause de ma mère qui ne t'avait fait aucun mal et que tu avais abandonnée. Heureusement j'ai pu fuir de chez toi à dix-sept ans. Que m'aurait apporté un père comme toi, qui frappait ses domestiques ? Pourtant, il est vrai que tu avais quelquefois de vagues élans de tendresse pour moi, ou de fierté quand j'avais des réussites sociales. Quand la politique a fait de moi un paria, l'ignoble politique de ton pays, tu as fait toi aussi un paria de moi. Tu ne résistais pas à l'approbation ni à la désapprobation de la société, ta société. Mais tu as vu, je t'ai vaincu. Parce que j'ai eu la chance et le courage de ne jamais t'obéir. On ne peut pas dire que toi tu n'as pas réussi dans l'obscurité. Tu as été le favori des francs-maçons, des démocrates, de la gauche, de la droite, des gouvernements nazis, de la garde de fer, puis du régime communiste.

LE PÈRE.

J'ai été sage, et modeste[11].

---

11 Eugène Ionesco, *Voyages chez les morts*, Paris, Gallimard, 1981, p. 28.

Cette pièce a un caractère tellement autobiographique qu'on lui a reproché de n'être ni du théâtre ni de la littérature. Il est vrai que l'obsession du père est telle, chez cet écrivain, qu'il me semble n'avoir jamais dominé son complexe initial, malgré l'âge et la mort. Au-delà d'une évocation strictement intime, c'est tout le rapport avec la Roumanie d'avant-guerre qui revient ici, manifestant on ne peut plus clairement le retour du refoulé.

On trouvera peut-être cette reviviscence éprouvante, dans la mesure où elle entraîne l'éternel conflit des générations, et rappelle un temps heureusement révolu. J'en alléguerai une autre, émanant d'un poète encore jeune et tout proche, à l'époque de l'écriture, du mouvement surréaliste. Tzara n'a jamais renié les forêts de Transylvanie qui bercèrent ses vacances. Sans les nommer, il y fait maintes fois références :

> déjà le jour se prend dans le laminoir de la cruelle dentelle
> la crèche saline au cœur de la terre
> déchire la proie des colère rêvées
> au pas de l'homme fort et aux écorces des premiers arbres
> apparus dans la détente du lac[12].

On s'en doute, rien, dans ce poème sylvestre ne nous renverrait à la Roumanie si nous ne connaissions les origines de l'auteur, et s'il n'avait lui-même porté témoignage à ce sujet.

Reste que nos trois écrivains n'ont pu se déprendre d'images obsédantes qui ont marqué leur enfance et leur jeunesse, forêts mémorables pour Tzara, conflit politico-paternel pour Ionesco, épreuves du travail et de l'industrialisation pour Istrati.

Ce n'est pas une Roumanie touristique, de carte postale, qu'ils recréent dans leurs œuvres diverses, mais une terre contrastée, plongée dans l'histoire.

Il arrive un moment où l'expérience première de ces auteurs roumains est si intimement mêlée à l'aventure littéraire française qu'on ne saurait faire la part du pays d'origine. Davantage : l'œuvre n'a plus aucune marque nationale. Elle devient universelle et appartient au patrimoine de l'humanité. C'est en ce sens qu'on peut, à bon droit, parler de l'apport des écrivains roumains à la littérature française. Car, sans eux, aurait-elle le même accent d'universalité ?

---

12 Tristan Tzara, « Les Forêts de la mémoire », *Midis Gagnés*, O. C., t. III, p. 263.

Imaginant, par une sorte d'intuition poétique, l'anthropo–genèse, Tzara décrit l'émergence de l'individu, issu du chaos :

> l'homme approximatif comme moi lecteur
> et comme les autres
> amas de chairs bruyantes et d'échos de conscience
> complet dans le seul morceau de volonté ton nom
> transportable et assimilable poli par les dociles
> inflexions des femmes
> divers incompris selon la volupté des courants
> interrogateurs
> homme approximatif te mouvant dans les à-peu-près
> du destin
> avec un cœur comme valise et une valse en guise
> de tête
> buée sur la froide glace tu t'empêches toi-même de
> te voir
> grand et insignifiant parmi les bijoux de verglas
> du paysage[13]

La portée générale de cette approximation n'échappera à personne. D'une manière plus concrète Panaït Istrati a bien conscience de combattre en personne pour la défense des valeurs universelles lorsqu'après un long débat intérieur il se décide à publier *Vers l'autre flamme* (1929) malgré l'usage (qu'il prévoit) qu'on fera de ses propos, malgré les pressions qu'il subit et le scrupule qu'il éprouve à critiquer un pays qui l'a généreusement accueilli, mais qu'il est allé visiter à ses frais. Ses illusions du dixième anniversaire de la Révolution soviétique tombent. Il a le courage de dire, le premier, au nom de la morale, de la justice et de l'humanité vraie, que cette immense espérance est défigurée par la crapule :

> Eh bien, je me sépare de mes amis communistes, jusque dans ce qui fait leur orgueil, en Russie : l'édification du socialisme. C'est triste, pour notre vieille amitié, mais c'est ainsi. Je ne discute pas cette édification et j'admets qu'elle soit socialiste, alors même qu'il ne s'agit que d'entreprises « modèles » qui fonctionnent mal et continueront à mal fonctionner, aussi longtemps qu'elles seront dirigées par d'incapables communistes[14]…

13 Tristan Tzara, « L'Homme approximatif », in *O. C.*, t. I, p.
14 Panaït Istrati, *Vers l'autre flamme*, Paris, U. G. E., 10x18, 1980, p. 33.

Combien de temps aurait-on gagné, combien de morts se serait-on épargné si l'on avait un peu écouté au lieu de le calomnier et de la salir ? Que n'a-t-on confronté son témoignage spontané à celui de Gide, quelques années plus tard ? En termes humains, trop humains, il posait le seul problème essentiel, celui de l'inscription de la théorie dans la pratique.

De portée tout aussi générale sera, pour finir, ce poème sur le mal d'être, sur ce scandale permanent qui nous poursuit dès notre naissance, inscrit en nous comme jumeau.

> Tel jour, telle heure – à quel moment de quelle année
> De quel abîme et quel désordre en somme
> Est né cet autre en moi que je ne puis connaître
> Qui me poursuit, qui me rejoint, qui me dépasse
> Qui me ressemble étant (qui n'étant pas me bride)
> Cet autre en moi, sévère ou pire
> À qui je parle
> Et qui n'est moi que pour se taire
> Et pour m'attendre et m'assaillir[15] ?

Les voix ici convoquées sont trop diverses, trop personnelles, et s'expriment en des registres trop différents (prose, théâtre, poésie) pour qu'on puisse les caractériser d'un trait et reconnaître chaque fois la marque de leur origine. Le fait que ces écrivains soient si originaux est le signe de leur grandeur, de la variété de leur inspiration, de leur volonté d'aller de l'avant, de leur refus des formules convenues. Ainsi leur apport à notre littérature est-il à la fois considérable et inappréciable.

Je me suis borné à signaler quelques modalités de cette contribution déterminante, préférant citer qu'analyser. Peut-être faudrait-il lire davantage ces œuvres, y adjoindre celle des penseurs écartés d'emblée, pour se rendre compte de leurs caractéristiques communes.

Ces auteurs n'appartiennent pas tous à la même génération. Pourtant, tous explorent obstinément les territoires de la bonté, contrée énorme, exprimant ensemble une inquiétude radicale, une angoisse de vivre qui leur fera dresser le réquisitoire le plus absolu que je connaisse contre la mort, à laquelle ils opposent, inlassablement, les valeurs humaines.

15 Claude Sernet, « Variantes II », in *L'Étape suivante*, Paris, Seghers, 1964, p. 68.

Mais peut-être pourrait-on dire cela de tous les êtres chers que la vie exila ? peut-être est-ce la vertu propre aux poètes ? Ilarie Voronca n'était pas loin d'en faire l'objet même de la poésie :

Les poèmes sont les bottes de sept lieues
Qui me portent du cercle polaire aux chaudes tropiques
Et de ces vers comme dans la boîte d'un botaniste
Voisinent les herbes de tant de distances [...]
Il suffit d'un seul vers pour traverser les quatre saisons
Il suffit d'un seul pas et le poème sépare les continents[16]

J'ose croire que ce rapide parcours parmi les œuvres aura contribué au rapprochement de deux littératures qui n'ont cessé de s'unir à travers l'espace.

16 Ilarie Voronca, « Les Bottes de sept lieues », in *Poèmes parmi les hommes* », Éd. du Journal des poètes, 1934, p. 39.

LA POÉSIE-CONNAISSANCE

J'aurais aimé traiter du courant ésotérique que l'on peut déceler dans la poésie de langue française depuis que les mystères du *Livre des splendeurs* (Sepher a Zohar) ont été connus et révélés à certains au XVIe siècle et plus généralement répandus par les ouvrages de vulgarisation d'un certain Abbé Constant qui signait Eliphas Levi[1]. Son *Dogme et rituel de haute magie* a particulièrement inspiré les Romantiques puis les Symbolistes et même les Surréalistes qui n'ont pas tous poussé le scrupule, comme Antonin Artaud, jusqu'à se référer à la traduction intégrale du *Zohar* par Jean de Pauly[2].

Mais la poésie hermétique, initiatique, si elle chante les vertus d'un savoir inspiré de Dieu, ne dit rien de la poésie de la science telle que nous l'entendons aujourd'hui, c'est-à-dire un savoir productif, purement rationnel.

Renversant la question, j'aurais montré comment la science, considérée comme ensemble de connaissances et de savoirs actualisés, se trouve à l'œuvre dans les poèmes et, plus généralement, dans les écrits d'André Breton à qui j'ai consacré plusieurs années de recherches. Mais Marc-Ange Graff m'a très aimablement fait comprendre que c'était le sujet qu'il comptait traiter, auquel il se préparait depuis des mois[3]. J'eusse été de trop, effectivement.

Alors m'est venue l'idée de proposer ce thème, la poésie-connaissance, en songeant très vaguement à Tristan Tzara qui, à mon souvenir, avait employé ce syntagme nominal dans son « Essai sur la situation de la poésie » (1931)[4]. Un poète élaborant une théorie de la poésie, j'avais trouvé le substitut idéal.

---

1 Voir : Eliphas Levi, *Histoire de la magie* (1859) et *Dogme et rituel de haute magie* (1854-1856), diverses éditions, dont celle consultée, Alcan 1892 et 1894.

2 Voir : *Le Zohar, Le Livre de la splendeur*, trad. Jean de Pauly, Leroux, 1911.

3 Voir : Marc-Ange Graff, « De l'ombre à la lumière », *Mélusine* XI, 1991, p. 101-116.

4 Tristan Tzara : « Essai sur la situation de la poésie », *Le Surréalisme au Service de la Révolution*, n° 4, déc. 1931. Repris dans les *Œuvres complètes*, Paris, Flammarion.

Mais, une fois le concept lancé, il fallait lui donner un contenu. C'est alors que l'angoisse s'empara de moi, jusqu'à ne plus me quitter à ce jour. Car si l'on perçoit d'emblée ce qui différencie la poésie-connaissance de la poésie didactique – ou poésie de la connaissance – l'une appréhendant le monde, l'autre le récitant, nul n'a une conscience claire de ce que désigne la première, Tzara moins que tout autre. Mais peut-être, me disais-je, parviendrai-je à matérialiser mon propos en m'appuyant sur certaines œuvres de cet *homo poeticus* qui me semblaient, naguère, atteindre à cette connaissance que nous ambitionnons tous de posséder ?

Las, si je suis convaincu que Tzara, comme Breton et bien des poètes de leur génération (ils sont nés la même année, à trois mois près) a réalisé une certaine forme de poésie-connaissance, comment en déterminer les critères internes, et surtout comment, à partir de tel ou tel exemple, en convaincre le lecteur ?

Ma démarche expérimentale, si je puis dire, consistera donc à définir le concept dans la pensée de Tzara, puis à en extraire deux fonctions essentielles, la fonction libératrice et la fonction interprétative, en tentant de les rapporter à la poésie de *L'Homme approximatif* ou des recueils de la même veine.

DÉFINITION DU CONCEPT CHEZ TZARA

La théorie de Tzara n'étant, hélas, pas aussi répandue que le mot célèbre de Claudel sur la poésie comme co-naissance, je me permettrai, ici, de commencer par un schéma résumant les idées qu'il expose dès 1931 dans son « Essai sur la situation de la poésie » (SASDLR n° 4)

Pensée dirigée	Pensée non-dirigée (rêve)	Pensée intégrale
poésie manifeste	poésie latente	poésie connaissance
activité de l'esprit (PAE	moyen d'expression (PME)	dictature de l'esprit
société bourgeoise	société primitive	Société future

Pour faire bref, je dirai que Tzara s'inspire, simultanément, de la psychanalyse et du matérialisme dialectique, dont il tente une conciliation hardie – et pour le moins hasardeuse – de nature métaphorique.

S'inspirant de Jung (*Les Métamorphoses et les symboles de la libido*[5] 1927), il distingue deux formes extrêmes de l'activité psychique :

– le penser dirigé, d'une part, processus d'adaptation au milieu, qui engendre le progrès scientifique – et donc une certaine forme de connaissance. À ses yeux, c'est une acquisition relativement récente de l'humanité depuis que l'homme est un bipède à station verticale.

Cette forme rigoureuse de la pensée use d'un langage systématiquement logique, elle s'exprime en des paroles articulées selon les codes linguistiques en usage dans chaque langue : « c'est le penser éminemment moderne, dynamique, productif, discursif, penser constamment dirigé vers un but, il est la forme du penser scientifique, cohérent, celui qui caractérise l'homme d'aujourd'hui » reprend-il en 1945 (*OC* V, 90). De ce penser résulte la poésie-moyen d'expression, celle qui, si l'on en croit les dictionnaires d'usage courant, vise à exprimer ou à suggérer une idée, un sentiment, par le rythme, l'harmonie, l'image. La poésie-moyen d'expression résulte d'un art concerté, codifié selon les pays et les époques.

Mais une telle forme de la poésie, Tzara en a la conviction depuis qu'il s'intéresse à l'art nègre et à la poésie des mêmes peuples, c'est-à-dire depuis 1916, une telle forme moderne a *nié*, au sens hégélien du terme, l'état précédent de l'humanité, caractérisé par la pensée non-dirigée, pensée dite "magique" qui, en effet, se formule en images.

On observera, au passage, ce que ces inférences, à partir de la psychanalyse, doivent à la vision du monde de Rousseau dans le *Discours sur l'origine des langues*, selon lequel la poésie naquit du babil des femme allant chercher de l'eau à la fontaine…

Revenant à Jung, Tzara lui emprunte donc la notion de penser non-dirigé, associatif, hypo-logique qui (il cite) « se détourne (de la réalité), libère des désirs subjectifs et reste absolument improductif, réfractaire à toute adaptation ». On se doute que le poète n'approuvait guère les jugements de valeur impliqués par une telle formulation. Reste que ce mode de penser procède par un enchaînement arbitraire d'images, dans

5 C. G. Jung : *Les Métamorphoses et les symboles de la libido*, trad. française, Éd. Montaigne, 1927, refondu sous le titre *La Métamorphose de l'âme et ses symboles*, Genève, Georg, 1953.

un état de rêverie quand on ne « pense à rien » ou, à l'extrême, dans le rêve. De ce mode de penser résulte la poésie-activité de l'esprit.

En quoi consiste-t-elle ? Il est difficile de le spécifier, dans la mesure où cette poésie n'use pas nécessairement du langage articulé et n'emprunte pas les chemins d'un discours élaboré, cataloguable. Toujours selon Tzara, une telle poésie caractérisait les époques primitives. Elle a été anéantie par la poésie formelle, la poésie-moyen d'expression. Toutefois, il en demeure des traces, des résidus dans, par exemple, les thèmes du mystère, du merveilleux, les fantômes, la sorcellerie, la magie, le vice [*cf.* Sade], les mythologies, les utopies, les voyages (réels ou imaginaires) au XVIIIe siècle. Tout cela prépare le Romantisme, dont la première époque, celle des Bousingos ou Jeune-France s'emploie à dire l'ineffable, l'inexprimable, par des gestes plus que des discours : « Les costumes excentriques qu'ils portaient, leur dandysme, leur comportement dans la société en illuminés et en révoltés, le scandale sur la voie publique considéré non seulement comme un défi à la bourgeoisie haïe, mais *surtout* comme des éléments poétiques réels… [cette tendance] impliquerait l'idée que la poésie *pouvait exister en dehors du poème* » (*OC* V, p. 12).

Du Romantisme au Surréalisme, on voit la chaîne qui se tend, passant par Baudelaire, Lautréamont, Mallarmé, Rimbaud, Dada, etc. Ce qui vise à montrer que la poésie-activité de l'esprit subsiste toujours, et qu'elle redevient quantitativement et qualitativement plus importante.

Selon un processus dialectique dont Tzara emprunte la formulation à Engels, cette poésie-activité de l'esprit, oblitérée pendant des siècles par la poésie-moyen d'expression, viendra à son tour nier ce qui l'a niée. Mais le résultat ne sera pas un retour pur et simple à la forme initiale. La poésie-activité de l'esprit sera à la fois transformée et dépassée, tout en intégrant la poésie-moyen d'expression.

Ce troisième terme de la dialectique, ce nouvel état de la poésie suppose une transformation radicale de la société. Tzara suppose qu'il s'agira d'une *dictature de l'esprit* (termes qu'il employait auparavant pour qualifier le Mouvement Dada), dont le mode d'expression sera, dès lors, la *poésie-connaissance*. De fait, Tzara n'emploie pas ce vocable en 1931, ni même dans le texte révisé de 1950. Vérification faite, il ne l'a jamais utilisé sous cette forme, si ce n'est, de manière approchante comme « Moyen de connaissance » (*OC* V, p. 96) après la guerre, au moment du débat sur la littérature engagée. Cette conception sartrienne que, pour sa part, il combattra vigoureusement, tout en s'affirmant, non sans paradoxe, un marxiste convaincu ! Mais c'est là un tout autre chapitre, qui m'éloignerait de mon propos initial. Je reviens donc à la poésie-connaissance, telle que Tristan Tzara ne la nomme pas, mais telle qu'il la désigne tout au long de ses spéculations.

En tant que surréaliste, il considère que la poésie seule « ne peut agir sur la réalité sociale » (*OC.* V, 25), mais que le mouvement, se mettant au service de la Révolution, doit contribuer au développement d'une idéologie « ayant pour but suprême *la liberté* (*ibid.*, p. 25). C'est dire que la poésie, bien commun du Surréalisme, partage cette fonction libératrice. Toute la réflexion qui sous-tend l'élaboration de *Grains et Issues* lui assigne une seconde fonction, celle d'interpréter le monde par la projection du rêve sur la pensée diurne : « Telle m'apparaît, débarrassée de sa gangue, la notion de la poésie en devenir et la permanence de celle-ci à travers ses formes historiques : subordonnée au penser, mais dépassant, en tant qu'activité d'esprit, les modes de ce penser, elle pourra, à son tour, le commander sans faire appel à l'aide commode et typique des mots, des couleurs, des surfaces et des volumes, quand les conditions nouvelles de l'homme auront rendu propice, non pas le retour en arrière, mais, dans l'avenir, la superposition d'un mode de penser accru à l'actuel qui aura parfait son circuit et sa maturation, comme une superstructure qui, venant de la plus profonde antiquité, est portée par le rêve et la poésie dont ils constituent, de nos jours, les ferments et les principes actifs » (*OC* IV, p. 134).

FONCTION LIBÉRATRICE DE LA POÉSIE-CONNAISSANCE

La poésie, telle que la conçoit Tristan Tzara dans la société où il vit, ne peut être qu'un ferment ou un germe de la poésie-connaissance qui dominera la société future. Elle ne peut donc être envisagée qu'en manière d'utopie, de la même façon que la société sans classe dont il rêve. Et nous sommes bien placés, ici, aujourd'hui, pour savoir qu'une telle société ne s'est nullement instaurée dans le monde, contrairement à ses espérances. Et aux multiples tentatives d'organisation collective, du genre du kibboutz.

Cependant, le rôle du poète – qui d'ailleurs ne se différencie pas de celui de tout citoyen puisque, pour Tzara, tout le monde peut accéder à ce titre et qu'on peut être poète sans avoir jamais écrit un seul vers – le rôle du poète est de préparer la société à venir, de donner un contenu à cette superstructure dont il vient d'être fait mention, portée par le rêve et la poésie. En d'autres termes, il lui revient de préciser (ou de contribuer à préciser) ce que seront, dans une société idéalement équilibrée, le rêve, la paresse, le loisir, étant entendu que ces termes n'auront plus la signification actuelle puisqu'ils ne procèderont pas des mêmes tensions.

On peut entrevoir les linéaments du futur à travers l'état (conjecturé) de la poésie dans les sociétés primitives. Tzara se proposait de publier une étude intitulée « Du rêve dans la pensée des peuples primitifs » où, tout en s'opposant à la conception positiviste de Lévy-Bruhl, il aurait tiré tout le parti possible des indications fournies par les ethnologues pour en déduire ce qui, après transformation, formerait la trame d'un état poétique futur. J'ai longtemps cru que ce texte n'avait jamais été écrit que par bribes, dans *Grains et Issues* et dans un article resté à l'état manuscrit, « Art primitif et art populaire » (*OC* IV, p. 513), jusqu'au jour où j'ai retrouvé, parmi ses notes inédites, la suite du texte intitulé *Le Poète dans la société*, dont il n'avait lu que la première partie devant le « Groupe d'Études pour la phénoménologie » dont l'organe était la revue *Inquisitions* (1936)[6]. Replacé dans sa continuité, l'ensemble du propos acquiert une remarquable cohérence, puisqu'il y est question de la poésie comme refuge, de la lycanthropie et du risque, autant de termes que Tzara éclaire par référence tant aux sociétés primitives qu'aux mouvements littéraires qu'il avait étudiés de près, ou encore auxquels il avait appartenu.

Prenant, à titre d'exemple, un individu imaginaire qui, dans la société actuelle, se trouve en opposition à sa famille et à son milieu social, il y parle d'expérience – je veux dire de sa propre expérience–. Que l'on explique le phénomène par une hostilité œdipienne au père ou par une rébellion sociale, il est sûr que cet individu adolescent trouve d'abord un *refuge* dans l'activité artistique, elle-même encore indifférenciée (peinture, musique, poésie, théâtre ?).

---

6 Voir : *Inquisitions : du surréalisme au Front populaire*, présenté par Henri Béhar, Paris, Éditions du C.N.R.S., 1990.

Pour simplifier, cette poésie-refuge, caractéristique des romantiques, conduit soit à une « prostration fervente » pouvant aller jusqu'au désir de mourir, soit à un panthéisme diffus, à une violence exacerbée, à une révolte imprécise et sans autre but qu'un vague espoir.

L'adolescent se rallie ensuite à la horde primitive, au *clan* ou au groupe dans lequel il se reconnaît certaines affinités : « Le poète est un être en une certaine mesure asocial, car il tend à se singulariser, sinon à faire partie d'une société secrète comportant une initiation et des rites qui rappellent les sociétés secrètes des peuples primitifs. Un nouvel élément se manifeste, celui de la lycanthropie (introduit par Petrus Borel) qui considère le poète comme un loup affamé, déchirant tout sur son passage, le prix de la connaissance étant le désespoir. » (*OC* V p. 93).

Ceci, s'appuyant sur le cas particulier des Bousingos, dont Tzara observe, par ailleurs, « qu'aucune règle [n'a] présidé à la formation de leur association », explique aussi la naissance du mythe du poète maudit, tenant sa puissance de la souffrance et du sacrifice.

Examinant la vie des groupes littéraires à partir du modèle clanique des Bousingos, Tzara identifie des formes de la lycanthropie non seulement dans Dada et dans le surréalisme, mais encore, au Moyen Âge chez les Goliards et les Coquillards fréquentés par Villon et, plus loin dans l'espace dans la caste des Areoï polynésiens décrits par Havelock Ellis, cette société initiatique d'acteurs ambulants à qui tout était permis, jusqu'au meurtre. Il y décèle les origines lointaines de la lycanthropie, dont il convient qu'elle va s'affaiblissant dans les époques où domine la poésie-activité de l'esprit. Il y décèle aussi « un mouvement affectif violent qui tend à prendre la forme sociale de clan ou de culte ; il est lié à la représentation d'un monde différent du monde ambiant ou à une réalisation des désirs projetés sur un avenir hypothétique » (*Inquisitions*, p. 134).

Si une telle vision, largement conjecturale, nous paraît par trop hypothétique, il ne faut pas oublier que Tzara se préoccupe de rendre compte d'un état éprouvé personnellement, l'ontogenèse expliquant la phylogenèse. Il ne fait pas de doute que, pour lui, des manifestations semblables se retrouveront, modifiées et transformées par le cadre ambiant, dans la société future.

Mais il serait illusoire de vouloir en faire l'économie, de même qu'on ne peut minimiser la notion de *risque* qui se trouve à l'origine de la Révolte et de la Révolution, dont les poètes ont toujours été partie prenante.

À cet égard, Tzara, qui ne nie pas avoir, comme tous les surréalistes, confondu les deux, entend bien, en 1936, marquer la différence entre un état de fureur incontrôlable traduisant l'excès, le désir absolu, et une organisation d'ordre social. Aussi prend-il ses distances à l'égard de ses anciens compagnons, pour n'y plus revenir : « Ainsi les surréalistes ont-ils pris la poésie, non pas telle qu'elle est, mais telle qu'ils voulaient qu'elle soit d'un côté, et l'activité sociale révolutionnaire non pas telle qu'elle se présentait sur le plan réel, mais telle qu'ils voulaient la transfigurer sur le plan poétique de l'imagination et du désir » (*Inquisitions*, p. 130). La conciliation prônée par les surréalistes ne peut s'entendre qu'au prix d'une confusion entre les deux termes. Pour lui, le processus révolutionnaire procède d'une *rupture* (qui n'implique pas la disparition totale du système précédent) et d'une *continuité* avec l'état antérieur. Autrement dit, rupture et continuité sont dans un rapport dialectique, inclus dans les phénomènes de la vie. Le troisième terme, à définir, tiendra des deux à la fois, tout en surpassant leur contradiction. Une chose est sûre, déclarait-il dès 1931, « la révolution sociale n'a pas besoin de la poésie, mais c'est la poésie qui a besoin de la Révolution » (*OC* V, p. 28).

Est-ce à dire que le poète est un pion dans l'organisation révolutionnaire, au service d'autres individus, les politiques dirons-nous, plus fondés à agir sur le réel ? Ce serait là un beau renoncement de la part du poète. On ne voit pas l'avantage qu'il y aurait à condamner Breton et ses amis, sous prétexte qu'ils n'auraient contribué qu'à une révolution poétique, si c'était pour leur opposer une révolution politique dont nous savons désormais à quel échec elle aboutit. Tzara aurait-il été une victime (de plus) du terrorisme idéologique et, pour tout dire, le jouet inconscient du stalinisme ?

Je ne le crois pas, pour cette simple raison qu'au moment où il se montre le plus orthodoxe politiquement, il déclare, publiquement, que le poète, en raison du risque personnel qu'il a couru, mettant en jeu sa propre existence, est fondé à rejeter l'organisation sociale et, de ce seul fait, à participer à la révolution, faire en sorte que l'imagination et le rêve rejoignent l'action « sur le plan concret de la libération de l'homme » (*OC* V, p. 98).

FONCTION INTERPRÉTATIVE DE LA POÉSIE-CONNAISSANCE

Le meilleur moyen pour libérer l'homme reste encore de mettre au jour et d'expliquer toutes les formes de son aliénation, au plan individuel comme au plan collectif.

Comment la poésie (et non l'analyse psychologique ou politique) peut-elle intervenir à ce niveau ? Quels sont ses pouvoirs spécifiques, à nul autre comparables ?

Rejoignant le célèbre aphorisme d'Éluard (« le poète est celui qui inspire plutôt que celui qui est inspiré »), Tzara récuse la notion d'inspiration, telle que les Romantiques l'ont reprise de la tradition gnostique, et critique vigoureusement l'usage qu'en ont fait les surréalistes, les suspectant de dualisme. Selon lui, il n'y a pas un monde étrange, obscur, virtuel, placé derrière notre monde réel pour en diriger le mouvement, que le poète serait seul à percevoir, grâce à un don magique. La théorie des « forces telluriques » chère aux romantiques allemands comme l'idée d'une supériorité de l'art sont définitivement caduques (*OC* V, p. 41).

La seule vérité est que le poète, dans la mesure où il a spécialisé son activité, est maître du langage : c'est par la connaissance pratique qu'il a de cet instrument, qui est bien plus qu'un outil puisqu'il est le propre de l'homme, qu'il pourra œuvrer à l'interprétation du monde, à son invention et à sa transformation.

La formule des temps dadaïstes est, je pense, restée célèbre : « La pensée se fait dans la bouche », déclarait le jeune terroriste. Vingt-cinq ans après, il nuance l'expression : …« le langage nous apparaît comme un phénomène si intimement *juxtaposé* à la pensée que souvent il fait corps avec elle, s'il ne la suscite entièrement » (*OC* V, p. 87, je souligne). Pourquoi ce léger écart, si ce n'est pour justifier la distinction entre poésie latente et poésie manifeste, et surtout intégrer au langage toutes les formes d'expression, les gestes, les mimiques, que l'aphorisme initial semblait négliger ? L'explication se trouve, en toutes lettres, dans le manuscrit de la conférence à laquelle je faisais allusion ci-dessus : « La poésie, actuellement, reproduit par analogie, dans sa propre sphère ces deux mouvements contradictoires des modes de penser […] La poésie activité de l'esprit tend à dépasser le langage. L'emploi des mots et de la syntaxe dans la poésie est soumis à des déformations. On ne s'attache pas exclusivement à la désignation du sens des mots. Cette manière d'utiliser le glissement du langage n'est pas *une collection de signes*, mais une fonction apte par conséquent à s'adapter à d'autres modes de la sensibilité humaine » (*Inquisitions*, p. 127).

Identifier exactement les capacités du langage, particulièrement de la poésie, c'est contribuer à la connaissance. C'est ainsi déterminer la fonction de la poésie-connaissance.

Premier aspect : l'image. Chacun y va de sa définition et Tzara lui-même ne s'en est pas privé dans sa jeunesse. L'important est de dire d'où elle provient, à quoi elle sert : « L'image, poétique est un produit de la connaissance : or la connaissance ne peut être une leçon qu'il faut avoir *apprise*, elle doit être *prise* au monde extérieur, c'est-à-dire résulter d'une action plus ou moins violente sur la réalité qui nous entoure. Toute création est donc, pour le poète, une *conquête*, une affirmation combative de sa conscience » (*OC* V, p. 95).

Provenant de l'expérience intime du poète, l'image est d'autant plus intéressante qu'elle a été vécue, d'une manière ou d'une autre.

Au début de sa propre expérience, Tzara pose, comme unité minimale de la poésie, le mot-image qui, par juxtaposition avec d'autres termes semblables, provoque la surprise. C'est donc la mise en relation syntagmatique et paradigmatique du mot qui suscite cette émotion appelée poésie. « C'est sa force d'évocation qui, pour ainsi dire, est excitée. L'image qu'il fait naître, lorsqu'il est mis en rapport avec d'autres mots, n'est pas celle d'une comparaison ou d'une métaphore, c'est une image particulière, une représentation spécifiquement poétique » (*O.C.* V, p. 229). Maladroitement exprimé, sur le plan théorique, cela signifie, me semble-t-il, que la poésie ne saurait se réduire à une seule forme de tropes. Ni métaphore, ni métonymie, l'image poétique est un ensemble complexe, synthétisant les mécanismes d'association et de déplacement propres au penser imaginé. Fondement de la poésie, celui-ci, selon la conception rousseauiste dont Tzara ne s'est jamais departi « préside également à la création du langage, organisme vivant en continuelle évolution » (*OC* V, p. 245). Entendons que la poésie est un élément du langage social. Tous deux s'alimentent réciproquement. Ainsi le lieu-commun, le proverbe, « petite folie collective d'un plaisir sonore » disait Dada, cristallisent le génie populaire, auquel les poètes ne cessent d'emprunter et de rendre, sous forme de création originale.

Ici, je me dois d'évoquer, très brièvement, les recherches sur les anagrammes dans la poésie de Villon auxquelles Tzara a consacré plus de dix ans de sa vie, laissant une impressionnante masse de manuscrits, à l'état plus ou moins définitif, parmi lesquels il me faut choisir ce qui constitue le tome VI des *Œuvres complètes.*

On connaît le principe de l'anagramme. Tzara le systématise, en supposant qu'autrefois, les poètes parvenaient à tenir un double discours, l'un manifeste, l'autre latent ou plutôt codé à la seule intention des amis et connaisseurs, en suivant un système de marquage des lettres, rigoureusement symétrique dans le vers.

Validées ou non, ces recherches témoignent d'une belle obstination d'une part, d'un souci constant à relier l'activité poétique du passé à celle d'aujourd'hui, d'autre part. Ainsi le langage ne se borne pas à exprimer une signification de surface ; il contient un sens caché, rigoureusement normé par le poète dans ses rapports avec la société, que le lecteur s'efforce de découvrir.

On voit ainsi comment l'investigation sur les anagrammes, loin de marquer une conversion de Tzara à l'érudition, est l'aboutissement symbolique de ses hypothèses antérieures sur la pratique du langage poétique[7].

Reprenons le cheminement. La poésie est invention, imagination par le jeu d'association auquel consciemment ou non, se livre le poète : « Son principal moteur est l'association ou le rapprochement fortuit d'éléments différents qui ne trouvent le point de coïncidence que grâce à un détail accidentel où la mémoire prend la figure d'un jeu aux règles définies et à multiples possibilités de résultats » (*OC* V, p. 88).

L'association joue, selon la célèbre analyse de Roman Jakobson, sur l'axe de la contiguïté. Perpendiculairement, sur l'axe de la similarité, la métaphore procède par déplacement ou transfert de la pensée. Dans une note de *Grains et Issues* relative à « la conclusion métaphorique », Tzara assimile cette figure poétique au transfert en psychanalyse (pris dans son double sens de transfert d'objet et transfert de cure). Il considère que, dans la société future où tous les problèmes ne seront pas résolus par un coup de baguette magique, en particulier les problèmes liés à

7 Pour une analyse succincte du travail de Tzara sur les anagrammes, lire : Henri Béhar : « À mots découverts », *Littéruptures*, Lausanne, L'Age d'Homme, 1989, p. 205-222.

l'angoisse de vivre – qui ne sont pas uniquement d'ordre économique –, la métaphore poétique sera une faculté dynamique d'adaptation. Il suffit que « la Poésie [soit] faite par tous, non pas un », selon le sens qu'il sollicite dans la phrase de Lautréamont. Une telle puissance attribuée à la poésie n'est-elle pas abusivement métaphorique ? Difficile de trancher, faut d'expérience concrète. À coup sûr, on ne risque rien à croire que les sociétés à venir ne pourront que se mieux porter si la pratique de la poésie telle que Tzara la conçoit, comme synthèse de moyen d'expression et d'activité de l'esprit, se répand à grande échelle et si elle contribue à la création de nouveaux mythes, porteurs d'unification (*OC* V, p. 89).

L'essentiel, pour que la poésie-connaissance parvienne à l'interprétation de l'homme et de son univers est que les deux modes du penser soient bien unifiés. Autrement dit, qu'on ne sépare pas le rêve de l'activité vigile, ou, mieux encore, que, dans la société transformée, ces deux états contribuent à une forme nouvelle d'expression immédiate, aboutissant à la transparence des choses et des êtres, comme le postule la conclusion de la cinquième note de *Grains et Issues* : « Telle m'apparaît, débarrassée de sa gangue, la notion de poésie en devenir et la permanence de celle-ci à travers ses formes historiques : subordonnée au penser, mais dépassant, en tant qu'activité d'esprit, les modes de ce penser, elle pourra, à son tour, le commander sans faire appel à l'aide commode et typique des mots, des couleurs, des surfaces et des volumes, quand les conditions nouvelles de l'homme auront rendu propice, non pas le retour en arrière, mais, dans l'avenir, la superposition d'un mode de penser accru à l'actuel qui aura parfait son circuit et sa maturation, comme une superstructure qui, venant de la plus profonde antiquité, est portée par le rêve et la poésie dont ils constituent de nos jours, les ferments et les principes actifs » (*OC* III, p. 133-134).

La poésie comme ferment de la connaissance, principe agissant. L'idée est séduisante, à condition de bien voir dans quel cadre celle-ci peut se déployer. Nous n'avancerions à rien si l'on considérait l'individu comme une entité monolithe, un sujet social passif. C'est après avoir identifié et intégré la notion, capitale à mes yeux, d'ambivalence du sentiment que Tzara peut avancer, dans *Grains et Issues*, l'hypothèse d'une réduction des « monstrueux antagonismes entre l'individu et la société » par un dépassement de l'inquiétude et de son contraire, l'espoir en une synthèse productive, que j'appellerai le bien du siècle (par transformation d'une expression fort prisée en France dans les années 20).

Répétons-le, pour Tzara, la poésie ne pourra servir de quoi que ce soit si elle ne parvient pas à concilier le rêve et l'action, dans une même dynamique projective. Mais le poète n'est qu'un élément au sein de la société, agit-agissant comme un ferment plus ou moins actif.

Pour conclure, provisoirement, sur ce point, je citerai un texte fort peu connu de Tzara, publié dans une revue tchécoslovaque (avant qu'un coup de force ne fasse de cet état libre et indépendant un « pays de l'Est »). Il y définit la poésie comme un instrument, une méthode pour appréhender la réalité. Elle cesse d'être distraction ou prophétie, état de transe exceptionnelle pour s'intégrer à l'ensemble de la vie. « *Nous avons désillusionné la poésie* » proclame-t-il (*OC* V p. 324), en portant ce fait au crédit de jeunes gens qui, dans les années vingt, bousculaient toutes les idées reçues.

BIBLIOGRAPHIE

ABRAHAM, Pierre, DESNÉ, Roland, *Manuel d'Histoire littéraire de la France*, Paris, Éditions sociales, t. I à VI, 1969-1982.

ALQUIÉ, Ferdinand, *Entretiens sur le surréalisme*, sous la direction de F. Alquié, Paris, Mouton, 1968, 568 p. ill.

ANGENOT, Marc, *La Parole pamphlétaire. Contribution à la typologie des discours modernes*, Paris, Payot, 1982, 432 p.

ARAGON, Louis, *Les Beaux Quartiers*, Paris, Denoël et Steele, 1936, 503 p. (prix Renaudot).

ARAGON, Louis, *L'Œuvre poétique d'Aragon*, t. I, 1917-1926, Paris, Livre Club Diderot, 1989, 992 p. ill. ; t. II, 1927-1935, *id.*, 1352 p. ill. ; t. III, 1937-1941, *id.* 1991, 1342 p. ill. ; t. IV, 1942-1952, *id.*, 1990 ; 1284 p. ill. ; t. V, 1953-1956, id., 998 p. ill. ; t. VI, 1960-1965, id., 1380 p. ; t. VII, 1966-197, id., 902 p. ill.

ARTAUD, Antonin, *Œuvres complètes*, t. I, 1, Préambule ; Adresse au pape ; Adresse au dalaï-lama ; Correspondance avec Jacques Rivière ; L'Ombilic des limbes ; Le Pèse nerfs ; (suivi des) Fragments d'un journal d'enfer ; L'Art et la mort ; Premiers poèmes, 1913-1923 ; Premières proses ; Tric trac du ciel ; Bilboquet ; Poèmes, 1924-1935, Paris, Gallimard, nouvelle éd. augmentée, 1976 ; 322 p. ; t. 2, Textes surréalistes, Lettres, *id.*, 1976, 308 p.

BARON, François, *Les Frontières du Bonheur*, Paris, Gallimard, 1954, 311 p.

BARTHES, Roland, *Mythologies*, Paris, Éd. Du Seuil, 1957, 245 p.

BECKETT, Samuel, *Eleutheria*, Paris, Éditions de Minuit, 1995, 168 p.

BÉHAR, Henri, *Étude sur le théâtre dada et surréaliste*, Paris, Gallimard, 1967, 358 p. coll. « Les Essais » ; coll. Idées, 1979, 444 p.

BÉHAR, Henri, *Littéruptures*, Lausanne, L'Age d'Homme, 1988, 256 p.

BÉHAR, Henri, *Vitrac, théâtre ouvert sur le rêve*, Bruxelles, Labor, Paris, Fernand Nathan, 1981, 254 p. Réédition, Lausanne, L'Âge d'homme, 1993.

BÉHAR, Henri, *André Breton, le grand indésirable*, Paris, Calmann-Lévy, 1990, 476 p. « Biographie ; nouvelle édition revue et ressourcée : Paris, Fayard, 2005, 542 p.

BÉHAR, Henri, *Potlatch André Breton*, Tusson, éd. Du Lérot, 2020, 558 p.

BERNANOS, Georges, *Journal d'un curé de campagne*, Paris, Plon, 1936, 254 p.

BRETON, André, *Œuvres complètes*, t. I, Édition de Marguerite Bonnet avec la collaboration de Philippe Bernier, Étienne-Alain Hubert et José Pierre, Paris, Gallimard, Pléiade, 1988 ; tome II, *id.*, *ibid.*, 1992 ; t. III, *id.*, *ibid.*, 1999 ; t. IV, Écrits sur l'art et autres textes, *id.*, *ibid.*, 2008.

Breton, André, *Correspondance avec Tristan Tzara et Francis Picabia*, présentée et annotée par H. Béhar, Paris, Gallimard, 2017, 246 p

BUOT, François, *Tristan Tzara, l'homme qui inventa la révolution Dada*, Paris, Bernard Grasset, 2002, 474 p.

CAUTE, David, *Le Communisme et les intellectuels français, 1914-1966*, Paris, Gallimard, 1967, 480 p.

CÉLINE, Louis-Ferdinand, *Mort à crédit*, Paris, Denoel et Steele, 1936, 697 p.

CHAMSON, André, *Retour d'Espagne. Rien qu'un témoignage*, Paris, Grasset, 1937, 132 p.

COMBES, Dominique, *Poésie et récit.* Une rhétorique des genres, Paris, José Corti, 1989, 196 p.

CORVIN, Michel, *Le Théâtre de recherche entre les deux guerres*, Lausanne, L'Age d'Homme, s.d. 536 p. ill.

DAMBRE, Marc, et GOSSELIN, Monique (sous la direction de) *L'Éclatement des genres au XX*[e] *siècle*, Paris, Presses de la Sorbonne nouvelle, 2001, 370 p.

DEIRDRE BAIR *Samuel Beckett*, trad. française par Léo Dilé, Paris, Fayard, 1990, 626 p.

DELFAU, Gérard, ROCHE, Anne, *Histoire Littérature*, Histoire et interprétation du fait littéraire, Paris, Éd. du Seuil, 1977, 316 p.

DUFOUR, Catherine, *La vocation cosmopolite de Tristan Tzara (1915-1925)*, Thèse Univ. Paris III, 2001, 880 p.

DUVIGNAUD, Jean, *Marcel Arland*, Paris, Gallimard, « Bibliothèque idéale », 1962, 304 p.

EHRENBOURG, Ilya, *La Nuit tombe*, Paris, Gallimard, 1966, 372 p.

FONDANE, Benjamin, *La Conscience malheureuse*, essai, Paris, Denoël et Steele, 1936, XXV-309 p.

FORT, Paul, *Mes mémoires*, Paris, Flammarion, 1944, 236 p.

Fraisse, Emmanuel et Mouralis, Bernard, *Questions générales de littérature*, Paris, Éd. du Seuil, coll. Points/Essais-Inédits, 2001, 298 p.

GIDE, André, *Retouches à mon retour de l'U.R.S.S.*, Paris, NRF-Gallimard, 1937, 125 p.

GIDE, André, *Retour de l'U.R.S.S.*, Paris, NRF-Gallimard, 1936, 125. p.

GIONO, Jean, *Les Vraies Richesses*, Paris, Grasset, 1936, XI-103 p.

GIRAUDOUX, Jean, *La Guerre de Troie n'aura pas lieu*, pièce en 2 actes. [Paris, Théâtre de l'Athénée, 21 novembre 1935], *l'Illustration*, 1935, 30 p., fig.

GOURDET, Michel, *Claude Sernet*, choix de texte établi par Denys-Paul Bouloc, Rodez, Ed. Subervie, 1981, 92 p.

GUILLOUX, Louis, *Le Sang noir*, Paris, Gallimard, 1935, 405 p.
HAMBURGER, Käte, *Logique des genres littéraires*, trad. française, Paris, Éd. du Seuil, 1986, 308 p.
HOLLIER, Denis, *Le Collège de sociologie (1937-1939)*, textes de Bataille, Caillois, Guastalla, Klossowski, Kojève, Leiris, Lewitzky, Mayer, Paulhan, Wahl, etc. Paris, Idées/Gallimard, 1979, 399 p.
HUGH Thomas, *La Guerre d'Espagne*, trad. française, Paris, Laffont, 1961, 697 p.
IONESCO, Eugène, *Voyages chez les morts*, Paris, Gallimard, 1981, 136 p.
ISTRATI, Panaït, *Vers l'autre flamme*, Paris, U. G. E., 10x18, 1980, p.
ISTRATI, Panaït, *Le Pèlerin du cœur*, éd. établie et présentée par Alexandre Talex, Paris, Gallimard, 1984, 334 p.
KNOWLSON, James, *Damned to Fame*, 1996, 569 p.
LOFFLER, Paul A., Chronique de l'Association des Écrivains et des Artistes Révolutionnaires. (Le Mouvement Littéraire progressiste en France), 1930-1939, Rodez, Éd. Subervie, 1971, 80 p.
MAITRON, Jean, *Dictionnaire biographique du mouvement ouvrier français*, 1914-1939, Paris, Les éditions Ouvrières, 1964, 44 vol.
MABILLE, Pierre, *Traversée de la nuit*, Paris, Plasma, 1981, p.
MICHAUX, Henri, *Le Voyage en Grande Garabagne*, Paris, Gallimard, 1936, 144 p.
MOISAN, Clément, *L'Histoire littéraire*, Paris, Presses universitaires de France, 1990, coll. Que sais-je ?, 128 p.
MONTHERLANT, Henry de, *Les Jeunes Filles* '(roman cyclique), Paris, Grasset, 1936-1939, vol. 1, 299 p. ; vol. 2, ; 286 p. ; vol. 3, 283 p. ; vol. 4, 332 p.
NERUDA, Pablo, *L'Espagne au cœur. Hymne à la gloire du peuple en guerre*, trad. Louis Parot, préface de Louis Aragon, Paris, Denoël, 1938, 64 p. ; nouvelle édition, 1971, coll. Romans traduits, Paris, Denoël, 64 p.
ORY, Pascal, *La Politique culturelle du Front populaire français : 1935-1938*, sous la direction de René Rémond, 1990, Paris 10-Nanterre, 1890 ff. ; Paris, Plon, 1994, 1033 p.
PIERRE, José, *Tracts surréalistes et déclarations collectives (1922/1969)*, tomes 1 et 2, éd. Eric Losfeld – Le Terrain Vague, 1980 et 1982, 541 p. L'ensemble des textes (sans les notes) se trouve numérisé par mes soins sur le site Mélusine : https://melusine-surrealisme.fr/site/Tracts_surr_2009/Tracts_2_2009.htm
PIKE, David Vingeate, *Les Français et la guerre d'Espagne, 1936-39*, préface de P. Renouvin, Paris, P.U.F, 1975, 467 p.
PUCCINI, Dario, *Le romancero de la résistance espagnole*, Paris, Maspero, 1962, 486 p.
RAYNAUD-PALIGOT, Carole, *Parcours politique des surréalistes, 1919-1969*, Paris, CNRS Éditions, 1995, 342 p.
ROMAINS, Jules, *Les Hommes de bonne volonté*, Paris, Flammarion, 27 vol. 1932-1946 ; t. XI *Un recours à l'abîme*, et XII, *Les Créateurs*, 1936.

ROUSSEAU, HENRI, dit le Douanier, *La Vengeance d'une orpheline russe*, pièce en 3 actes, édition et présentation de Tristan Tzara, Pierre Cailler, Genève, 1947, 168 p.

SANOUILLET, Michel, *Dada à Paris*, éd. Jean-Jacques Pauvert, 1965, 642 p. ; nouvelle éd., revue par Anne Sanouillet, Paris, CNRS éd., 2005, 654 p.

SARTRE, Jean-Paul, *L'Imagination*, Paris, F. Alcan, 1936, 164 p.

SCHWALOW, Helen, *Prisons and visions*, Pierre Unik's journey from surrealism into marxism, New York, Peter Lang, 1989, 210 p.

SERNET, Claude, *L'Étape suivante*, Paris, Seghers, 1964, p.

SIMONIN, Anne, *Les Éditions de Minuit, 1942-1955 : le devoir d'insoumission*, Paris, IMEC éditions, 1994, 529+64 p.

SOMVILLE : *Le Sens à venir*, Hommage à Léon Somville présenté par David Gullentops, Berne, Peter Lang, 1995, 232 p.

SOUPAULT, Philippe, *Les Dernières Nuits de Paris*, Paris, Calmann-Lévy, 1928, 194 p.

SOUPAULT, Philippe, *Poésies complètes*, GLM, 1937, 251 p.

SOUPAULT, Philippe, *L'Amitié*, Paris, Hachette, 1965, 96 p.

SOUPAULT, Philippe, *Profils perdus*, Paris, Mercure de France, 1963, 177 p.

SOUPAULT, Philippe, Breton, André, *Les Champs magnétiques*, suivis de *Vous m'oublierez* et de *S'il vous plaît*, [Dessins de Francis Picabia], Paris, Gallimard, 1967, 197 p.

SOUPAULT, Philippe, *Mémoires de l'Oubli, (1914-1923)*, Lachenal et Ritter, 1998, 248p ; *Histoire d'un blanc 1897-1927*. Lachenal et Ritter 1986, 118 p. *Histoire d'un blanc, 1923-1926*, Lachenal et Ritter, 1986, 189 p.

Surcouf, Joël, *Alfred Jarry, Autour d'un testament*. Catalogue d'archives, Laval, Archives départementales de la Mayenne, 2007, 133 p.

TAMULY, Annette, *Le Surréalisme et le mythe*, préface d'Henri Béhar, New York-Paris, Peter Lang, 1995, 286 p.

THIBAUDET, Albert, *Histoire de la littérature française de 1789 à nos jours*, Paris, Stock, 1936, 587 p.

TZARA, Tristan, *Œuvres complètes*, éd. établie annotée et présentée par Henri Béhar, Paris, Flammarion, t. I à VI, 972-1991.

UNIK, Pierre, *Chant d'exil* (poèmes), biographie par Georges Sadoul ; poème-préface de Paul Éluard, Paris, Les Éditeurs français réunis, 1972, 100 p.

SOUTHWOTH, Herbert R., *Le Mythe de la croisade de Franco*, Ruedo Iberico, 1964, 327 p.

UNIK, Pierre, dans *Anthologie des Écrivains morts à la guerre :* 1939-1945 publiée par l'Association des Écrivains combattants, Paris, Albin Michel, 1960.

UNIK, Pierre, *La Poésie, la résistance* : florilège, poèmes choisis par Jacques Gaucheron, Messidor, 1991.

UNIK, Pierre, *Le Héros du vide* (roman inachevé), Paris, Les Éditeurs français réunis, couv. Illustrée d'un collage surréaliste, 1972, 274 p.
UNIK, Pierre, *Le Théâtre des nuits blanches*, Paris, Éditions Surréalistes, 1933, 33 p.
VAN DER MEERSCH, Maxence, *L'Empreinte de Dieu*, Paris, Albin Michel, 1936, 255 p.
VITRAC, Roger, *Théâtre II : Les Mystères de l'amour, Les Demoiselles du large, Le Loup-garou*, 1966.
VORONCA, Ilarie, *Poèmes parmi les hommes*, Ed. du Journal des poètes, 1934, p.
VORONCA, Ilarie, *Ulysse dans la cité*, traduit du roumain par Roger Vailland, Paris, Éd. Sagittaire, 1983, 96 p.

INDEX DES NOMS CITÉS

TABLE DES MATIÈRES

IMPRIM'VERT®

Achevé d'imprimer par Corlet,
Condé-en-Normandie (Calvados),
en Août 2023
N° d'impression : 181791 - dépôt légal : Août 2023
Imprimé en France